誌　謝

　　這篇博士論文爲基礎的文稿即將出版，掩卷沉思，回首往事，點點滴滴，心中充滿無限感激。

　　首先要感謝我的導師張豈之先生。時常感歎自己之幸運，得以當面聆聽先生之教誨。先生品行高潔，令人高山仰止；先生思維敏捷，對於歷史與現實問題的深刻見解，如春風化雨，令人回味無窮。他不僅對論文構思親自點撥，還對論文的具體寫作進行了細緻入微的審閱。特別是針對論文選題，提出明末清初的社會轉型研究要重點分析社會與學術間的互動關係，這無疑爲我指明前進的方向。

　　感謝張茂澤教授，他不僅指導我完成了碩士論文，而且還對博士論文提出了具體建議。自碩士到博士，不覺間在西北大學中國思想文化研究所度過了六年多時間。我在學習、生活中的諸多困惑與難處，在張老師無微不至的關懷和幫助下冰釋消解，化作春天裏的無限春光。

　　感謝方光華教授、謝陽舉教授，他們的淵博學識、嚴謹治學以及立身處事風範，使我的學術生命得以豐富和挺立。宋玉波、陳戰峰、鄭熊、李江輝、夏紹熙等几位年輕老師，與他們的交流讓我獲益匪淺，拓寬了學術視野，增添了論證力度。感謝劉薇老師在平時借閱資料方面提供熱心幫助。

　　感謝中共陝西省委黨校曾文芳師姐，她對我的學習有大力鼓勵，在生活上爲我無私幫助，德性之美領人欽佩，這也時刻鞭策著我不斷向前。同窗好友黃勇、甄華傑、鄭建鐘、楊曉莉以及師弟趙標博士，平時的切磋交流，使我能夠在潤物細無聲中慢慢成長。西北大學宋一鳴博士、陝西省政府地方誌辦公室丁喜以及遠在安徽老家的朱坤同學，感謝他們一如既往的支持與幫助，使我度過艱難的歲月，讓我倍感心靈的溫暖。

感謝遠在安徽農村的父母，他們含辛茹苦供我上學，二十多年很不容易。寧願苦了自己，不讓我學習上分心。這份信念支撐著他們在風雨中日夜勞作，這也是我愧疚不已的原因。同時感謝我的愛人張愛紅女士，她在日常生活和讀書學習中給我默默支持和幫助，使我幸運地擁有古人那「舉案齊眉」式的傳奇！

感謝花木蘭文化出版社的創始人杜潔祥先生，他欣然接受此書，並將其納入「中國學術思想研究輯刊」的出版計畫。杜先生是版本目錄學者楊家駱的入室弟子，道德文章，高山仰止。一直退隱江湖，從事出版事業，年逾五十而創立「花木蘭」。先生獎掖後學、繁榮學術的良苦用心令人欽佩。全憑一己之力，在商業市場上為學術出版打出一席之地，堪稱奇跡。特別感謝主編林慶彰、副總編輯楊嘉樂、編輯許郁翎以及高小娟社長的諸位賢達，不辭劬勞對文稿進行編輯加工及出版，尤付心力，謹此深致謝忱。

本書得到陝西省教育廳人文社科專項、西安科技大學的博士啓動金、哲學社會科學繁榮計畫等基金的資助與支持，得以完成課題、順利出版。

吳保傳 謹記

2014 年 12 月

中國學術思想 研究輯刊

二一編

林慶彰 主編

第 18 冊

社會與學術：
黃宗羲與明清學術思想史的轉型

吳保傳 著

花木蘭文化出版社

國家圖書館出版品預行編目資料

社會與學術：黃宗羲與明清學術思想史的轉型／吳保傳 著 --
初版 -- 新北市：花木蘭文化出版社，2015〔民 104〕
目 4+258 面；19×26 公分
（中國學術思想研究輯刊 二一編：第 18 冊）
ISBN 978-986-404-058-2（精裝）
1.（清）黃宗羲 2.學術思想 3.中國哲學
030.8   103027160

ISBN-978-986-404-058-2

9 789864 040582

中國學術思想研究輯刊
二一編　第十八冊　　　　　　ISBN：978-986-404-058-2

社會與學術：
黃宗羲與明清學術思想史的轉型

作　　者　吳保傳
主　　編　林慶彰
總 編 輯　杜潔祥
副總編輯　楊嘉樂
編　　輯　許郁翎
出　　版　花木蘭文化出版社
社　　長　高小娟
聯絡地址　235 新北市中和區中安街七二號十三樓
　　　　　電話：02-2923-1455／傳眞：02-2923-1452
網　　址　http://www.huamulan.tw 信箱 hml 810518@gmail.com
印　　刷　普羅文化出版廣告事業
封面設計　劉開工作室
初　　版　2015 年 3 月
定　　價　二一編 27 冊（精裝）台幣 50,000 元　　　　版權所有・請勿翻印

社會與學術：
黃宗羲與明清學術思想史的轉型

吳保傳　著

作者簡介

吳保傳（1981～），男，安徽泗縣人，歷史學博士，講師，現爲西安科技大學思政部教師。2010年畢業於西北大學中國思想文化研究所，師從張豈之先生，獲得歷史學博士學位。主要研究方向爲中國思想史、民族文化史。先後承擔 2008 年國家社會科學基金項目 1 項、主持 2014 年陝西省教育廳人文社會科學基金課題 1 項，並主持校級研究項目 3 項。公開發表學術論文 10餘篇。

提　要

　　本書是作者論述明清之際早期啓蒙思潮的哲學著作。

　　作者以明末清初的關鍵人物黃宗羲爲取樣，全面考察其學術思想，進而擴展到明清學術思想史的轉型問題研究，對社會轉型和學術啓蒙的關係進行了深入探討。主要從三個方面進行：從社會與學術互動的角度考察黃宗羲的生活世界及其時代特徵，指出黃宗羲時刻關注社會與學術之間理想關係的建構，而其出發點則是社會權力的發掘和運用問題；以《明夷待訪錄》、《明儒學案》爲中心分析黃宗羲早期社會啓蒙向學術啓蒙的轉變過程、原因及影響；以氣學超越義之建構爲中心，分析黃宗羲對社會轉型哲學基礎的建構過程，重點討論氣學超越義對明末清初史學、實學近代轉型的深刻影響。

　　最後指出，黃宗羲不僅積極推動了明清之際早期社會啓蒙向學術啓蒙的轉變，而且還爲社會轉型提供了可資借鑒的發展思路。該研究既是對明清早期啓蒙說的接續與回應，爲明清學術思想史的深入研究拓展了空間；又是對當代中國現代化轉型、中華文化傳承創新等現實重大問題的聚焦與反思，爲這些問題的當前解決提供了發展思路。

目次

前　言

一、對象與意義

　　論文以「黃宗羲與明清學術思想史的轉型」爲題，從「學者與學術思想史如何互動」入手，分析社會轉型期思想家與學術史的互動方式，以及在這個過程中表現出的學術史方法論特徵。選題意義有三：一、明末清初是中國中世紀社會的轉型期〔註1〕，社會方面出現了「天崩地解」的變局，而學術方面卻在明末清初達至空前勝境。黃宗羲等人「坐集千古之智，折中其間」（方以智語），不僅承續了千百年來的學術智慧，而且還提出了學術啓蒙引導和落實社會啓蒙的社會轉型觀，爲當下社會轉型提供鏡鑒作用；二、通過黃宗羲思想進展的分析，不僅呈現了黃宗羲思想發展的動態、眞實的面貌，而且還釐清了黃宗羲與宋明學術思想史的關係。這有助於整體把握和深度觀察宋明學術思想史的整體面貌及其內在邏輯，爲當下學術研究總結治學經驗和學術規律；三、黃宗羲思想結構具有交叉的、立體的、開放型和開拓式的特徵〔註2〕，局部的、靜態的研究都不足以反映黃宗羲思想的眞實面貌。通過分析研究黃宗羲生平社會角色變化及其學術思想變遷的眞實軌迹和互動過程，從而揭示出學者在社會轉型期

〔註1〕侯外廬先生曾提出「周秦之際」與「明清之際」（兩個之際）的社會轉型期，特別注意通過轉型社會的研究來揭示中國社會發展的規律和特點。他以社會史與思想史相結合的研究方法提出並論證了中國特有的「早期啓蒙說」以及中國近現代的「難產說」，卓然成爲一代學術宗師。在國際上，他被看作是「世界一級的亞細亞生產方式問題論者」和「馬克思主義思潮及其歷史科學的少數高水準理論家之一」。在國內，他始終是馬克思主義史學領域中的一面光輝旗幟。

〔註2〕白砥民：《關於黃宗羲的思想結構》，載《浙江學刊》，1987年第1期。

的理想追求和價值選擇，爲當下學人樹立立身行事的典範。

二、現狀與創新

（一）明清學術思想史轉型的研究。這方面有豐碩的理論成果，但總體上看側重於「內在理路」的研究。侯外廬先生提出並論證了「早期啓蒙思潮」是明清學術思想史轉換的主要線索〔註3〕；余英時先生另闢蹊徑提出「內在理路」（inner logic）說，對明清思想史加以重新解釋。在他看來，以往學者提出的許多概念，如「啓蒙說」、「反理學說」等，只是從政治、經濟的「外緣」立場來解說明清思想軌迹，而如果著眼於思想自身內在理路，那麼，則應該將「尊德性而道問學」看作從宋明到清代學術思想史發展的內在理路〔註4〕。余氏此說提出後，在海內外學術界引起一定反響，也有學者對之作出回應。如姜廣輝先生在贊同余英時提出思想發展有其內在理路的見解的同時，又對余氏將清代思想發展的內在理路歸納爲「尊德性而道問學」提出批評。姜先生認爲：將「尊德性」、「道問學」問題當作宋元明清學術思想發展的內在理路，這只能適用於理學占主流的歷史時期，並不足以涵蓋整個宋元明清。而且，歷史地看，思想發展的內在理路是多元而非單一的，「反理學」也是宋元明清時期學術思想史發展內在理路，這一內在理路，構成了明清學術思想史轉型的主線〔註5〕。在理學占思想界主流時期，反理學思潮只是作爲一股潛流存在著。但到晚明清初，由於封建社會末期走到窮途末路，理學固有的弊端有充分暴露，故當時學者多持有「反理學」的學術立場。所以，姜廣輝先生此論堪稱諦當。但是，也有學者對此表示異議。如陳寒鳴先生指出，「反理學」說只是從消極意義上解釋清代思想發展的內在理路。其實，在清代，既有消極意義上的「反理學」，或者說對理學的解構，也有積極意義上的種種思想創獲，或者說是對近代思想文化的建構。因此，明清學術思想的轉向是以「啓蒙」爲主要內容的思想文化走向〔註6〕。

〔註3〕侯外廬：《中國思想通史》第 5 卷（《中國早期啓蒙思想史》）北京：人民出版社 1956 年版，第 3～36 頁。

〔註4〕參閱余英時《從宋明儒學的發展論清代思想史》、《清代思想史的一個新解釋》、《清代學術思想史重要概念通釋》，均收入氏著《中國思想傳統的現代詮釋》，南京：江蘇人民出版社 1989 年版。

〔註5〕姜廣輝：《走出理學──清代思想發展的內在理路》，瀋陽：遼寧教育出版社 1997 年版。

〔註6〕陳寒鳴：《從早期啓蒙到近代啓蒙──清代思想發展的內在理路》，載《天津

　　從「內在理路」去分析明清學術轉型，還有日本學者溝口熊三以及中國學者丁爲祥兩位先生。溝口熊三指出明清學術思想史有一個從「滅人欲的天理」到「存人欲的天理」的演變歷程，他提出「天理之公 vs 人欲之私」是這個演變歷程的基調轉換〔註7〕。丁爲祥指出，明清學術轉換的眞正原因並不在宋明理學之外，而只能存在於其內部，氣學才是明清學術轉換的眞正開啓者〔註8〕。

　　學術界從「內在理路」角度去分析明清學術思想史轉型，在取得豐碩成果的同時，也對這個研究方法提出了省思。余英時在《朱熹的歷史世界》中貫徹了「內在理路」的研究方法，反對將理學從歷史中抽象出來，變成懸浮在政治和生活之上的邏輯；注重分析和解讀理學世界與權力集團之間的關係。余英時這個「有意立異」的方法論引起學界的關注和批評。劉述先擔心這種研究方法會走向另一極端。他指出，雖然有充分的理由建構一個政治文化外王的脈絡，但不能以此取代哲學或思想觀念內聖的脈絡，否則便是由一個偏向轉移到另一個偏向，一樣失去了均衡。余英時分別「內在理路」和「外緣分析」的確有待商權，葛兆光先生明銳地指出，「拆了門檻便無內無外」，在文化史、思想史、社會史和政治史之間不必畫地爲牢〔註9〕。

　　盧鍾鋒先生認爲，明末清初批判理學、總結理學思潮的走向，它大體上經歷著由「虛」到「實」的過程，而在不同的時期又有著不同的思想進路。具體來看，明末走的是由王學返回朱學的思想進路，清初走的是由理學走到實學的思想進路。這兩種思想進路同由批判、總結理學入，又循著同一路向即由「虛」返「實」走，而其終極則不同：明末的思想進路是由王學而返回朱學，屬於理學內部不同學術路向的自我調整；清初的思想進路則是由理學走向實學，具有反封建正統思想的早期啓蒙性質〔註10〕。

　　我們借鑒前人成果，結合黃宗羲思想發展的眞實脈絡，重新認識明清學

　　　　社會科學》，1999 年第 1 期。

〔註7〕〔日〕溝口熊三：《中國前近代思想的曲折與展開》，索介然，龔穎譯，北京：
　　　　中華書局 1997 年版，第 9～53 頁。

〔註8〕丁爲祥：《氣學：明清學術轉換的眞正開啓者》，《人文論叢》（2004 年卷），第
　　　　19～30 頁；又載《孔子研究》，2007 年第 3 期。

〔註9〕葛兆光：《拆了門檻便無內無外：在政治、思想與社會史之間——讀余英時先
　　　　生〈朱熹的歷史世界〉及相關評論》，載《書城》，2004 年第 1 期；《回到歷史
　　　　場景：從宋人兩個說法看哲學史與思想史之分野》，載《河北學刊》，2004 年
　　　　第 4 期。

〔註10〕盧鍾鋒：《中國傳統學術史》，鄭州：河南人民出版社 1998 年版，第 257 頁。

術思想史的轉型問題。從黃宗羲來看，啓蒙是其思想進展的眞實脈絡。啓蒙的實質就是權利意識的覺醒。爲了實現和提升這種權利意識，黃宗羲發揮社會權力對理想社會的建構作用。早期的社會啓蒙主要是通過政治制度安排來凝聚和發揮社會權力，從而有利於實現「天下爲主」的政治理念和「自私自利」的政治目標；中晚年的學術啓蒙是通過知識分子來領導和凝聚社會權力，從而保證整個社會的權力結構均衡發展。所以，明清學術思想史的轉型的實質就是權利意識的覺醒和啓蒙，轉型的脈絡就是早期社會啓蒙轉向學術啓蒙。

（二）黃宗羲思想進展問題的研究。20 世紀以來，學者基本上不再將黃宗羲的思想看作是平面的、單一的、僵化的，而是分析和論證黃宗羲思想具有多層次、開放性、開拓型等結構特徵〔註 11〕。錢穆先生提出，自《明儒學案》成書至晚年作《序》的十五年間，黃宗羲不再以蕺山「愼獨」遺教爲主，其思想有「逐步轉換」：其一是梨洲言心學有三新，其二是梨洲會通蕺山愼獨、陽明致良知，別闢新解。錢穆先生還指出梨洲這種轉換受到同門陳確（乾初）影響甚深，故梨洲晚年思想和乾初的立場比較接近〔註 12〕。劉述先等人對此表示反對，認爲梨洲重撰乾初的墓誌銘，不但不能表明梨洲與乾初思想接近，恰恰相反，而是反映了兩人的學術觀點「由接近而漸疏」。劉述先認爲錢穆說梨洲晚年思想有巨大變化，「義理考據，兩者無當，絕不可從也」〔註 13〕。

另外，美籍華裔學者成中英先生對黃宗羲思想的發展也提出了自己看法：黃宗羲的史學實發軔於理學與心學，因理學與心學而致力於史學，故史學可說爲理學與心學之用。因理學與心學的用心而致力於時代巨變的啓示，再推引於學術史的研究，這才是他學術思想發展的眞正軌迹。將這個轉變稱作「批判的或反省的理學」與「批判的或反省的心學」的轉變。這種轉變爲史學帶來新的氣象和面貌，主要表現在《明夷待訪錄》和《明儒學案》這兩部偉著中，前者是制度史的反思，後者是學術史的檢省〔註 14〕。

在以往研究成果的基礎上，我們認爲，黃宗羲思想大體經歷了由早年社會啓蒙向晚年學術啓蒙的轉變過程，這種轉變是以黃宗羲對社會權力認識的前後變化爲核心線索的。黃宗羲逐漸肯定和發掘社會權力對於社會建構的作

〔註 11〕白砥民：《關於黃宗羲的思想結構》，載《浙江學刊》，1987 年第 1 期。

〔註 12〕錢穆：《中國近三百年學術史》（上冊），北京：商務印書館 1997 年版，第 29 ～50 頁。

〔註 13〕劉述先：《黃宗羲心學的定位》，杭州：浙江古籍出版社 2006 年版，第 112 頁。

〔註 14〕成中英：《理學與心學的批評的省思》，載《浙江學刊》，1987 年第 1 期。

用，提出了震古爍今的早期社會啓蒙思想，同時也對當時的學術思想進行了批判，並通過知識分子及其學術研究來領導和掌握社會權力，從而推進了早期社會啓蒙向學術啓蒙的轉變，學術啓蒙是政治啓蒙內在邏輯的落實和提升，而不是政治啓蒙精神的衰落。

　　（三）黃宗羲哲學思想與史學、實學關係研究。關於黃宗羲哲學思想與史學的內在聯繫，章學誠、梁啓超、馮契、楊國榮等人都有注意和研究。章學誠注意到黃宗羲開創的浙東史學派的卓越處就是「言性命者必究於史」，也就是說，性命之學必須通過史學來表達和實現。梁啓超先生總結了黃宗羲學術史方法論的「四個條件」，其中就點明黃宗羲的學術史旨在揭示時代精神和人生精神。馮契、楊國榮認爲黃宗羲的學術史方法論是「歷史主義」方法論，並指出這種史學方法與黃宗羲對心學的修正有直接關係。黃宗羲對王陽明關於心體展開爲一個過程等觀點的揚棄，爲浙東史學提供了直接的理論先導〔註15〕。由此看來，黃宗羲的哲學思想與其史學觀有內在聯繫。本文探討了天理史觀和良知史觀，重點梳理理學心學對史學的社會功能及價值取向的不同塑造，並分析這兩種史觀的缺陷及其哲學思想上的原因。在此基礎上，我們進一步分析黃宗羲晚年的氣學對史學觀的發展演變的影響，並重點分析了黃宗羲氣學史學觀的理論進步性及其學術貢獻。黃宗羲的經史之學是完全建立在全新的氣學基礎上的。黃宗羲的氣學不僅承認氣化流行的價值和功能，而且揚棄了以往氣學，認爲氣化流行本然爲善，有超越性價值趨向。氣化流行的歷時性展開形成了史學的內容和價值，氣化流行的超越性形成了歷史脈絡即「經」。也就是說黃宗羲特殊的經史之學是建立在全新的氣學基礎上的，由此開創了清代的浙東經史學派。

　　學者還關注黃宗羲哲學思想與其實學的內在聯繫。過去，一般認爲明末清初的實學思潮與心學、理學是對立的，這種觀點受到學者的批判。吳光先生從心學立場來看黃宗羲實學思想的形成，認爲黃宗羲基本上是位折衷程朱陸王、對宋明理學有所超越並開啓了清代實學之風的心學家〔註16〕；葛榮晉、向燕南等人認爲晚明實學思潮並非是對心學的反動，相反，心學是促使實學

〔註15〕　馮契：《黃宗羲與近代歷史主義方法》，載《浙江學刊》，1987 年第 1 期；楊國榮：《論黃宗羲的學術史觀》，載《史學月刊》，1992 年第 3 期。
〔註16〕　吳光：《從陽明心學到「力行」實學——論黃宗羲對王陽明、劉宗周哲學史學的批判繼承與理論創新》，載《中國哲學史》，2007 年第 3 期。

思潮發生的理論淵源〔註17〕。我們認爲，黃宗羲的實學思想也有個變化過程，並且隨著學術思想的演變進展呈現出前後不同的內涵和價值。總體上看，晚年黃宗羲「氣學」超越義之建構對其「實學」產生了直接影響，至此明末清初的實學思想具有了哲學基礎，從而使其上昇爲實學社會思潮，成爲早期學術啓蒙的重要內容之一。

（四）黃宗羲在中國學術思想史上的定位問題。學術界主要有兩種觀點：

（1）「王學（心學）修正」論。章學誠認爲，黃宗羲宗陸而不背於朱，上宗王、劉，下開二萬〔註18〕。梁啓超先生對此有繼承和發揮，他提出黃宗羲「既不是王學的革命家，也不是王學的承繼人，他是王學的修正者」〔註19〕。錢穆、馮友蘭、謝國楨等學者基本上都堅持這種「修正」論，這是從王學或者心學的角度來考察黃宗羲思想的學術地位。學者對此種觀點有所批判。侯外廬認爲，黃宗羲的哲學思想是堅持唯物主義理氣一元論，其思想中殘存的王學是「枝葉」，不是「主流」。黃宗羲已經「打破了二千多年前的道統與異端的鴻溝和歧視」，反對用固定的框框來看古人思想〔註20〕。牟宗三認爲黃宗羲的思想「不獨全接不上宋儒與王學之綱領，且並其師之學脈亦接不上也」〔註21〕。蕺山的「獨體」還能保持住超越性，到黃宗羲的「氣化流行之體」則滑轉下來，超越義完全減煞。牟宗三認爲，蕺山是宋明理學的殿軍，黃宗羲已經不再是王學了。總體上看無論是肯定還是否定黃宗羲與王學的關係，其實都是有意無意地將黃宗羲思想放置在王學發展脈絡中加以考察。

（2）「宋明理學殿軍」論。與牟宗三不同，劉述先認爲宋明理學的殿軍不是劉蕺山，而是黃梨洲。他不再局限於王學來定位黃宗羲的學術地位，而是用「倒溯法」建立了黃宗羲與蕺山、陽明以及朱熹間的思想聯繫。由此斷定黃宗羲「不只是變成王學的殿軍，也變成了整個宋明儒學的統緒的殿軍」。不過，劉述先認爲在黃宗羲以後的學術界出現了「典範轉移」：顏元、戴震等

〔註17〕葛榮晉：《王學裂變與「實心實學」》，載《中共寧波市委黨校學報》，2009年第1期；向燕南：《從「主於道」到「主於事」：晚明史學的實學取向及局限》，載《學術月刊》，2009年第3期。

〔註18〕章學誠：《文史通義校注‧浙東學術》，葉瑛校注，北京：中華書局1985年版，第523～524頁。

〔註19〕梁啓超：《中國近三百年學術史》，北京：東方出版社1996年版，第52頁。

〔註20〕侯外廬：《中國思想通史》第5卷（《中國早期啓蒙思想史》）北京：人民出版社1956年版，第162頁。

〔註21〕牟宗三：《心體與性體》（中），上海：上海古籍出版社1999年版，第104頁。

人以「欲」爲首出代替了以「天理」爲首出，根本脫離了心性之學的規模，最後連思想也不要了，乾脆轉上乾嘉考據文獻之學。這種典範轉移，固然使黃宗羲成爲這門學問的殿軍，但是，這已經不是黃宗羲所能力挽狂瀾的，也不是他如願期待的。劉述先指出，必須從這「弔詭」的角度才能準確把握黃宗羲在明末清初思想史上的地位〔註22〕。

相對來看，「宋明理學殿軍」論比「王學修正」論更爲接近歷史事實。不僅高度重視黃宗羲學術思想資源的多樣性，還較爲充分肯定了黃宗羲在中國學術思想史上的歷史地位。不過，仍然有兩點值得深究：

其一，黃宗羲的思想資源是不是僅僅局限於程朱理學和陽明蕺山心學？對張橫渠、王廷相以來的氣學思想有沒有吸收？成中英、徐定寶、李明友等人認爲黃宗羲思想是對宋明理學心學的整合與發展，不過，他們對黃宗羲整合與發展的思路有不同的認識。徐定寶先生指出黃宗羲以氣本論爲思想武器，意在擊倒理學的「心外求理」說與心學的「空談性體」說，努力在物質與精神間構築起互爲貫通的橋梁，試圖在批判理學心學的基礎上重新營造哲學大廈〔註23〕。成中英先生認爲「批判的史學」是黃宗羲思想發展的歸宿；李明友先生認爲黃宗羲不僅是哲學家，還是哲學史家，「一本萬殊」是黃宗羲哲學的基本精神，也是其哲學史觀，而且還貫穿到史學、經學以及質測之學中〔註24〕。這樣看來，黃宗羲學術思想的地位不能簡單地從王學、宋明理學角度來界定，而應該從黃宗羲學術思想的進路來分析。

我們認爲，黃宗羲學術思想有個發展過程，以《明儒學案》爲界，前期主要以蕺山愼獨遺教爲主，是以陽明、江右王門爲儒學正傳；後期不僅對宋明理學心學的禪學化傾向有批判，而且還對橫渠、廷相以來的氣學思想傳統也有超越。主要表現在黃宗羲對氣學超越義之建構，並落實於他的史學和實學兩個學術啓蒙形式中。也就是說，黃宗羲早年是心學家，晚年轉向了氣學。他不僅對宋明理學心學有批判，而且還對橫渠以來的氣學有超越，從而建構起全新的氣學。承認和肯定氣化流行的創造功能和超越價值，這爲學術啓蒙

〔註22〕劉述先：《黃宗羲心學的定位》，杭州：浙江古籍出版社 2006 年版。
〔註23〕徐定寶：《黃宗羲評傳》第四章《理學與心學的艱難整合》，南京：南京大學出版社 2002 年版，第 162～193 頁；《理學與心學的艱難整合──兼論黃宗羲在哲學上的建樹與失誤》，《寧波大學學報》2001 年第 1 期。
〔註24〕李明友：《一本萬殊──黃宗羲的哲學與哲學史觀》，北京：人民出版社 1994 年版。

提供了哲學動力，黃宗羲的氣學是其學術啓蒙的理論基礎。同時，黃宗羲的氣學對明末清初的實學、史學都產生了直接影響，這兩個方面構成了早期學術啓蒙的主要內容，由此可以看出黃宗羲在學術啓蒙上的貢獻。總之，黃宗羲不僅是宋明學術的總結者，而且是早期學術啓蒙的開創者。

其二，「以『欲』爲首出」來認定黃宗羲之後出現「典範轉移」是否得當？是否爲「非預期的」？這也涉及到黃宗羲學術史地位問題。劉述先認爲，顏元、戴震等人以「欲」爲首出代替了以「天理」爲首出，根本脫離了心性之學的規模，由此出現了典範轉移〔註25〕。其實，在這點上，劉述先和牟宗三、溝口熊三等人觀點如出一轍，都對黃宗羲的氣化論思想評價不高，認爲氣化流行自身沒有超越性。表面上看，黃宗羲放棄良知心體的超越性價值追求，其實他是「從實處用功」，肯定和發掘氣化流行的創造價值，從「氣之本然者爲性」角度肯定氣化流行的超越性價值取向。人生觀上表現爲追求豪傑精神，史學觀上力求表達時代、人生的精神價值，實學觀上堅持道德本體的價值取向。這些都說明黃宗羲在揚棄以往氣學傳統的基礎上，提出了全新的氣學，從而推動了早期學術啓蒙思想的形成和發展。正是由於氣學也有超越性價值追求，我有大膽的提法：即便在乾嘉考據學者那裡也有超越性價值取向，這種取向可以表現出來，也可以不表現出來。不表現出來，並不代表他們沒有這個方面的要求。近來一些研究可以從側面間接論證我這個觀點，他們認爲：一方面籠罩整個社會的普遍原則亦然如故，另一方面考據學的風氣只是形成了北京和江南的一些學術共同體〔註26〕，這種精細的文獻學研究，只是在一部分相當高水準的士人階層中。從這兩個方面來推測，顯然不能遽論乾嘉考據學和史學就沒有超越性價值取向，沒有道德性命的探求。不過，具體有效的研究路徑尚待開闢。

三、方法與思路

首先，本文主要運用學術史與思想史相結合的方法。張豈之先生提出：「思想史更加偏重理論思維（或邏輯思維）演變和發展的研究」，同時又說：「學

〔註25〕劉述先：《黃宗羲心學的定位》，杭州：浙江古籍出版社2006年版，第113頁。
〔註26〕艾爾曼（Benjamin Elman）《從理學到樸學》，趙剛中譯本，南京：江蘇人民出版社1995年版；另參閱葛兆光《十八世紀的思想與學術——評艾爾曼〈從理學到樸學〉》以及艾爾曼的回應《再說考據學》，《讀書》，1996年第6期、1997年第2期。

術史必須研究『學術』，而『學術』的載體主要是學術著作。……要求學術史研究並評論有代表性的學術成果，以闡明學術意義和歷史意義。」〔註 27〕學術思想史研究要圍繞學術著作、學術成果的分析評價爲基礎，不僅要研究學術思想本身的邏輯進展，而且要關注學術思想與其他學術形式（比如史學、經學以及實學）的關係。聯繫本課題，不僅關注宋明學術史和黃宗羲思想的邏輯進展，而且還分析了它們對史學（比如史學、經學以及實學）發展的影響。

　　其次，運用社會史與思想史、歷史與邏輯相結合的方法。社會角色的變化是個人與社會互動的主要環節之一。在分析黃宗羲生平時，以社會角色變化爲視角，重新建構黃宗羲的生活世界。在分析黃宗羲學術思想的發展脈絡時，將其思想放置在具體、動態、開放的歷史場景中加以考察，使其思想盡可能多地呈現其鮮活的成長歷程。不僅呈現了黃宗羲思想轉向的歷史性特徵，而且還廓清和歸納黃宗羲學術思想發展的邏輯性特徵。這樣可以最大限度呈現知識分子在社會轉型期具有的主體性和能動性。

　　最後，年譜與其他史料相結合的方法。年譜是記載學者生平以及學行的重要資料。與其他史料相比，它具有準確、動態、開放、微觀的顯著特徵，可以將學者的思想與生平、社會的互動發展過程有機結合起來。但是，在現實運用過程中，也要理性靈活地把握。這是因爲：年譜雖然具有微觀反映思想進展的特徵，但是畢竟還不能絕對地微觀（年譜所記一般具體到年月，很少記載到日）；年譜不能絕對的反映思想發展演變的時間性事實。思想的發生演變是一個複雜、動態、開放的過程，故不能機械看年譜；另外，墓誌銘和書信一般都會標注具體寫作時間，與年譜相比，這兩種史料更具有微觀性和準確性，更有利於分析學者思想與社會互動的眞實歷史過程及其原因。具體到本文，根據黃宗羲的年譜、墓誌銘以及書信來確定黃宗羲學術思想的發展軌跡，一反前人認定黃宗羲爲心學派的觀點，指出黃宗羲晚年在對宋明理學進行批判的基礎上提出了全新的氣學思想體系，並貫徹和體現於實學和史學中，從而提升和落實早期社會啓蒙精神。

　　本文主要分爲三個部分：第一部分以社會角色的變化來分析學者與社會的互動過程，指出社會權力的認識和運用是其人生的學術思想史的致思方

〔註 27〕張豈之《序》，載張豈之主編，王宇信等撰述《中國近代史學學術史》，北京：中國社會科學出版社 1996 年版，第 1 頁。

向；第二部分以《明夷待訪錄》和《明儒學案》爲代表，來分析黃宗羲早期社會啓蒙向學術啓蒙的轉變過程；第三部分以氣學超越義之建構爲中心，分析黃宗羲學術啓蒙超越義建構的落實和實現，重點討論氣學超越義對明末清初的實學與史學思潮的影響和作用。最後指出，黃宗羲不僅積極推動了早期社會啓蒙轉向學術啓蒙，而且還爲社會轉型提供了可資借鑒的方法論，這是我們應該積極借鑒的。

第一章　黃宗羲時代的社會轉型與社會角色變遷

　　黃宗羲〔註1〕（1610～1695，字太沖，號南雷，學者稱梨洲先生）生活的時代，學者以「天崩地解」等詞語來描述那個時代的社會轉型，以說明當時社會轉型的速度之快、程度之深以及範圍之廣。事實上，社會轉型是很複雜的。轉型速度有快有慢，轉型內容有新有舊，轉型過程交光互影、異彩紛呈。而且，知識分子以及普通民眾對社會轉型的認知、反應也各有所殊。因此，社會轉型與社會角色之間的互動情況比較複雜，這就為認識和解釋當時的社會變遷以及學術思想的轉型提出了極大挑戰。

　　社會轉型投射在個體身上就是社會角色的歷史變遷。黃宗羲晚年是這樣描述自己人生經歷的。他說，「初錮之為黨人，繼指之為游俠，終廁之於儒林，其為人也，蓋三變而至今。」〔註2〕在現實生活中，一個人可以相繼或同時承擔若干社會角色；一個人的社會角色在不同時期也有不同內涵。黃宗羲如此概括自己的人生歷程可能有兩個方面的考慮：一是就某個時期主要社會角色而言，這反映了黃宗羲在社會轉型中的自我選擇、自我定位問題。二是就社會轉型與個人成長的互動角度而言，這說明社會與個人的互動是複雜的、動態的過程。總之，黃宗羲是從社會角色與社會轉型的互動來描述和說明自己的歷史世界。

　　因此，我們試圖以社會角色變動為主、社會轉型為輔來分析黃宗羲思想

〔註1〕關於黃宗羲的生平簡介詳見文後《黃宗羲年譜簡編》。
〔註2〕黃炳垕：《黃梨洲先生年譜》卷首黃宗羲「自題」。

與社會的互動過程。這樣，既可以眞實地看到黃宗羲學術思想產生發展的過程，又可以看到黃宗羲學術思想與社會轉型的互動過程。徐定寶先生對黃宗羲社會角色演變過程論之甚詳，可供參考〔註3〕。在此基礎上，我們重點考察社會轉型中特殊現象——黨社運動、豪傑精神以及學術啓蒙——形成發展的歷史脈絡，從而爲考察黃宗羲學術思想史的轉型提供社會史方面的基礎。

第一節　黨社運動：政治變遷中的社會權力

　　作爲黨人的黃宗羲，一直被學者忽視或誤解。以黃宗羲私淑弟子自稱的全祖望（1705～1755，字紹衣，號謝山）就說：「惟是先生之不免餘議者則有二：其一，則黨人之習氣未除，蓋少年即入社會，門戶之見深入而不可猝去，便非無我之學；其一，則文人之習氣未盡，不免以正誼明道之餘技猶流連於枝葉，亦其病也。斯二者，先生殆亦不自知，時時流露，然其實爲德性心術之累不少。苟起先生而問之，亦不必以吾言爲謬。」〔註4〕全氏這裡肯定了黨人、文人之習氣對黃宗羲的影響，但他只是從消極層面來分析的，有失偏頗。不過，鑒於清代學者多將明朝滅亡歸因於黨社運動，全祖望有此評鑒可以理解。晚清章炳麟（1869～1936，字枚叔，號太炎）對黃宗羲評鑒也不高，他說：「餘姚（即黃宗羲）少時，本東林、復社浮競之徒，知爲政之賴法制，而又不甘寂寞，欲弄技術已自耀。今之言立憲者，左持法規之明文，由操運動之秘術，正與余姚異世同奸矣。」〔註5〕當時，清末立憲派用當時風行的黃宗羲民主思想來抵禦資產階級革命派的民主共和，所以，作爲革命派的章太炎爲了反對立憲派，便將黃宗羲這個偶像一併推倒，於是附帶著批評黃宗羲爲黨社運動「浮競之徒」。

　　有一點值得注意，儘管全、章二人對黃宗羲少年時期的黨人生活評鑒不高，但他們都不約而同地指出少年時期的黨人生活對黃宗羲思想發展有重大影響。這不是偶然的。黃宗羲父親黃尊素（1584～1626，字眞長，號白安）是著名的東林黨人，後因黨派鬥爭被閹黨迫害致死。爲報父仇，草疏申冤，錐刺仇敵，震驚朝野內外。後金陵大會，宣《留都防亂公揭》，寒天下亂臣賊

〔註3〕徐定寶：《黃宗羲評傳》，南京：南京大學出版社 2002 年版，第 41～136 頁。
〔註4〕全祖望：《鮚埼亭集外編》卷 44《答諸生問南雷學術帖子》，上海：商務印書館 1936 年版。又見：《黃宗羲全集》，第十二冊，第 214 頁。
〔註5〕章太炎：《王夫之從祀與楊度參機要》，《章太炎政論選集》，北京：中華書局1977 年版，第 426～428 頁。

子之膽。黃宗羲一直以「東林餘韻」自稱。黃宗羲自言：「余少逢患難，故出而交遊最早。」〔註6〕另外，黃宗羲還積極參加當時的各種「社」會，同時對「社」會的弊端亦有批評。可以說，明末清初的黨社運動與黃宗羲少年時期有莫大關係。孟子曰：「頌其詩，讀其書，不知其人，可乎？是以論其世也。」（《孟子‧萬章下》）我們在全、章二氏的基礎上，結合黨社運動的歷史發展情況，指出黨社運動對於黃宗羲思想發展也有積極影響。

　　黨爭是中國古代社會轉型期常有的社會現象。中國古代政治史上歷來有朋黨之爭，如漢之黨錮，唐之牛李，宋之元祐。這些黨爭往往發生在每一個朝代的社會轉型期。此時利益集團基本形成，不同集團之間存在著各種爭論。這些爭論在政治上表現為黨爭，在文化上就表現為清議。謝國楨先生指出，在明代末年的政治和社會裏有一現象，一般士大夫活躍運動就是黨，一般讀書青年人活躍的運動就是社。「黨」和「社」名詞雖然不同，但都是人民自覺的現象〔註7〕。那麼，明末清初的黨社運動是否有新變化呢？

　　明末清初的黨社運動，以東林為主。關於東林與朝政國事關係，古今論之尤多，意見不一。撮其要者蓋有二端：推崇它的譽之為清議，詆毀它的則斥之為禍根。明末夏允彝（1596～1645，字彝仲，號瑗公）認為，「朋黨之論一起，必與國運相始終訖於敗亡者。以聰明偉傑之士為世所推，必以黨目之。於是精神智術俱用之相顧相防，而國事坐誤，不暇顧也。」〔註8〕而《明史》作者對東林黨社運動卻給予正面評價，東林書院「故講習之餘，往往諷議朝政，裁量人物。朝士慕其風者，多遙相應和」〔註9〕。黃宗羲也認為東林黨人對明朝政治國事有積極意義。他說：「熹宗之時，龜鼎將移，其以血肉撐拒，沒虞淵而取墜日者，東林也。」〔註10〕他還極力表彰東林黨人「一堂師友，冷風熱血，洗滌乾坤」的豪傑精神〔註11〕。

〔註6〕黃宗羲：《思舊錄》，《黃宗羲全集》，第 1 冊，沈善洪主編，吳光執行主編，杭州：浙江古籍出版社 2005 年版，第 398 頁。注：本文所引《黃宗羲全集》皆用此版本。

〔註7〕謝國楨：《明清之際黨社運動考》，北京：中華書局 1982 年版，第 1 頁。

〔註8〕夏允彝、夏完淳：《幸存錄‧門戶大略》，上海：上海古籍出版社 1996 年版。

〔註9〕張廷玉等：《明史》，第 20 冊，卷 231，《顧憲成傳》，北京：中華書局 1974 年版，第 6032 頁。

〔註10〕黃宗羲：《東林學案一》，《明儒學案》，沈芝盈點校，北京：中華書局 1986 年版，第 1375 頁。注：本文所引《明儒學案》皆用此版本。

〔註11〕黃宗羲：《東林學案一》，《明儒學案》，第 1375 頁。

　　儘管清代學者對東林黨人有相異的看法，但都不否認東林黨社運動和明清政治有著密切聯繫。歷史人物評價，古今往往異趣，蓋時代不同，觀點亦隨之而變。現代學者有的認爲東林黨人只是「一支重整道德的十字軍，但不是一個改革政治的士大夫團體」〔註12〕。他們只是用傳統儒家價值觀念來與現實惡劣政治勢力作鬥爭，在朝爲官時整頓君臣的政治道德，在野爲民時整頓士人的學術道德。樊樹志先生一反《明史》的觀點，認爲東林書院並非是議論政治的講壇，而僅僅是學術團體，他們只是通過講學來糾正彌漫於社會的王學流弊和重拾人心道德。在重整道德方面也已經「不在企求重整君臣之道，而傾向於重整學術之道」〔註13〕。

　　學術界爭論的焦點在於：黨社運動主要是學術運動還是政治運動。論者以爲，黨社運動是學術運動和政治運動的結合，它是一個以知識分子爲主導、以工商階層爲社會基礎的社會權力，這種社會權力是明末清初經濟、政治、學術等社會資源的合力，在明末清初有一個變遷過程。具體來說，在明末，主要是以黨社運動表現出來，它既限制皇權專制、宦官干政，又清明地方政治、發展市場經濟。在清初，逐漸轉向文化批判，不過仍然保留學術指導政治的優良傳統，這對浙東史學派乃至乾嘉漢學都產生了直接影響。

一、黨社運動：明清之際士大夫政治參與的新變化

　　中國古代知識分子普遍堅守著「仕而優則學，學而優則仕」的信條。至唐代，知識分子通過科舉考試進入政治結構，通過掌握政治權力實現內聖外王的理想。爲了加強對士大夫的管理，唐代在中央實行三省六部制，讓官僚集團內部的士大夫之間形成了相互監督的關係。這樣，在一定意義上，作爲知識分子的價值功能轉化爲政治結構中臣僚的工具功能。所以，唐太宗會說「天下英雄盡入吾彀中！」至明代，明太祖朱元璋爲加強皇權專制，洪武十三年（1380）罷丞相不設，析中書省之政，歸到六部，以尙書任天下事，此爲明朝的行政機關。另有監察機關，設御史大夫及六科給事中，御史大夫監督政府，六科給事中監察六部。這樣，六部統率六科，但是，六科也可以監察六部。六部和六科都是直接向皇帝負責，內閣不能干預，這是明初的祖制。

〔註12〕林麗月：《明末東林黨的幾個政治觀念》，載《臺灣師範大學歷史學報》，1983年第11期。

〔註13〕樊樹志：《晚明史》，上海：復旦大學出版社2003年10月版，第594頁。

還有銓選官吏，大臣是會推，小臣是考察，吏部的考察是士大夫進退的惟一機會。這樣，在內閣、銓部、言官之間分爲三股勢力，各不相謀，直接向皇帝負責。由此可見，明初制度設計的出發點是希望通過官僚集團內部的互相監督來強化皇權專制，是希望政治在監督中走向透明、實現公平。這既造成了明代皇權專制的空前集中，又使得官僚群體內部之間相互監督、相互牽制。

明代黨爭的產生就是在這種制度設計中產生的〔註14〕。政治監督集中在監察機關（言官）與行政機關（內閣）。有明一代，考察、監察制度並沒有嚴格執行。文秉《定陵注略》卷三《癸巳大計》云：「往例，凡內外大計，必先稟明政府，謂之請教。所愛者雖不肖必留，所憎者雖賢必去，成故事矣。」只是到了萬曆以後一般爲正直之士當政才慢慢認眞起來，而黨爭之因即肇因於此〔註15〕。這樣，隨著監督、人事任免（尤其是內閣首輔的任免）等問題爭論的不斷深入和加劇，這就很容易形成有組織、有系統的政治派別鬥爭，這就是「黨爭」。

東林黨不僅是一個學術團體，還是一個政治組織。學術界關於東林黨是不是「黨」尙存爭議。自孔子提出「君子群而不黨」的處世原則，「黨」在中國古代一直被視爲不正當的團體結合，因而對立的政治派別常常給對方貼上「結黨」的標籤。東林黨之名也是其對立面給加上的，因爲此派的活動中心是無錫東林書院。到後來，「東林黨」逐漸成爲正直人士的代名詞，他們也就接受此稱呼並引以爲豪，相互以「吾黨」相稱。東林黨有東林書院這樣一個長期性的活動基地，有集會講學這樣一種經常性的活動方式，有顧憲成（1550～1612，字叔時，號涇陽）、高攀龍（1562～1626，字存之，號景逸）這樣一些威望較高的領導人，還有自己的《東林會約》，在講學過程中「諷議朝廷」，從而逐漸成爲具有較大影響力的輿論中心，並且通過相互支持、相互聲援等方式參與實際的政治活動，因而可以說已是一個有一定組織形式的鬆散的政治組織〔註16〕。

儘管東林黨的組織形式還比較鬆散，被歸入東林黨的士大夫在許多具體問題上的看法並非一定相同，相互之間也常有爭議。但總體看來，東林黨在

〔註14〕謝國楨：《明清之際黨社運動考》，北京：中華書局 1982 年 11 月版，第 2～6 頁。
〔註15〕謝國楨：《明清之際黨社運動考》，北京：中華書局 1982 年 11 月版，第 22 頁。
〔註16〕張顯清：《明代後期社會轉型研究》，北京：中國社會科學出版社 2008 年版，第 377 頁。

原則問題上還是比較一致的。

　　東林黨人多爲正直言官，敢於批評內閣專權。早在萬曆初期，後來成爲東林黨人的一些官員就與首輔張居正展開鬥爭，結果被張居正等人貶戍或革職。「東林八君子」，顧憲成、高攀龍、安希範、劉元珍、錢一本、薛敷教、葉茂才都是在官僚集團的內部爭鬥中被貶或革職的中下級官員。高攀龍說：「我神祖御極四十八年，而譴謫諸臣，自萬曆五年始於江陵相薄奔父喪，諸臣以綱常大義諍，杖者、戍者、編氓者累累矣。是後，以國本、以礦稅、以去奸者、發奸者、以救言者、薦言者、推用者相繼譴幾三百人。」〔註 17〕被譴者的雖不一定都成爲東林黨人，但東林黨的勢力確實是從反對張居正改革中發端，在爭國本中聚積的〔註 18〕。

　　張居正（1525～1582，字叔大，號太岳）之後，內閣權威雖然日益下降，但仍是言官主要的攻擊對象。王錫爵曾向顧憲成抱怨說：「內閣所是，外論必以爲非；內閣所非，外論必以爲是。」顧憲成則反唇相譏：「外論所是，內閣必以爲非；外論所非，內閣必以爲是。」〔註 19〕足見兩者水火之深。東林對內閣提出批評的重點是「專權」。顧憲成指出，「權」是「人主之操柄也」，「非人臣可得而專也」，「人臣之罪，莫大於專權」〔註 20〕。在他看來，太祖取消中書省的目的，就是爲了盡可能地分散臣下之權，但自嚴嵩以來，六部權力歸集於內閣，這個問題事關國家「治亂安危」。因爲在顧憲成看來，臣下之權宜散不宜聚。「散則互鈐，權臣不得行其私，國家之利也；聚則獨制，各人不得守其職，權臣之利，國家之甚不利也。」〔註 21〕東林黨的另一位創始人錢一本也對內閣專權提出批評：「內閣即論道之三公，未聞三公可盡攬六卿之權，歸一人掌握。」〔註 22〕由於東林黨人集中於對內閣專權的批評，以致有學者認爲東林黨就是「反內閣官僚的總稱」〔註 23〕。由此看來，顧憲成爲代表的東林黨人是

〔註 17〕高攀龍：《高子遺書》卷 9（上）。

〔註 18〕劉志琴：《晚明史論：重新認識末世衰變》，南昌：江西高校出版社 2004 年版，第 17 頁。

〔註 19〕黃宗羲：《明儒學案》卷 58《東林學案一‧端文顧涇陽先生憲成》，第 1377 頁。

〔註 20〕顧憲成：《懇乞休致書》，《涇皋藏稿》。

〔註 21〕顧與沐：《顧端文公年譜》卷上。

〔註 22〕張廷玉等：《明史》，第 20 冊，卷 231，《錢一本傳》，北京：中華書局 1974 年版，第 6038 頁。

〔註 23〕〔日〕小野和子：《東林派とその政治思想》，《東方學報》第 28 號，1958 年

主張臣下之權宜散不宜聚，這是在反對內閣專權中形成的分權思想。

　　爲了貫徹其「分權」主張，東林黨人提出政府決策應以「公論」爲基礎。這引起了當權派的不滿。首輔趙志皋上疏指出：「今天下之治與亂，不在於他，而在於人心之險躁浮薄，敢於議論而無忌憚。又有一等傾危之士，弄雌黃之口，亂是非之眞，鼓唇搖舌而莫測其端，捕影捉風而莫知其自。以致一人倡之，衆人從而和之，無者捏而爲有，假者模而爲眞，沿習成風，恬不爲怪，而是非淆矣。」因此，他認爲國家面臨的最爲嚴重的政治問題，是「人心叵測，議論橫生，搖惑其言，倒置國是」。次輔張位上疏言道：「所爲國是者，是而是焉，可無辨也。有是而似非，有非而似是也。有始是而卒非，有始非而終是也。衆以爲是而莫知其非，衆以爲非而莫知其是也。一事之中而有是有非，一人之中而有非有是也。」〔註24〕他們認爲是非之間的界限往往模糊不清，而且處於不斷的變動狀態之中，很難作爲決策依據。因此應當振綱紀、收威權，由皇帝（當然也包括內閣首輔）獨攬行政大權。在這「貌似合理的外殼之中的，卻是推崇君主獨裁專制的不合理的內核」〔註25〕。他們是以一人之是非爲衆人之是非，以皇帝之是非爲天下之是非。對此，東林黨人顧允成一針見血地指出：「《定國是振綱紀》一疏，其名豈不甚美？至究其所謂定國是者，不過欲盡錮天下之公；所謂振綱紀者，不過欲恣行一己之私而已。」〔註26〕針對張位的是非難辨、衆論難憑的觀點，趙南星提出反駁：「臣等竊惟國是之有是，衆論共以爲是者也。衆論未必皆是，而是不出於衆論之外。」〔註27〕

　　由此看來，東林黨人主張分權，以「公論」作爲國家決策的依據，這是有意識地將國家政治的發展問題納入到黨爭的軌道中去，將政府權力放置在社會權力監督之下。

　　東林黨人不僅批評內閣專權，還反對宦官干政。明代是中國歷史上宦官專權最爲嚴重的朝代之一。黃宗羲曾評論說：「奄宦之禍，歷漢、唐、宋而相

版。轉引自張顯清主編：《明代後期社會轉型研究》，北京：中國社會科學出版社2008年版，第378頁。

〔註24〕分別見：《萬曆邸鈔》，萬曆二十年九月、十月。轉引自張顯清主編：《明代後期社會轉型研究》，北京：中國社會科學出版社2008年版，第379頁。

〔註25〕張顯清，林金樹主編：《明代政治史》，桂林：廣西師範大學出版社2003年版，第379頁。

〔註26〕顧允成：《輔臣晚節不終黨証同事乞戒飭以杜奸萌疏》，《萬曆疏鈔》卷6《國是類》。

〔註27〕趙南星：《復新建張相公定國是振綱紀疏》，《味檗齋文集》。

尋無已，然未有若有明之爲烈也。漢、唐、宋有干與朝政之奄宦，無奉行閹宦之朝政。今夫宰相六部，朝政所自出也。而本章之批答，先有口傳，後有票擬。天下之財賦，先內庫而後太倉。天下之刑獄，先東廠而後法司。其他無不皆然。則是宰相六部，爲奄宦奉行之員也。」〔註28〕

明代宦官參與朝政，主要通過司禮監進行。從職能和地位上看，司禮監和內閣十分相似，他們是輔助專制皇權運行的兩個並列機構。憲宗時就出現了皇帝繞開內閣，通過十二監、四司、八局這些所謂的「二十四衙門」來發揮內閣的作用〔註29〕。成化年間的監察御史陳敬宗上疏指出：「國家政務，我太祖、太宗既設司禮監掌行，又命內閣大學士共理。內外相維，可否相濟。近來政務之決，間有大學士不與聞者。今後政務不分大小，俱下司禮監及內閣，公同商確，取自聖裁。」〔註30〕到明朝末年，司禮監的機構設置日趨完備，在政治決策過程中發揮的作用也越來越大。「司禮秉筆六人，名下各有六人，六部、兩直、十三省各有專司，故閣、部、臺、省訛舛，靡不訂正者」〔註31〕。司禮監的主要職能，是代替皇帝行使批紅權，《明史》遂謂「內閣之票擬，不得不決於內監之批紅，而相權轉歸之寺人。於是朝廷之紀綱，賢士大夫之進退，悉顛倒於其手」〔註32〕。從性質上看，宦官的批紅權與內閣的票擬權是不同的。內閣票擬權是向皇帝提供意見和建議，輔助皇帝發揮決策職能，閣臣可以在票擬中表達自己的傾向和見解；宦官批紅則完全是代皇帝行事，只能表達皇帝的意見和決定，而不能摻雜自己的私意。換句話說，內閣票擬權具有一定程度的獨立性，而宦官批紅權則完完全全地從屬於皇權。就制度設計本意上看，皇帝讓宦官代爲批紅，只是想讓他們代行「手」功能，而不是想讓他們代行「腦」的功能〔註33〕。從地位上說，宦官是皇帝的「家

〔註28〕黃宗羲：《明夷待訪錄·奄宦上》，《黃宗羲全集》，第 1 冊，第 44 頁。

〔註29〕張廷玉等：《明史》卷 74《職官三》，第 6 冊。北京：中華書局 1974 年版，第 1820 頁。

〔註30〕《明實錄》孝宗卷 7，成化二十三年十一月己未條，臺北：中央研究院歷史語言研究所 1962 年版，第 28 冊，第 139 頁。

〔註31〕張廷玉等：《明史》卷 74《職官三》，第 6 冊。北京：中華書局 1974 年版，第 1730 頁。

〔註32〕張廷玉等：《明史》卷 72《職官一》，第 6 冊。北京：中華書局 1974 年版，第 1730 頁。

〔註33〕張顯清、林金樹主編：《明代政治史》，桂林：廣西師範大學出版社 2003 年版，第 218 頁。

奴」，他們完全依附於皇權；但在一定條件下，宦官卻可以出奴爲主，架空以至控制皇帝。這種情形在明代後期曾數度出現。其時皇帝或因年幼無知，或因荒嬉慵懶，對政務毫無興趣，遂委政宦官，從而出現正統時的王振、成化時的汪直、正德時的劉瑾、天啓時的魏忠賢那樣的「口含天憲，手執王爵」的權閹，他們實際上自己就是皇權的眞正體現者。

天啓年間，閹黨頭目魏忠賢與熹宗乳母客氏專權，從內宮到外廷，形成了一個魏忠賢爲首的「閹黨」集團。《明史》卷 305《魏忠賢傳》中說：「當此之時，內外大權一歸忠賢。內豎自王體幹等外，又有李朝欽、王朝輔、孫進、王國泰、梁棟等三十餘人，爲左右擁護。外廷文臣則崔呈秀、田吉、吳淳夫、李夔龍、倪文煥主謀議，號『五虎』。武臣則田爾耕、許顯純、孫雲鶴、楊寰、崔應元主殺僇，號『五彪』。又吏部尚書周應秋、太僕少卿曹欽程等，號『十狗』。又有『十孩兒』、『四十孫』之號。而爲呈秀輩門下者，又不可數計。自內閣、六部至四方總督、巡撫，遍置死黨。」〔註 34〕於是，魏忠賢的專權不僅造成了威福日甚、鷹犬日眾，民間無敢偶語者，而且造成了極其滑稽的個人崇拜。眾多官僚掀起了爲魏忠賢建造生祠的浪潮，甚至居然有人提出以魏忠賢配孔子，在國子監西側建魏忠賢生祠。一向以飽讀儒家經典自詡的官僚們，早已把儒家倫理跑到九霄雲外去了，幹出令一般百姓都目瞪口呆的寡廉鮮恥的咄咄怪事。

然而，在那個黑白顛倒的時代，敢於揭發魏忠賢種種罪惡的，大多是東林黨人。其中就有「捨得一身剮」敢把魏忠賢拉下馬的楊漣（1571～1625，字文孺，號大洪）。他列舉魏忠賢「二十四大罪」，將其罪惡和盤托出。東林黨人周宗建上疏：「內有進忠（魏忠賢）爲之指揮，旁有客氏爲之羽翼，外有劉朝輩爲典兵示威，而有（郭）鞏輩蟻附蠅集，內外交通，驅除善類，天下事尚忍言哉！」〔註 35〕楊漣彈劾魏忠賢二十四大罪之後，黄尊素抨擊魏忠賢曰：「天下有政歸近幸，威福旁移，而世界清明者乎？天下有中外洶洶，無不欲食其肉，而可置之左右者乎？」「今忠賢不法狀，廷臣已發露無餘，陛下若不早斷，彼形見勢窮，復何顧忌。忠賢必不肯收其已縱之繮，而淨滌其腸胃；

〔註 34〕張廷玉等：《明史》，卷 305《魏忠賢傳》，北京：中華書局 1974 年版，第 26 冊，第 7821～7822 頁。

〔註 35〕張廷玉等：《明史》，卷 245《周宗建傳》，北京：中華書局 1974 年版，第 21 冊，第 6359 頁。

忠賢之私人，必不肯回其已往之棹，而默消其冰山。始猶與士大夫爲讎，繼將以至尊爲注。」〔註36〕

除了反對宦官干政，東林黨人還反對宦官借稅使、礦監之名，行搜刮百姓之實。萬曆二十四年（1656）神宗派出大批宦官作爲稅使礦監，到全國各大城鎮，或專管稅務，或監督開礦，或強徵店稅，或兼采珍寶。但是，宦官將搜刮來的大量財富多中飽私囊。「大略以十分位率，入於內帑者一，克於中使者二，瓜分於參隨者三，指騙於土棍者四，而地方之供應，歲時之饋遺，驛遞之騷擾，與夫不才官吏指以爲市者不與焉。」〔註37〕據萬曆二十七年尙書李戴統計，由於「天下賦稅之額，比二十年前十增其四」，遂使得「天下殷實之戶，比二十年前十減其伍」〔註38〕。礦監稅使的掠奪加重了城市富民的破產。到了萬曆後期更是嚴重，尤其在江南地區「臣宦之視富民，虎之視肉」一般。從富民階層中產生的東林黨，反對礦監稅使，要求神宗皇帝停止瘋狂掠奪，並使他們與維護政府利益的在朝官員以及下從工商業者有著共同的要求，從而得到社會輿論的支持。

黨爭作爲士大夫主要參政方式之一，它本以政治監督爲主旨，對宦官干政、內閣專權都予以了尖銳批判。不僅惟是，他們還主張分權，決策必須以「公論」爲依據。這樣，通過黨爭形式尤其發揮言官的監督作用來清明政治，使得下層的民情民意得以上達天聽，這些都是明代士大夫參與政治的新內容，展現出不同的政治動向，這爲黃宗羲提出「封建論」以及君臣觀念都有直接影響。

二、黨社運動：限制皇權專制的新力量

明代黨社運動不僅對官僚群體內部發揮了政治監督作用，在限制專制皇權方面也有積極意義。從限制力量的來源看，它不是來自於皇權專制爲主導的官僚體制內部，而是產生於下層的市民階層和知識分子的力量合流。這對皇權來說，是客觀存在的力量，成爲專制皇權不可忽視的社會權力。從限制

〔註36〕 張廷玉等：《明史》，卷 245《黃尊素傳》，北京：中華書局 1974 年版，第 21 冊，第 6361 頁。

〔註37〕 《明實錄》神宗卷 359，萬曆二十九年五月丁未條。臺北：中央研究院歷史語言研究所 1962 年版，第 59 冊，第 6707～6708 頁。

〔註38〕 《明實錄》神宗卷 340，萬曆二十七年十月丁丑條。臺北：中央研究院歷史語言研究所 1962 年版，第 59 冊，第 6317 頁。

方式來看，突破過去個人的規諫形式，而是以黨社運動的形式來表達群體觀點。

自秦、漢以來的歷代封建皇權莫不利用法制的、神學的、哲理的手段樹立君主的絕對權威。明代是中國歷史上皇權統治最嚴酷的一個王朝，朱元璋在軍事、政治、文化等方面採取了前所未有的集權措施，包括收回相權，大權獨攬，肆意刪節《孟子》，廷杖功臣，興文字獄，建立了中國歷史上最嚴厲的專制王朝。權力傾向於腐敗，絕對的權力絕對導致腐敗。中央集權過度強化的結果就是把皇帝的權威推到極致。君主無論是昏是暴，是幼兒還是白癡，為臣的只能頂禮膜拜，歌功頌德，不能說一個「不」字，任何對君主的不敬和褻瀆，都要受到重處，甚或誅滅九族。直弄得君要臣死，臣不得不死的地步。

明代皇帝在絕對權力中物質欲望空前膨脹。明代皇莊瘋狂兼併土地。「明朝中葉，土地兼併日趨激烈，皇帝、王公、勳戚、宦官所設置的莊田數量之多，超過了以往任何時代。」〔註39〕萬曆神宗皇帝以「開礦榷稅」為名，直接派遣宦官到各地徵收稅收，開礦斂財，這些錢財珠寶掠奪回來並不入國庫，而是直接成為皇帝自己的宮中內帑，供皇室任意揮霍。這種掠奪形式是以往朝代所罕見的。宦官之所以敢如此無法無天的掠奪，是因為皇帝在背後支撐。黃宗義後來曾一針見血地指出：「奄宦之如毒藥猛獸，數千年以來，人盡知之矣。乃卒遭其裂肝碎首者，曷故哉？豈無法以制之歟？則由於人主之多欲也。」〔註40〕

以崇禎皇帝為例，他把掠奪來的宮中內帑看作為個人的私產，認為這是「千年不拔之基」。就在李自成農民軍兵臨城下之時，有內閣輔臣向崇禎皇帝提出庫藏久虛，邊費軍餉又刻不容緩，現在唯一可以仰賴的就是皇帝的內帑了。崇禎帝聽此居然大歎其苦：「今日內帑難以告先生！」邊說還邊潸然淚下〔註41〕。到了即將國破家亡的當口，他竟然把金銀看得比江山還要高，內帑並非沒有，只是捨不得。三個月後，李自成進入紫禁城大內，查出藏金數量十分驚人，後來李自成倉皇撤退時，用騾馬運走三千七百萬兩金銀。這一情節引來楊世聰的一番感歎：「嗚呼！三千七百萬，捐其畸零即可代二年加派，乃今日考成，明日搜掠，使海內騷然，而局鑰如故，策安在也？先帝（指思宗）聖明，豈真見不及此，徒以年來之征解艱難，將留位羅雀掘鼠之備，而

〔註39〕翦伯贊主編：《中國史綱要》，下冊，北京：人民出版社1995年版，第182頁。
〔註40〕黃宗義：《明夷待訪錄‧奄宦下》，《黃宗義全集》，第1冊，第45頁。
〔註41〕《流寇長編》卷17，崇禎十七年正月庚寅。

孰知其事不相及也。吁，其亦可悲也矣。」〔註42〕

　　皇帝如此貪婪、自私，這是因爲皇權處在權力結構的制高點，沒有辦法加以約束和限制。雖然農民起義以革命的形式可以暫時推翻某個專制王朝，但是，並不能完全推翻專制皇權。古代知識分子一般以限制君權爲目標。爲了限制專制皇權，中國古代的知識分子也提出了許多觀點和策略。孟子的民貴君輕的民本說，董仲舒的以天道限制君權的天人感應論，以道德規範君主的禮儀觀，以諫言、實錄節制君主行爲的諫議、史官制，對君主濫用權力都有一定的節製作用。自孟子以來，儒家知識分子都主張君主應該實行「仁政」。孟子說：「惟仁者宜在高位，不仁而在高位，是播其惡也。」〔註43〕如果君主不實行仁政，那麼，君主就不宜在那高位。如果君王像商代紂王那樣實行殘暴統治，那麼，人們就可以將他殺掉。「賊仁者謂之賊，賊義者謂之殘，殘賊之人謂之一夫。聞誅一夫紂矣，未聞弒君也。」〔註44〕自宋明以來，儒家學者基本上都主張以「道」、「天理」來限制皇權專制，要求皇帝與士大夫「共商國是」、「共治天下」。

　　但是，傳統知識分子的這些辦法和策略對於皇權專制的限制是非常有限的。「這一方面因爲外在的一體化社會結構和君主專制政治結構的制約，另一方面也源於自身的內在缺陷。」〔註45〕這可以從三個方面來理解：首先，知識分子一旦進入政治機構中去，便面臨從道與從君的兩難選擇。作爲儒家的知識分子，應堅信道尊於勢，以天下爲己任；作爲君主之臣，又必須服從職務、責任和權限的基本規定，自覺維護政治組織和專制君主的權威。在君尊臣卑的君臣之義束縛下，作爲知識分子的價值功能總是屈服於作爲臣僚的工具功能。其次，儒士入仕即可獲取俸祿，並利用強權進行超經濟掠奪，改變依靠知識而生存的貧而無養的狀況；但士人在獲得經濟保障的同時，也便容易失去人格的尊嚴和獨立，經濟上對專制皇權的依附，必然導致政治上專制皇權的依附。誠如海瑞所指出：「一仕於人，則制於人。制於人則不得以自由。

〔註42〕談遷：《國榷》卷101，崇禎十七年四月癸酉：計六奇：《明季北略》卷20《十六癸酉載金入秦》。

〔註43〕《孟子·離婁上》，引自（清）阮元校刻：《十三經注疏》，北京：中華書局1980年版，第2717頁。

〔註44〕《孟子·梁惠王下》，引自（清）阮元校刻：《十三經注疏》，北京：中華書局1980年版，第2680頁。

〔註45〕周學軍：《明清江南儒士群體的歷史變動》，載《歷史研究》，1993年第1期。

制於人而望於人者，惟祿矣。」〔註46〕最後，更爲嚴重的是，儒士一旦仕於人，便被分散安置在行政系統的各個等級，消融於龐大的政治結構中，作爲一個具有強有力組織凝聚的儒士群體並不存在，分散孤立的儒士根本無法抗衡專制君主的淫威。

　　到明代中後期到清初，江南士大夫群體的發展出現了引人注目的新趨向。「心學對『窮亦兼濟天下』精神的弘揚，書院和結社對士人群體凝聚力的增強，經濟獨立自足能力的提高，使儒士群體長期軟弱無力的狀況得到一定改變。」〔註47〕

　　隨著黨社運動的出現，政治權力得以積蓄與發展，這種力量突破了過去那種知識分子以個體形式來反抗皇權專制，而是以群體力量來制約皇權。這在明代後期的黨爭運動中尤其明顯。世宗時的「大禮議之爭」和神宗時的「爭國本」就能說明這個問題。

　　「大禮議」之爭是圍繞世宗朱厚熜在繼承帝統的同時是否也應該繼承孝宗的嗣統，以及世宗的生父興獻王應在帝統上佔有何種位置而展開的〔註48〕。這次爭論最後以皇帝和張熜派取得了決定性勝利。這場爭論可以從不同角度去理解和詮釋〔註49〕，但究其實質而言，它是「儒家之道與帝王之勢的一場激烈較量」〔註50〕。「大禮議」中楊廷和集團之所以不肯妥協，就是想在世宗羽毛未豐之際將其納入正統的儒家軌範之中〔註51〕。而世宗則利用這一事件極力張揚君權。他一方面不斷提高生父的祭祀規格，另一方面通過更定儀禮——毀塑像用木主、去王號稱先師、改八佾爲六佾、減籩豆十二爲十——降低孔子的祭祀規格，從而宣示帝王之勢對儒家之道的支配地位〔註52〕。神宗皇帝時的「國本」

〔註46〕海瑞：《海瑞集・孟子爲貧而仕議》。
〔註47〕周學軍：《明清江南儒士群體的歷史變動》，載《歷史研究》，1993 年第 1 期。
〔註48〕關於這場政治紛爭過程，參看谷應泰：《明史紀事本末》卷 50《大禮議》、卷 51《改正祀典》。
〔註49〕參看李洵：《「大禮議」與明代政治》，載《東北師範大學學報》，1986 年第 5 期；鄧志祥：《「誰與青天掃舊塵」——「大禮議」思想背景新探》，載《學術月刊》，1997 年第 7 期；田澍：《嘉靖革新研究》，第二章，北京：中國社會科學出版社 2002 年版。
〔註50〕張顯清主編：《明代後期社會轉型研究》，北京：中國社會科學出版社 2008 年版，第 372 頁。
〔註51〕左東嶺：《王學與中晚明士人心態》，第三章第一節，北京：人民出版社 2000 年版。
〔註52〕黃進興：《道統與治統之間：從嘉靖九年孔廟改制談起》，臺北：《中央研究院

之爭，也是圍繞帝系承傳的宗法原則展開的，但它無法獲得像「大禮議」中的「孝」那樣的倫理支撐，因而不可能有人冒天下之大不韙公開支持皇帝。所以，神宗皇帝最終只好放棄自己的想法，這在某種程度上可以說是儒家之道對帝王之勢的一次勝利〔註53〕。

雖然這兩次黨爭都是在士大夫官僚群體之間展開的，但是，由於爭論的內容涉及到帝系承傳問題，因此，這就不能將政治鬥爭的性質完全放在士大夫集團內部的黨爭去看，而是要將它放在士大夫約束君主專制的視野中加以理解。在這兩次爭鬥中，一批官員（絕大多數是具有進士出身的年輕官員）表現出頑強的鬥爭精神，他們不為皇帝的意旨所左右，「人人不之移，猶堅其故舌，愈沸愈忤，愈忤愈戇」，「群抵於雷霆之下」〔註54〕。

東林黨往往以「公論」、「共議」、「國是」為議題來約束皇帝專制行為，這說明東林黨爭並不是一種單純反內閣、反宦官的政治運動，如果這樣去理解的話，很顯然就低估了它的歷史意義。正如溝口雄三所指出的，東林黨人批評和抗爭的核心意義，是「皇帝及其周圍集團的專權，以及任其濫用專權的宰相們的軟弱姿態」，因而，應將東林運動「看作是圍繞皇帝專制制度而進行的廣義的政治鬥爭」〔註55〕。儘管在批評內閣集權時，東林黨人曾發出「夫權者人主之操柄也」的議論，但這絕不意味著他們贊成君主可以任意專斷地行使權力，他們的理想是使「天下之公論」成為君主制的基本要素和施政基礎。

由此看來，明代黨社運動是社會權力的重要體現，它既是「政治革新運動」，同時又是「文化革新運動」〔註56〕。前者體現出東林黨人希望通過發揮士人和市民的群體政治力量來反對宦官干政和君主集權；後者體現出東林黨人希望通過自由講學、自由結社來發揮「公論」的學術力量。所以，明代的黨社運動是政治、文化等方面的社會權力的充分體現。

這種力量對皇權主導下的官僚權力結構產生了既有積極又有消極的影

歷史語言研究所集刊》，第 64 本第 4 部分，1990 年。

〔註53〕 張顯清主編：《明代後期社會轉型研究》，北京：中國社會科學出版社 2008 年版，第 375 頁。

〔註54〕 談遷：《國榷》卷 53，世宗嘉靖三年七月癸未條。

〔註55〕 〔日〕溝口雄三：《中國前近代思想的演變》，北京：中華書局 1997 年版，第 390～391 頁。

〔註56〕 侯外廬主編：《中國思想通史》（第 4 卷）下冊，第二十五章《東林黨爭的歷史意義及其社會思想》，北京：人民出版社 1960 年版，第 1096～1120 頁。

響。如何將這種社會化的權力形成積極性的力量，祛除不利因素，在約束皇權專制方面發揮了積極作用，這個時代任務就落到黃宗羲等人身上，事實上，黃宗羲的《留書》、《汰存錄》、《明夷待訪錄》等著作正是為解決這些問題，這些著作從制度、經濟、文化等方面來彙聚、激發源於各種渠道的社會權力，只有這樣，整個社會的權力結構才不會失衡，天下才不會成為皇家「私產」，個人的「自私自利」的權利才能得到有效保障。

三、「黨」與「社」結合：社會權力的形成及其挫折

在明末，「社」會與政治黨爭逐漸合流，形成了一種融合社會政治與學術文化為一體的社會權力。早在明代嘉靖、慶曆年間就出現了以講學與反講學為形式的文化鬥爭。最初是由陽明學派的王艮和何心隱等人的提倡，後來受到張居正為代表的封建政府權力的壓迫和殘害。萬曆朝以後，以魏忠賢為首的閹黨與主張自由講學和結社的東林黨人之間形成了曠日持久、殘酷至極的黨爭運動。在黨社運動中，君主集權和社會權力形成了有交集但又有明顯對抗性的二元權力結構。

對於社會權力和黨社運動，不同的立場有不同的態度。在當時統治者眼中，黨社運動和社會權力是專制皇權及其主導下的封建官僚權力的危害，對其政治、文化權威形成了挑戰。所以，他們一般主張禁止講學和結社，禁止市民運動和生員議政。而對於進步人士來說，社會權力和黨社運動是清明政治和復興聖學的主要途徑。所以，他們紛紛建立書院，評騭時事。從這個角度來看，黨社運動是對君主專制集權的「文化革新運動」，帶有異端式的反傳統經院思想的歷史意義〔註57〕。

當時的東林書院「固講習之餘往往諷議朝廷，裁量人物。朝士慕其風者，多遙相應和」〔註58〕，這就形成了「蓋野之立社，即朝之樹黨也」的局面〔註59〕。「社」會文化革新和「黨」爭的政治革新在此就有了明顯的互動過程。

〔註57〕侯外廬主編：《中國思想通史》（第 4 卷）下冊，第二十五章《東林黨爭的歷史意義及其社會思想》，北京：人民出版社 1960 年版，第 1096～1098 頁。

〔註58〕張廷玉等：《明史》，第 20 冊，卷 231《顧憲成傳》，北京：中華書局 1974 年版，第 6032 頁。

〔註59〕朱一是：《為可堂集·謝友人招入社書》，轉引自謝國楨《明清之際黨社運動考》，北京：中華書局 1982 年版，第 187 頁。

起初，知識分子參與「社」會，完全是為科舉、仕進等現實功利目的。晚明文士喜結社，本為清雅故事。一來切磋時文，以備科舉；二來結交知己，以文會友。對此，黃宗羲曾有詳細論說：

> 當崇禎初，士之通經學古者，其私試之經義，皆標以社名，極眾人之眩曜。三吳、豫章、閩、楚為盛，東浙三江之限，而二馮開其風氣。慈、甬人士，亦莫不有境外之交。獨姚江中處，以熟爛時文觔骸場屋。是時余學南中，饒大夫遨遊，與之上下其議論，鄉邑之中未嘗有相應和者。逮丙子、丁丑間，聞有所謂昌古社者，起於邑之海濱，主之者則諸碩庵、諸九徵。雲間聞其才名，招入幾社。碩庵、九徵因結里中諸子，俱務佐王之學，由是聲譽殷然，余兄弟之交碩庵者始此。〔註60〕

由黃宗羲的敘述可以看出，明末士子參與「社」會，始為科舉時藝，後改為「佐王之學」。這說明「社」會在明末清初的確具有「佐王之學」的政治取向。

在科舉仕進的促動下，「社」會蔚然成風，盛極大江南北、朝廷內外。最為著名的當屬張溥、張采等人倡導的復社。它以規模較大的應社為基礎，聯合多家文社而形成有一定組織體系的社會團體。張溥經常利用自己的聲望向有關官員推薦門下弟子，被薦者在歲試、科試中每每名列優等，這使得復社的規模迅速擴大。〔註61〕黃宗羲在《思舊錄》「劉應期」條記載：「劉應期，字瑞當。……此時溪上多名士，而瑞當裁量其間，不少假借，人亦畏其清議。……是時一方名士皆有錄，學使者至，以公書進之，大略準之上下。余嘗執筆，名士十數人列坐，皆無毫髮私意，必眾論相諧而後定。」〔註62〕名士的清議成為學使進行人才選拔的重要依據，這樣，知識分子當然希望通過參加「社」會並得到名士的賞識，從而步入仕途。

但是，張居正為代表的當時統治者也發現了晚明士人參與「社」會的目的是為科舉仕進，所以，他們就通過法律、教育等手段來影響和控制「社」會。比如，張居正援引明太祖「臥碑」的規定，凡士子只准讀四書五經、《性理大全》、《資治通鑑綱目》、《大學衍義》等書，如果試卷中超出了這個範圍，

〔註60〕黃宗羲：《南雷雜著稿‧諸碩庵六十序》，《黃宗羲全集》，第 11 冊，第 63～64 頁。

〔註61〕眉史氏：《復社紀略》卷2。

〔註62〕黃宗羲：《思舊錄》，《黃宗羲全集》，第 2 冊，第 383 頁。

「其剽竊異端邪說，炫奇立異者，文雖工，弗錄」，這可以清楚地看出當時統治者的文化專制，這與社會權力中的自由講學和自由結社的文化革新運動適成對反。

在政治革新運動中，社會權力也遇到了挫折。前面說到，東林黨人多為張居正時代貶斥罷免的官員，本身就是在野的政治力量，後來他們聚集在無錫的東林書院進行講學活動，這使得這種政治權力在講學活動中得以壯大。明代後期，皇帝多昏聵無能，激烈的黨爭中出現了大量的貶斥罷免的官員，其中有些官員逐漸聚集到東林書院，這也是一種不可忽視的社會權力；另外，明代的科舉考試，錄用大量的知識分子，但多不受重用被下放地方。這些官員逐漸成為下層士紳，成為地方的社會權力。在明代後期，隨著商品經濟的高度發展，士商互動情況比較頻繁，這些力量也逐漸聚集在能夠較大代表他們利益的東林黨的旗幟下。黃宗羲說：「崇禎間，吳中倡為復社，以網羅天下之士，高才宿學多出其間。主之者張受先、張天如，東浙馮留仙、鄞仙與之枹鼓相應。皆喜容接後進，標榜聲價，人士奔走，輻輳其門。」〔註63〕

以知識分子、士紳為主導的社會化權力在黨爭、民變中逐漸形成和壯大。前面說到黨爭在限制皇權、官僚群體內部監督中的積極作用，現在來看這種力量在市民運動中的積極作用。明末的市民運動的主要特徵有二：其一，知識分子、士大夫成為市民運動的主要領導者。根據有關材料顯示：自我國城市產生訖明代的幾千年間，除唐代德宗時的長安和北宋初年的開封，曾經有過類似的商人「罷市」活動外，再也不容易找到有關市民運動的記錄。而到了明代後期的萬曆、天啓年間，市民運動風起雲湧，僅萬曆一朝就多達五六十次。其中，以領導者的身份而論，官員士大夫為首者 19 次；手工業工人、商販、作坊主為首者 4 次；土豪為首者 5 次；身份不明者 18 次〔註64〕。其二，目標明確，矛頭直指封建王朝，有經濟鬥爭，也有政治鬥爭。具體來說，萬曆朝主要是反對皇帝的全權代表礦監稅使，反抗超經濟的剝削；天啓朝抗議宦官干政，反對政治壓迫。這種鬥爭最早始於萬曆初年，但大多數發生於萬曆中葉以後〔註65〕。

〔註63〕黃宗羲：《劉瑞當先生墓誌銘》，《黃宗羲全集》，第 10 冊，第 335 頁。
〔註64〕劉志琴：《城市民變與士大夫》，《中國農民戰爭史論叢》第 4 輯，鄭州：河南人民出版社 1982 年版。
〔註65〕張顯清、林金樹主編：《明代政治史》，桂林：廣西師範大學出版社 2003 年版，第 166 頁。

　　這樣看來，社會權力已經具有了不可忽視的力量和作用。在上層社會中，以黨社運動為主要形式的社會權力不僅成為封建皇權專制下的異己力量，對皇權專制形成限製作用，而且抨擊了官僚集團中以閹黨為核心的反動勢力。這表現在以東林黨為核心的黨社力量與以皇權為中心的閹黨政治的對立和鬥爭。在下層社會，以市民運動為主要形式的社會權力反抗封建專制的政治和經濟鬥爭。總體看來，明末清初轉型時期凸顯出來的社會權力既是政治力量，也是經濟、文化的力量，它是以知識分子為主導的力量，而且，這種力量與皇權專制為中心的政治力量有明顯的不同，代表著社會發展的新趨向。

　　正是如此，這種權力才引起了專制皇權和腐朽閹黨的鎮壓和打擊。東林黨人強烈地反對內閣專權、宦官干政，觸動了內宮與外廷的官僚利益，引起了他們的攻擊。尤其到天啓年間宦官魏忠賢的勢力崛起後，內宮外廷形成一個龐大的閹黨集團。「務以攻東林、排異己為事。」魏忠賢對於東林黨人尤為嫉恨，由此引發了「六君子之難」、「七君子之獄」，對忠良之士殘酷地迫害。還作「《東林點將錄》、《天鑒錄》、《同志錄》以導之，凡海內君子，不論有無干涉，一切指為東林黨人」〔註66〕。

　　這些事例說明，當時的「社」會，無論是對上層的君主專制權力，還是對地方的邪惡勢力，都形成了一種強大的社會權力來與之對抗。這種力量自其形成伊始既可以制衡皇權專制，又可以清明中央與地方的社會。黃宗羲後來在《明夷待訪錄》中強調學校等社會權力對政治的監督作用，無疑是從這些事例中得到強有力的啓示。

　　但是，「社」會所形成的社會權力，對於閹黨政治來說形成了一種挑戰。南都公揭風波之後，阮大鋮徹底與復社為敵。這也為他在弘光朝時對復社人士進行瘋狂報復埋下了隱患。明亡之後，阮大鋮因擁立福王弘光政權有定策之功，在馬士英的薦舉下擔任兵部要職。得勢後的阮大鋮急切要做的大事不是抗擊清兵，而是與馬士英合謀翻案，開始對東林復社人士瘋狂報復。增廣《留都防亂公揭》中人名，造《蝗蝻錄》（以東林為蝗，復社為蝻），入錄者計千人有餘，「皆海內賢良，欲盡殺之」。黃宗羲與顧杲也為重點批捕對象。幸虧任職弘光朝副都御史鄒虎臣與顧杲有姻親，鄒氏查得抓捕駕貼後，故意

〔註66〕黃宗羲：《明儒學案》卷 58《東林學案一・端文顧涇陽先生憲成》，第 1378頁。

拖延不行。時局勢大變,清軍兵臨南京城下,為時一年的福王政權也如鳥獸散,此案也不了了之。黃宗羲死裏逃生,回歸故里。黃宗羲歷時十餘年的「黨人」生涯到此亦告結束。是年黃宗羲三十六歲。

雖然由於北兵南下,黃宗羲等人沒有被閹黨餘孽所殺,但是,也充分反映了復社等社會權力在沒有制度、經濟力量的支持下,是不能真正起到多大實際作用的。誠如吳光先生所說:「明末愛國志士的悲劇在於:整個統治階級已經腐敗透頂,分崩離析,不堪收拾,明王朝已經病入膏肓,無可救藥。一批文弱書生(他們可能是社會上一些頭腦清醒、人格高尚的分子)的大聲疾呼,也只能是『有心殺賊,無力迴天。』」〔註67〕

黨社運動和社會權力對於專制皇權來說,既是挑戰又是機遇。運動中形成的社會權力對於皇權專制來說是一種異己的力量,是一種客觀的制約。士大夫正是通過黨爭形式來規範和約束君主的行為。因此,皇帝往往利用黨爭互相牽制雙方,使得黨爭運動雙方的社會權力形成「內耗」,避免社會權力對專制皇權構成威脅。黃宗羲曾經一針見血地指出:「莊烈帝(即崇禎)亦非不知東林為君子,而以其依附者之不純為君子,故疑之;亦非不知攻東林者為小人也,而以其可以制乎東林,故參用之。卒之君子盡去,而小人獨存,是莊烈帝之所以亡國也。」〔註68〕

四、黨社運動對黃宗羲的影響

黃宗羲的少年時代正是東林黨與閹黨爭鬥最為激烈的時期。其父黃尊素就是著名東林黨人。萬曆四十五年至天啓二年,黃尊素任寧國府(今安徽宣城)推官。在與閹黨餘孽湯賓尹等人的鬥爭中不畏強敵、為民除害。最後使得「強宗斂手,避其風裁」〔註69〕。「大姓劉氏(仲斗)置私獄殺人」,黃尊素「訟劉氏數百人,悉為斷理,收其僮客論死。劉氏飛章京師。鄒元標先生為左都御史,由此知公(黃尊素)。」黃尊素在東林人士的提攜下任山東道監察御史,成為在京十三道監察大員中的一員,開始登上明代上層的政治舞臺。其父與東林人士商討時事對黃宗羲有深刻影響。據黃炳垕《年譜》記載,天啓四年,「時逆奄竊政,黨論方興。楊忠烈(漣)、左忠毅(光斗)、魏忠節(大

〔註67〕吳光:《清初啓蒙思想家黃宗羲傳》,《黃宗羲全集》,第12冊,第113頁。
〔註68〕黃宗羲:《汰存錄》,《黃宗羲全集》,第1冊,第331頁。
〔註69〕黃宗羲:《明儒學案》卷61《東林學案四》,北京:中華書局2008年版,第1490頁。

中）諸公，與忠端公為同志，常夜過邸寓，屏左右論時事，獨公在側，故得盡知朝局清濁之分」〔註70〕。

如何判斷和衡量黨爭運動的發展形勢。當時東林人士多主張以黨爭為綱，以此改良朝政、澄清吏治。與此不同，黃尊素提出新的解決辦法，代表了一種新的趨向。「當鄒先生長憲時，諸君子日追理『梃擊』、『紅丸』、『移宮』所謂三案者，斷斷而爭之。或謂公（黃尊素）曰：『今論人者，以三案為鑑。公胡無說於此？』公曰：『三案已為成事，今日宮府所急，似不在此。』」當魏忠賢專權，慘害善類，於是楊副院（漣）欲上二十四大罪之疏，疏之將上，副院謂同志曰：「魏忠賢者，小人之城社也，塞穴薰鼠，固不如墮城變社耳。」先生（尊素）曰：「不然。除君側者，必有內援，公有之乎？一擊不中，凶愎參會矣。」〔註71〕

黃尊素的觀點應該說是很務實的。首先，閹黨勢力如日中天，東林黨最好應該韜光養晦，不能以卵擊石。除君側必須有內援方能成功，而東林黨沒有。其次，更為重要的是，當時的歷史大勢決定了不能搞黨爭，只有和衷共濟，才能共克時艱。因此，黃尊素不同意當時東林人士通過黨爭運動來肅清以魏忠賢為首的閹黨，而是試圖以東林人退出黨爭運動的方式來化解黨爭糾紛，減少黨爭的危害。黃尊素對楊漣說：「公一日在朝，則忠賢一日不安，國事愈決裂矣。不如去以少衰其禍。」〔註72〕這種韜光養晦的戰略是合理的，也是必要的。因為，在他看來，「今大勢已去，君子小人之名，無徒過為分別，則小人尚有牽顧，猶有一二分之救也。」與黃尊素論調相合的，東林中亦有高景逸（攀龍），他說：「今日之事，未能用倒倉之法，唯有上下和衷，少殺其毒！」〔註73〕

在黃尊素等人看來，雖然有識之士積極參與黨爭的主觀目的也許是好的，但是，其客觀的社會作用可能是負面的。所以，應該順應大勢，以國事為重。必須要化解黨爭，不能讓黨爭成為社會發展的絆腳石，這樣才能為當時社會問題的解決贏取寶貴的時機和精力。

事實證明，黃尊素等人是為「識時務」的俊傑。從正面來看，東林中的主要人物在君子小人問題上過為分別，終於引發了「六君子之難」、「七君子

〔註70〕黃炳垕：《黃梨洲先生年譜》，天啟四年條，《黃宗羲全集》，第 12 冊，第 20 頁。
〔註71〕黃宗羲：《黃氏家錄》，《黃宗羲全集》，第 1 冊，第 413～414 頁。
〔註72〕黃宗羲：《明儒學案》卷 61《東林學案四》，第 1490～1491 頁。
〔註73〕黃宗羲：《明儒學案》卷 58《東林學案一》，1399 頁。

之獄」，導致朝廷善類無存，也使得有識之士在明末清初的社會轉型和發展中失去了主導力量和話語權。從反面來看，東林成為「怨府」，後世有人「以為亡國由於東林」〔註74〕。這個論調雖然有失偏頗，但是，指出「東林」陷入黨爭思維，在「大勢」面前不能和衷共濟，也可謂不無所見。

黃尊素能夠理性對待黨爭與社會發展的關係，這對黃宗羲的思想尤其啟蒙思想的形成與發展有直接影響。具體來看，黃尊素開始反思黨爭運動對社會發展的作用限度問題，逐漸超越「黨爭」思維，認識到「黨爭」有時也會對社會發展產生負面影響。黃尊素指出士大夫應該站在民族大勢、社會穩定的高度來重新定位士大夫的社會角色。雖然他還沒有能夠完全突破皇權專制的框架，但是，能夠從「大勢」的角度來思考士大夫的社會角色的選擇和確定，無疑開啟了黃宗羲以「天下」來衡量和確定士大夫以及君主的社會角色和現實職責的理論思路，這也是黃宗羲「天下為主，君為客」以及「君臣共治」的治權平等思想的直接體驗和智慧源泉。

黃宗羲親自參與黨爭運動的事跡主要有二：一是崇禎元年（1628），為報父仇，草疏申冤，上疏請誅魏閹死黨曹欽程、李實。會審時，錐刺閹黨重要成員許顯純。其膽略與精神感動朝野上下，不少人欽佩其申張正義的剛烈性格與嫉惡如仇的精神面貌，故皆樂於同這位東林遺孤結為良友。二是崇禎十一年（1638）金陵的復社大會上，為驅逐閹黨餘孽阮大鋮，公推東林子弟顧杲、天啟被難的黃尊素之子黃宗羲為首，發佈了《留都防亂公揭》，揭露阮大鋮「獻策魏璫，傾慘善類」、「招納亡命」、「陰險叵測」的醜惡嘴臉；表達了復社志士「但知為國除奸，不惜以身賈國」的凜然正氣。阮大鋮本為魏忠賢的鷹犬。天啟初年，被列入「逆案」，削職為民，避居安徽懷寧老家。但賊心不死，仍圖東山再起。天啟五年（1632），由他幕後操縱，在懷寧成立了中江文社，由於方以智的揭露，中江文社才曇花一現，作鳥獸散。這時，李自成領導的農民起義軍佔領了安徽的大部分地區，阮大鋮失魂落魄，逃到南京避難，又暗中招納亡命之徒，用金錢美女收買復社成員，招搖撞騙，大有捲土重來之勢。當時，朝廷多用天啟初年的「逆案」中人，至周延儒，特起馬士英為鳳陽都督，馬士英以阮大鋮為援，閹黨又熾。因此，他們宣言：「若使阮大鋮罪狀得以上聞，必將重膏斧鑕，輕投魑魅，即不然，而阮大鋮果有力障天，威能殺士，杲亦請以一身當之，以存此一段公論，以寒天下亂臣賊子之

〔註74〕黃宗羲：《明儒學案》卷58《東林學案一》，第1375頁。

膽！」這篇《公揭》的發表在當時起了「寒亂臣賊子之膽」的作用。阮大鋮嚇得「杜門呫舌欲死」，溜到南京城外牛首山的寺廟中躲避了好幾年。這次事件提升了正人君子的志氣，也引起了社會的普遍關注。當時連煙花女子、梨園子弟都不願再唱阮大鋮寫的《燕子箋傳奇》。

黃宗羲不僅在驅逐閹黨餘孽的活動中發揮了積極作用，在驅逐地方惡霸上也發揮了重要影響。黃宗羲在《思舊錄》「陸培」條記載：「陸培，字鯤庭，杭人。與陳玄倩交惡，玄倩無鄉里之行，武林出檄攻之。鯤庭寓書於余，欲東浙為應，余告同社，於是紹興王玄趾為首，寧波陸文虎為首，皆出檄，玄倩幾無以自容，而以死節一灑之。」〔註75〕

少年時代的黃宗羲還積極參與當時的各種「社」會。黃宗羲在《思舊錄》中自言：「余少逢患難，故出而交遊最早。」〔註76〕他先後參加了江南地區的復社、杭州的讀書社、南京的國門廣業社，還有寧波的文昌社。在《查逸遠墓誌銘》中敘述了自己的社事始末：「自余束髮出遊，所交杭郡之諸子，凡三換焉。」他多次說及「吾固社中人也。」所以，「社」會伴隨著黃宗羲的一生，對他的人生、思想等方面都產生了重大影響。

首先，社中人多為「出處患難，同時同志」，具有同呼吸共命運的真摯情感。為了追憶這份難以磨滅的交情，他特地撰寫了《思舊錄》。在該書的「後記」中，他如此寫道：「余少逢患難，故出而交遊最早，其一段交情，不可磨滅者，追憶而志之。開卷如在，其人之爵位行事，無暇詳也。」〔註77〕由此可見，這段人生經歷給他留下最為深刻的還是患難真情。《思舊錄》中記載了社友沈壽民（眉生）、陸符（文虎）對他的影響。記「沈壽民」條曰：「余十七歲遭難，往來都中，邑中黨逆者墓訟祠訟，紛紜不已，無暇更理經生之業，不讀書者五年矣。庚午，至南京，邂逅眉生，為之開道理路，諄諄講習，遂入場屋。」〔註78〕記「陸符」條曰：「陸符者，字文虎。為人慷爽，能面折人之是非。余之交文虎也，吳來之言貴鄉陸文虎志行之士，子何不友？於是遂為登堂拜母之交。故余之學始於眉生，成於文虎。余之病痛，知無不言，即未必中，余已不敢不受也。」〔註79〕由此看來，這份患難真情既是個人內心

〔註75〕黃宗羲：《思舊錄》，《黃宗羲全集》，第1冊，第380頁。
〔註76〕黃宗羲：《思舊錄》，《黃宗羲全集》，第1冊，第398頁。
〔註77〕黃宗羲：《思舊錄》，《黃宗羲全集》，第1冊，第398頁。
〔註78〕黃宗羲：《思舊錄》，《黃宗羲全集》，第1冊，第352頁。
〔註79〕黃宗羲：《思舊錄》，《黃宗羲全集》，第1冊，第385頁。

眞情的流露，更是社會轉型期中社會普遍心理的反映。

其次，黃宗羲參加寧波的文昌社，文昌社的成員學文又學道，對他的氣節觀和治學風氣有不可忽視的影響。文昌社中的成員後來多成爲黃宗羲抗清鬥爭的戰友，也爲他後來在甬上講學創造了條件〔註80〕。黃宗羲還肯定講會對於培養人才方面的貢獻，認爲書院講會所造就的人才甚至遠高於官辦的學校。他說：「制舉盛而人才紲，於是當世之君子，立講會以通其變，其興起人才，學校反有所不逮。如朱子之竹林，陸子之象山，五峰之岳麓，東萊之明招，白雲之仙華，繼以小坡、江門、西樵、龍瑞，逮陽明之徒，講會且遍天下，其衰也，猶吳有東林，越有證人，古今人才，大略多出於是。」〔註81〕

最後，黃宗羲對於當時「社」會的各種弊端也予以揭露。批評讀書社成員只知埋首訓詁，對經史與治亂漠不關心。他說：「經生之學，不過訓詁，熟爛口角，聖經賢史古今治亂邪正之大端，漫不省爲何物。」〔註82〕還批評當時讀書社中人的「逃禪」行爲以及復社爲奸相所利用。他說：「武林之讀書社，徒爲釋氏所綱羅；婁東之復社，徒爲奸相之所訾謷。此無他，本領脆薄，學術龐雜，終不能有所成就。」〔註83〕並指出這些弊端在於學術龐雜，這可謂道出當時「社」會的通病。

關於黨社運動的歷史價值，明末清初以來的學者多有評論。明末舉人朱一是曾指出說，萬曆年間，一些飽學之士講究道術，其後同同相扶，異異交擊，有好惡而無是非，結果使得「道術流而爲意氣，意氣流而爲情面」，遂致國勢凌夷〔註84〕。《四庫全書總目》也指出：「朝士慕其風者，多遙相應和，聲氣既廣，標榜日增，於是依草附木之徒，爭相趨附，均自目爲清流，門戶角爭，遞相勝敗，黨禍因之而大起，恩怨糾結，輾轉報復，明遂以亡。」〔註85〕這些評論是比較客觀公正的。事實的確如此，當時的黨社運動已經嚴重干擾了朝廷處理政務、解決問題的能力，偏離了黨社運動監督政治的本意。黃宗羲不僅肯定了東林黨人在政治、教育方面的積極作用，還清醒地指出東林人中亦有依草附

〔註80〕方祖猷：《黃宗羲與文昌社》，引自吳光主編《黃宗羲論》（國際黃宗羲學術討論會論文集），杭州：浙江古籍出版社1987年版，第496～504頁。

〔註81〕黃宗羲：《陳夔獻墓誌銘》，《黃宗羲全集》，第10冊，第452頁。

〔註82〕黃宗羲：《高古處府君表》，《黃宗羲全集》，第10冊，第272頁。

〔註83〕黃宗羲：《陳夔獻墓誌銘》，《黃宗羲全集》，第10冊，第452～453頁。

〔註84〕朱一是：《爲可堂集・謝友人招入社書》。

〔註85〕《四庫全書總目》卷96《子部六・儒家類存目二》，「顧憲成《小心齋札記》摘要」。

木、隨波逐浪之徒〔註86〕。不過，他指出，一個團體內部有一些「敗類」也是在所難免，不能因此就徹底否定東林黨人的歷史價值，而且，更不能因此全盤否定黨社運動的存在價值。黃宗羲這裡打破孔子以來的「君子不黨」的理論界限，指出「今必欲無黨，是禁古今不為君子而後可也」〔註87〕。由此他充分肯定東林黨人的歷史價值。他說：「東林之名，講學者不過數人耳，倚附者亦不過數人耳。以此數人者為名為黨可也，乃言國本者謂之東林，爭科場者謂之東林，攻閹人者謂之東林，以至言奪情奸相討賊，凡一議之正，一人之不隨流俗者，無不謂之東林。由此而逆推之，則劾江陵者，亦可曰東林也；劾分宜者，劾劉瑾、王振者，亦可曰東林也。」〔註88〕

　　黃宗羲對黨社運動有比較清醒的認識，批評「社」會中的浮華之風，指出東林人中亦有敗類。但是，總體上看，黃宗羲對於明末清初的黨社運動是持肯定態度的，重點突顯社會權力的政治價值和文化價值。這種新型的社會力量，是以東林黨人為核心的社會權力，是當時政治、經濟、文化發展中形成的合力。這股力量是由知識分子、士紳領導，通過黨社運動和市民運動來發揮作用，不僅對於皇權專制和官僚群體內部起到良好的監督作用，還對地方政治、文化建設中起到積極作用。所以，黨社運動中表現出來的社會權力是積極的。但是，它為什麼會在明末清初走向失敗。這個問題，後來黃宗羲在《明夷待訪錄》等書中重點思考和理性對待。

第二節　游俠：社會轉型中的豪傑精神

　　傳統儒家知識分子的人格理想就是「內聖外王」，就是通過治國平天下來實現士大夫群體的社會價值。但是，明朝先被李自成所滅，後被滿族所佔，國已不國。在北兵南來之際，黃宗羲沒有退隱山林、獨善其身，更沒有獻媚於滿清政權，而是積極投入到反清復明的歷史洪流中去，主動肩負起抗清復國的時代使命。他在血雨腥風、刀光劍影中開始了長達十餘年的游俠生活，以豪傑精神彰顯了知識分子在社會轉型期的人生追求和民族氣節。

一、從「毀家紓難」到「潮息煙沈」

〔註86〕黃宗羲：《汰存錄》，《黃宗羲全集》，第 1 冊，第 332～333 頁。
〔註87〕黃宗羲：《汰存錄》，《黃宗羲全集》，第 1 冊，第 332 頁。
〔註88〕黃宗羲：《汰存錄》，《黃宗羲全集》，第 1 冊，第 332 頁。

　　順治二年（1645），清軍兵臨南京城下，立朝一年的弘光政權崩潰瓦解，如鳥獸散。一些明朝舊臣為填補政權真空，分別在紹興和福州建起魯王、唐王政權，試圖對清軍作最後抵抗。浙東的魯王政權是由原明刑部員外郎錢肅樂在號稱「六狂生」的復社書生的推舉下起事，並聯繫王之仁、方國安等人的軍隊，封鎖錢塘江，請魯王以海在紹興監國。在餘姚，原明兵部郎中孫嘉績、戶部給事中熊汝霖也積極響應，率眾起事。一時間，浙東同仇敵愾，群情激昂，大有與南來清軍決一死戰的架勢。黃宗羲受此氣氛感染，也「毀家紓難」，迅速組織當地弟子三百餘人，建立了一支抗清武裝，名曰「世忠營」，並聽命於魯王政權。

　　為了反清復明，黃宗羲不時向魯王政權獻計獻策，提出許多有價值的建議。他在給總兵王之仁的信中提出要積極尋找戰機，不能消極自守。他說：「諸公何不沉舟決戰，由赭山直趨浙西？而日於江上放船鳴鼓，攻其不備，蓋意在自守也。葺爾三府，以供十萬之眾，北兵即不發一矢，一年之後，恐不能支，何守之為？」還向朝廷提出建議，攻打崇明以分錢塘江之軍事壓力。「崇明江海之門戶，曷以兵擾之，亦足以分江上之勢。」〔註89〕這些建言獻策是務實的，也是正確的，對當時的反清復明運動起到了一定的積極作用。

　　不僅提出很有戰略眼光的具體建議，黃宗羲還親率義軍抗清。他將自己的「世忠營」與孫嘉績的「火攻營」、查繼佐的義軍匯合，攻下錢塘江西岸的譚山，極大鼓舞了浙西地區反清復明的士氣。與浙西抗清武裝會師，前鋒直抵乍浦，共議將取海寧、海鹽。還約崇德反清義士孫爽，準備裏應外合，爭取太湖一帶的抗清力量，以形成氣候。黃宗羲的反清義軍所到之處，受到當地民眾的熱烈歡迎，百里之內，皆以牛酒相送，整日輸餉不絕。但此時清軍主力已抵乍浦不遠，黃宗羲等向浙西太湖地區的軍事行動受挫，不得撤回。而守衛南岸的方國安卻恃險無備，號稱十萬之眾的部隊，平日蠻橫兇悍，卻在清軍面前，不堪一擊，致使浙師大敗。方國安劫持魯王朱以海出逃，由海道入閩。這次敗績，史稱「浙江兵潰」。黃宗羲痛心地評論說：「當義旗初建，士民喁然有吞吳、楚之氣，方、王肯受約束，趨死不顧利害，竟（按：疑為「競」）渡錢塘江。此時，北師之席未暖，三吳豪傑，尋聲而響臻，未必不可與天下爭衡也。某嘗與王之仁言：『諸公何不沉舟決戰，由赭山直趨浙西？而日於江上放船鳴鼓，攻其不備，蓋意在自守也。葺爾三府，以供十萬之眾，北兵即不發一矢，一年之後，恐不能支，何守之為？』之仁韙其言而不能用，

────────────

〔註89〕黃炳垕：《黃梨洲先生年譜》，《黃宗羲全集》，第 12 冊，第 32 頁。

日與兩督師爭短長，一死不足贖也。」〔註90〕

這次兵潰對浙東抗清事業是個沉重打擊，但黃宗羲的抗清鬥志並沒有動搖。他率領殘部 500 餘人退入浙江四明山區，駐軍杖錫寺，結寨固營，以作抗清根據地。微服潛出，欲訪魯王消息。臨行，告誡部將茅瀚、汪涵，要團結山民，不得擾民。但黃宗羲走後，部下不聽節制，搶奪山民糧食，激起民憤。山民燒毀杖錫寺，燒死茅、汪二將，餘部也被清軍所滅。黃宗羲傾其家資、辛苦經營的抗清武裝就這樣以悲劇而結束，黃宗羲親自率兵抗清的經歷亦從此不再。

得知魯王朱以海在張名振、鄭采等人保護下舉起監國旗號，並已由閩入浙，駐軍健跳所（今屬浙江臨海）。黃宗羲聞訊前往，魯王任之以左僉都御史，旋升爲左副都御史。黃宗羲極力推薦在四明山抗清鬥爭中屢立戰功的王翊，請魯王委以重任。奏章中說：「諸營之強，莫如王翊；其乃心王室，亦莫如王翊；諸營文臣則自稱都御史、侍郎，武臣自稱都督，其不自張大，亦莫如王翊，宜優其爵，使之總領諸營，以捍海上。」〔註91〕但這個建議遭到張名振反對，魯王也只給了王翊河南御史的虛銜。這時的黃宗羲雖名列大臣，卻沒有兵權，建議又不被採納，實際上是英雄無用武之地。在悍將專權，「文臣稍異其間、立致禍」的情形下，只得「日與吳尚書霞舟鍾巒正襟講學。暇則注《授時》、《泰西》、《回回》三曆」〔註92〕。是年八月，黃宗羲聽說清廷懸購不肯降順的明朝官員以及家屬，不禁喟歎曰：「主上以忠臣之後仗我，我所以棲棲不忍去也。今方寸亂矣，吾不能爲姜伯約矣！」〔註93〕於是黃宗羲上書魯王，請求回家奉養家母，以盡人子之孝。魯王亦准其請。

魯監國四年（1649）冬，魯王任命兵部右侍郎馮京第和左副都御史黃宗羲作爲監軍乞師日本。他們從舟山出發，渡海至長崎和撒斯瑪島，雖受到日本藩王的接待，然而並未答應借兵，只是給了洪武錢數十萬。乞師失敗後，黃宗羲在行朝人微言輕，勢單力薄，眼見事不可爲，故不在行朝任職，而回故鄉隱居。

魯監國六年（1651）夏秋之交，黃宗羲得知清軍將攻浙東抗清根據地舟山，於是秘密派人入海向魯王報警。九月，清軍果然大舉進攻舟山。魯王部下經過

〔註90〕黃宗羲：《行朝錄‧魯記年上》，《黃宗羲全集》，第 2 冊，第 131 頁。
〔註91〕全祖望：《梨洲先生神道碑文》，《黃宗羲全集》，第 12 冊，第 5～6 頁。
〔註92〕黃炳垕：《梨洲先生年譜》，《黃宗羲全集》，第 2 冊，第 34 頁。
〔註93〕全祖望：《梨洲先生神道碑文》，《黃宗羲全集》，第 2 冊，第 7 頁。

頑強抵抗之後，終因寡不敵眾，失去根據地。在舟山保衛戰中，大將軍阮進、劉世勳、都督張名揚等人都壯烈犧牲，大學士劉肯堂、禮部尚書吳鍾巒等自殺殉國。連清朝官員都感歎不已地說：「吾兵南下，所不易拔者，涇縣、江陰，合舟山而三耳！」〔註94〕黃宗羲作《舟山興廢》記其事，最後以「史臣」名義評論曰：「當閩、浙立國之時，誠能悉發舟師，一屯於舟山，一屯於崇明，相為首尾，窺伺長江，斷其南北之援，即需之歲月，亦可使疲於奔命矣。孫恩、徐海以盜賊之智，尚能及此，而況國家之大計乎！逮夫閩、浙既亡，窮島孤軍，亦何能為！以此形勝之地，僅以田橫島結局，悲夫！」〔註95〕

魯監國八年（1653）三月，大勢已去的魯王朱以海在金門宣佈取消「監國」稱號，從而宣告了浙東抗清鬥爭的徹底失敗。黃宗羲以沉痛的心情記下了舟山行朝時的慘痛之狀。他說：「上自浙河失守以後，雖復郡邑，而以海水為金湯，舟楫為宮殿，陸處者惟舟山二年耳。海泊中最苦於水，侵晨洗沐，不過一盞。艙大周身，穴而下，兩人側臥，仍蓋所下之穴，無異處於棺中也。御舟稍大，名河船，其頂即為朝房，諸臣議事在焉。落日狂濤，君臣相對，亂礁窮島，衣冠聚談。是故金鰲橘火，零丁飄絮，未罄其形容也。有天下者，以茲亡國之慘，圖之殿壁，可以得師矣！」〔註96〕

此時，清兵將黃宗羲列為重點抓捕對象。在顛沛流離中，黃宗羲一家也累遭禍殃。先是其弟黃宗炎因參與四明山馮京第的抗清鬥爭，被清軍抓獲打入死牢，幸賴友人出計營救才死裏逃生。最疼愛的兒子阿壽、二兒媳和一個孫子，也都因遭逢亂世、家貧無力救治而相繼離開人世。黃宗羲悲痛地寫下幾篇詩句，現在讀來依然令人潸然淚下。在《思壽兒》：「世路相看真兩厭，閉門匡坐只寒灰。去年記得嬌兒在，一日相呼有百回。」〔註97〕在《子婦客死一孫又以痘殤》的悼亡詩中說：「揭來四月送三喪，咄咄書空怪於狂。八口旅人將去半，十年亂世尚無殃。不知負行緣何事？如此憂心得不傷！白日獨行城郭內，莽然墟墓覺淒涼。」〔註98〕這被亂世干戈阻斷的人間親情，豈不令人怨恨千年！這位正值中年的「梨洲老人」，難怪要疼心疾首地揭露君主專制們「荼毒天下之肝腦，離散天下之子女，以博我一人之產業，曾不慘然」

〔註94〕黃宗羲：《行朝錄‧魯記年上》，《黃宗羲全集》，第2冊，第140頁。
〔註95〕黃宗羲：《舟山興廢》，《黃宗羲全集》，第2冊，第179頁。
〔註96〕黃宗羲：《行朝錄‧魯記年下》，《黃宗羲全集》，第2冊，第141頁。
〔註97〕黃宗羲：《南雷詩曆》，《黃宗羲全集》，第11冊，第230頁。
〔註98〕黃宗羲：《南雷詩曆》，《黃宗羲全集》，第11冊，第229頁。

的滔天罪行，從而得出「爲天下之大害者，君而已矣」的結論。〔註99〕

順治十七年（1660），黃宗羲爲匡廬之遊。這次長達百天的外出遊歷，當看成爲他結束「游俠」生活的思想準備。「他不僅需要廬山的勝景秀水一解積鬱心中的壓抑之氣，而且欲借廬山之行對形勢與時局進行進一步瞭解與認識。」〔註100〕歷時三月的匡廬遊歷，對於黃宗羲的人生轉變起到了促進作用。至康熙元年（1662），吳三桂在雲南縊殺朱由榔，桂王政權滅亡，明魯王亦死於金門，東藏臺灣，抗清名將鄭成功也不幸病逝。「天南訃至」，始有潮息煙沈之歎。「其後海氛漸滅，公（指黃宗羲）無復望，乃奉太夫人返里門，於是始畢力於著述，而四方請業之士漸至矣。」〔註101〕從此，黃宗羲由「游俠」轉而廁身「儒林」，開始了新的人生里程。

二、從爲故國存信史到探求天下治亂興衰

首先，致力於晚明史的修纂。《弘光實錄鈔》是以弘光時的邸報爲基礎而編寫的。他在《序》中表露心迹：「年來幽憂多疾，舊聞日落。十年三徙，聚書復闕。後死之責，誰任之乎？先取一代排比而纂之，證以故所聞見，十日而得書四卷，名之曰《弘光實錄鈔》。」〔註102〕又說：「國史既亡，則野史即國史也。陳壽之《蜀志》，元好問之《南冠錄》，亦誰命之？而不謂之國史，可乎？」〔註103〕可見，黃宗羲以「後死之責」欲存有明一代的「國史」。

其次，總結天下治亂興衰。他說：「帝之不道，雖豎子小夫，亦計日而知其亡也。然諸壞政，皆起於利天下之一念。歸功定策，懷仇異議。馬、阮挾之以翻逆案，四鎮挾之以領朝權，而諸君子亦遂有所顧忌而不敢爲，於是北伐之事荒矣，迨至追理三案，其利災樂禍之心，不感恩於闖賊者僅耳。《傳》曰：『臨禍忘憂，憂必及之。』此之謂也！嗚呼！南都之建，帝之酒色幾何，而東南之金帛聚於士英；士英之金帛幾何，而半世之恩仇快於大鋮。曾不一年，而酒色、金帛、恩仇不知何在？論世者徒傷夫帝之父死於路而不知也。尚亦有利哉！」〔註104〕黃宗羲這裡表明爲明代存信史的學術願望。其目的不

〔註99〕黃宗羲：《明夷待訪錄》，《黃宗羲全集》，第 1 冊，第 2～3 頁。

〔註100〕徐定寶：《黃宗羲評傳》，南京：南京大學出版社 2002 年 2 月版，第 101 頁。

〔註101〕全祖望：《梨洲先生神道碑文》，《黃宗羲全集》，第 12 冊，第 8 頁。

〔註102〕黃宗羲：《弘光朝實錄》，《黃宗羲全集》，第 2 冊，第 1 頁。

〔註103〕黃宗羲：《弘光朝實錄》，《黃宗羲全集》，第 2 冊，第 1 頁。

〔註104〕黃宗羲：《弘光朝實錄》，《黃宗羲全集》，第 2 冊，第 1～2 頁。

在於爲皇帝生死存亡而感傷，而在於總結天下存亡興廢的社會規律。他認爲，明代政治失敗皆「起於利天下」的私念私意。閹黨、四鎮以酒色、金帛、恩仇爲利天下，有識之士以皇帝一人安危爲利天下。這在黃宗羲看來，這是有待商榷的。總之，黃宗羲一開始就站在天下興衰的高度來反思明代的滅亡，而不是局限於反思一家一姓的存亡興替。

　　他在清順治十年癸巳（1653）撰寫的八篇政論文章，是爲《留書》。其撰寫的目的就在於總結「治亂之故」。「僕生塵冥之中，治亂之故，觀之也熟。」〔註105〕他從政治、軍事以及文化等方面總結治亂興衰的原因。他說：「自三代以後，亂天下者無如夷狄矣，遂以爲五德沴眚之運。然以余觀之，則是廢封建之罪也。」〔註106〕還說：「是故天下之害，未有盛於衛所者也。」〔註107〕還指出：「朋黨之禍，與國運爲終始，然未有本朝國統中絕，而朋黨尚一勝一負，浸淫而不已，直可爲一笑者也。」〔註108〕最後，黃宗羲還指出「爲史而使亂臣賊子得志於天下，其不如無史之爲愈也」〔註109〕，希望通過修史來嚴夷夏之辨，懼亂臣賊子之膽。

三、從豪傑精神到天地元氣

　　黃宗羲曾回憶抗清中所受的苦難說：「自北兵南下，懸書購余者二，名捕者一，守圍城者一，以謀反告訐者二三，絕氣沙碪者一晝夜，其他連染邏哨之所及，無歲無之，可謂瀕於十死者矣。」〔註110〕「八口旅人將去半」的家破人亡之亂世厄運，不但沒有將他擊倒，而是以「身瀕十死不言危」的豪傑精神去面對社會浮沉與人生遭遇。黃宗羲1860年8月的匡廬之遊中，巧遇參加抗清鬥士閣古古。相同的經歷，不由得黃宗羲憶及當時抗清的情景。「身瀕十死不言危，天下名山尚好奇。相遇青蓮飛瀑地，正當黃葉寄風時。閒雲野鶴常無定，箭鏃刀痕尚在肌。同是天涯流落客，不須重說分與離。」〔註111〕他告訴人們，雖然我黃宗羲身上還留有刀箭的傷痕，但是依然「身瀕十死不言危」。順治十六年（1659）有詩句：「鋒鏑牢囚取次過，依然不廢我絃歌。

〔註105〕黃宗羲：《留書》，《黃宗羲全集》，第 11 冊，第 1 頁。
〔註106〕黃宗羲：《留書》，《黃宗羲全集》，第 11 冊，第 4 頁。
〔註107〕黃宗羲：《留書》，《黃宗羲全集》，第 11 冊，第 8 頁。
〔註108〕黃宗羲：《留書》，《黃宗羲全集》，第 11 冊，第 8～9 頁。
〔註109〕黃宗羲：《留書》，《黃宗羲全集》，第 11 冊，第 12 頁。
〔註110〕黃宗羲：《怪說》，《黃宗羲全集》，第 11 冊，第 70 頁。
〔註111〕黃宗羲：《南雷詩曆・五老峰》，《黃宗羲全集》，第 11 冊，第 238 頁。

死猶爲肯輸心去，貧亦其能奈我何？廿兩棉花裝破被，三根松木煮空鍋。一冬也是堂堂地，豈信人間勝者多！」〔註112〕

　　黃宗羲之所以能夠百折不撓、威武不屈，這與其少年時代的黨人生活中形成的堅毅性格有關。黃尊素等東林人不畏皇權專制和閹黨淫威，敢於爲下層人民說話，富有正義感，這對黃宗羲有影響。東林人士的「冷風熱血、洗滌乾坤」忠義精神，遠遠超越前代，也正是這種精神支撐起明代後期的社會以及晚明抗清事業。黃宗羲曾評論說：「熹宗之時，龜鼎將移，其以血肉撐拒，沒虞淵而取墜日者，東林也。」〔註113〕黃宗羲也正是以這種精神參與反清復明的。「主上以忠臣之後仗我，我所以棲棲不忍去也。」〔註114〕也正是在豪傑精神的支撐下，黃宗羲才能「爲中國近代勾畫了一幅民主主義的理想藍圖，用『風雷之文』召喚著『豪傑之士』起來衝破『囚縛』，爲迎接新時代的到來而鬥爭」〔註115〕。

　　黃宗羲重點表彰了晚明抗清義士的豪傑精神。抗清義士在國家民族處於「厄運危時」，表現出了一種捍衛正義、不怕犧牲的豪傑精神。在《兵部左侍郎倉水張公墓誌銘》中評論抗元、抗清的民族英雄文天祥、張煌言時飽含悲情地寫道：「語曰：『慷慨赴死易，從容就義難。』所謂慷慨、從容者，非以一身較遲速也。扶危定傾之心，吾身一日可以未死，吾力一絲有所未盡，不容但已。古今成敗利鈍有盡，而此不容已者，長留於天地之間。愚公移山，精衛塡海，常人藐爲說鈴，賢聖指爲血路也。是故知其不可而不爲，即非從容矣。宋、明之亡，古今一大厄會也。其傳之忠義與不得而傳者，非他代可比。就中險阻艱難，百挫千折，有進而無推者，則文文山、張倉水兩公爲最烈。」〔註116〕可見，黃宗羲說的豪傑精神就是在國家民族於危難之時，以一種愚公移山、精衛塡海的百折不撓精神來克服艱難險阻。

　　這種豪傑精神就是「天地之元氣」、「聖賢之血路」。黃宗羲在爲抗清志士紀五昌撰寫墓誌銘時說道：「蓋忠義者天地之元氣，當無事之日，則韜爲道術，

〔註112〕黃宗羲：《南雷詩曆・山居雜詠》，《黃宗羲全集》，第11冊，第234頁。

〔註113〕黃宗羲：《明儒學案》卷58《東林學案一》，北京：中華書局1986年版，第1375頁。

〔註114〕全祖望：《梨洲先生神道碑文》，《黃宗羲全集》，第2冊，第7頁。

〔註115〕馮契：《中國古代哲學的邏輯發展》下冊，上海：上海人民出版社1985年版，第1045頁。

〔註116〕黃宗羲：《兵部左侍郎倉水張公墓誌銘》，《黃宗羲全集》，第10冊，第288～289頁。

發為事功，漠然不可見。及事變之來，則鬱勃迫溢，流動而四出，賢大夫欻起收之，甚之為碧血窮磷，次之為土室牛車，皆此氣之所憑依也。」〔註117〕豪傑精神就是天地之元氣，它不僅可以形成為道術，還可以發為事功。這種元氣平時為和順，一旦時局發生巨變，當國家、民族處於存亡之秋、厄運之時，這種元氣就將噴薄而出，激勵著仁人志士為國家、為民族而頑強奮鬥！

黃宗羲還指出，豪傑精神寄寓於文史經術之中。他說：「從來豪傑之精神，不能無所寓。老、莊之道德，申、韓之刑名，左、遷之史，鄭、服之經，韓、歐之文，李、杜之詩，下至師曠之音聲，郭守敬之律曆，王實甫、關漢卿之院本，皆其一生之精神之所寓也。苟不得其所寓，則若龍攣虎跛，壯士囚縛，擁勇鬱遏，坌憤激訐，溢而四出。天地為之動色，而況於其他乎？」〔註118〕這影響了黃宗羲的學術史觀和文學觀。他要求文章、學術思想史要以表現豪傑精神為主。他在談到作詩時說：「夫文章，天地之元氣也。」〔註119〕在《明儒學案發凡》中明確批評先儒語錄體裁，指出學術史撰寫應該透露和呈現人生精神，否則就談不上為學術。〔註120〕還影響了他的人生處世原則，塑造了進步的遺民觀。他在《謝時符先生墓誌銘》中說：「遺民者，天地之元氣也。然士各有分，朝不坐，宴不與，士之分亦止於不仕而已。……是故種瓜賣卜，呼天搶地，縱酒祈死，穴垣通飲饌者，皆過而失中者也。」〔註121〕

由此看來，豪傑精神既是明末清初社會轉型中迸發出的社會力量，又是人生精神所在。豪傑精神是天地元氣、聖賢血脈，是事功道術的理論依據和內在精神。豪傑精神對黃宗羲學術思想的轉型起到了關鍵作用。

第三節　儒林：文化轉型中的學術啓蒙

在「黨人」時期，黃宗羲以「東林餘韻」自居，注意到在政治轉型中知識分子為主導的社會權力可以限制皇權專制和宦官干政；在「游俠」時期，

〔註117〕黃宗羲：《紀九峰墓誌銘》，《黃宗羲全集》，第 10 冊，第 520 頁。

〔註118〕黃宗羲：《靳熊封詩序》，《黃宗羲全集》，第 10 冊，第 62 頁。

〔註119〕黃宗羲：《吾悔集·謝皋羽年譜遊錄注序》，《黃宗羲全集》，第 10 冊，第 34 頁。

〔註120〕黃宗羲：《明儒學案發凡》，《明儒學案》（上冊），北京：中華書局 1985 年版，第 14 頁。

〔註121〕黃宗羲：《南雷詩文集·謝時符先生墓誌銘》，《黃宗羲全集》，第 10 冊，第 422～423 頁。

注重社會轉型中的豪傑精神。到儒林時期，如何發揮社會權力、激發豪傑精神，這既是時代的主題，也是黃宗義在儒林時期自任之使命。

北兵南下，士人反應不一，或逃之入禪，或呼天搶地，或望風迎附。這在黃宗義看來，皆不足取。他選擇遺民身份，立志爲豪傑。他說：「亡國之戚，何代無之。……故遺民者，天地之元氣也。然士各有分，朝不坐，宴不與，士之分亦止於不仕而已。」〔註122〕豪傑是人間不可或缺的人才。他爲好友陳虁獻撰寫墓誌銘時說：「天生豪傑，爲斯世必不可無之人，本領闊大，不必有所附麗也。」〔註123〕並指出明清轉型時期更是豪傑大顯身手的時候。他說：「天之生才，元會間氣。大道既蒙，小儒成藝。遂使庸人，充滿斯世。奔車覆舟，茫茫相繼。豈無豪傑，袖手旁睨！惟此豪傑，亦欲一試。」〔註124〕康熙十六年（1677），他在婉言拒絕葉方藹之請的詩中明明白白地道出了此種心情：「憫予幼失學，患難屢破墳。幽情發古思，面目誠主臣。姑置四海大，未能康一身。密爾文自娛，無以戲賓客。牧豕海上老，所嗟非隱淪。斯民方憔悴，何以返夏殷？聖學將墜地，何以辨朱繻？」在這詩句中可以看出黃宗義最擔憂的是「斯民憔悴」、「聖學將墜」，這是黃宗義由黨人、游俠時期轉向儒林時期的內在一致性的東西，表明他將爲天下生民、聖學復興而以豪傑自任。

一、黃宗義與明末清初的兩次學風變遷

黃宗義認爲，中國古代的學風變遷與學術發展總體走向有內在聯繫。具體地說，自三代以來，學問之道走向分裂，與之相應，學風也愈趨不切實用。康熙十五年（1676），黃宗義在《留別海昌同學序》中指出：

> 嘗謂學問之事，析之者愈精，而逃之者愈巧。三代以上，祗有儒之名而已，司馬子長因之而傳儒林；漢之衰也，始有雕蟲壯夫不爲之技，於是分文苑於外，不以亂儒；宋之爲儒者，有事功經制改頭換面之異，《宋史》立道學一門以別之，所以坊其流也；蓋未幾而道學之中又有異同，鄧潛谷又分理學、心學爲二。夫一儒也，裂而爲文苑、爲儒林、爲理學、爲心學，豈非析之欲其極精乎？奈何今

〔註122〕黃宗義：《南雷詩文集・謝時符先生墓誌銘》，《黃宗義全集》，第 10 冊，第 422 頁。

〔註123〕黃宗義：《南雷詩文集・陳虁獻五十壽序》，《黃宗義全集》，第 10 冊，第 681 頁。

〔註124〕黃宗義：《贈編修弁玉吳君墓誌銘》，《黃宗義全集》，第 10 冊，第 435 頁。

之言心學者，則無事乎讀書窮理；言理學者，其所讀之書不過經生
之章句，其所窮之理不過字義之從違。薄文苑爲詞章，惜儒林於皓
首，封己守殘，摘索不出一卷之內。其規爲措注，與纖兒細士不見
長短！天崩地解，落然無與吾事，猶且說同道異，自附於所謂道學
者，豈非逃之者之愈巧乎？〔註125〕

黃宗羲這裡主要表達兩個意思：一是學術與學風密切相關。學術的多元發展，
固然可以繁榮學術，但是，黃宗羲也清醒地意識到這會造成學風浮華、沉渣
泛起，這也會使得學術喪失經世致用的價值和功能。二是黃宗羲認爲漢唐以
來學術發展的總趨勢並不是「殊途同歸」，而是「析之愈精則逃之愈巧」。黃
宗羲這裡敏銳地發現中國古代有的學者之所以分裂學術，並非是爲更好促進
學術的發展，而是爲個人私利而強分門戶。正是如此，才會造成「封己守殘」
的學問，更會造成「天崩地解，落然無與吾事」的可悲局面！黃宗羲這裡的
分析是很有深度的！後來他對學者的社會角色有這樣明確定位。「儒者之學，
經緯天地。」〔註126〕所以，他的學問和著述才會有「自來儒林所未有」的宏
大規模和巨大成就〔註127〕。

　　學術分裂的直接後果是導致知識分子不能經世致用，這是明末清初學者
的共識。黃宗羲說：「治財賦者則目爲聚斂，開闔扞邊者則目爲粗材，讀書作
文者則目爲玩物喪志，留心政事者則目爲俗吏，徒以『生民立極、天地立心、
萬世開太平』之闊論鈐束天下。一旦有大夫之憂，當報國之日，則蒙然張口，
如坐雲霧。世道以是潦倒泥腐，遂使尚論者以爲立功建業別是法門，而非儒
者之所與也。」〔註128〕黃宗羲同時代的焦竑（1540～1620，字弱侯，號澹園）、
唐甄（1630～1704，字鑄萬，號圃亭）也都指出，宋明以來的學術分裂只會
使得學術出現虛假的繁榮，並不能讓學術真正發揮經世致用的功能。焦竑論
明代的學術分裂時說：「其流有四：離性則一，故有清虛之學焉，有義理之學
焉，有名節之學、有詞章之學焉。其弊也，日疲於學而不知所學爲何事，此
豈學之罪哉？知學而不知所以學故耳。」〔註129〕唐甄說：「至於宋則儒大興而

〔註125〕黃宗羲：《南雷詩曆·留別海昌同學序》，《黃宗羲全集》，第 10 冊，第 645～
　　　　646 頁。
〔註126〕黃宗羲：《贈編修弁玉吳君墓誌銘》，《黃宗羲全集》，第 10 冊，第 433 頁。
〔註127〕全祖望：《梨洲先生神通碑文》，引自《黃宗羲全集》，第 12 冊，第 8 頁。
〔註128〕黃宗羲：《贈編修弁玉吳君墓誌銘》，《黃宗羲全集》，第 10 冊，第 433 頁。
〔註129〕焦竑：《澹園集》卷 4《論·原學》，北京：中華書局 1999 年版，第 18 頁。

實大裂，文學爲一途，事功爲一途，有能誦法孔孟之言者，別爲一途，號之曰道學。人之生於道，如在天覆之下，地載之上，孰能外之！而讀書聰明之士別爲一途，或爲文章，或爲事功，其愚亦已甚矣。」〔註130〕這些學者對當時學風流弊的批評多指向其虛華不切時用，同時還指出學風流弊的癥結在於學術分裂。

那麼，黃宗羲是如何化解這個學風流弊呢？據全祖望說：「自明中葉之後，講學之風，已爲極弊，高談性命，束書不觀，其稍平者則爲學究，皆無根之徒耳。先生（指黃宗羲）始謂學必源本於經術，而後不爲蹈虛；必證明於書籍，而後足以應務。原原本本，可據可依。前此講堂痼疾，爲之一變。」〔註131〕又說：「公（指黃宗羲）謂明人講學，襲語錄之精粕，不以六經爲根柢，束書而從事於遊談，故受業者必先窮經；經術所以經世，方不爲迂儒之學，故兼令讀史。……故凡受公之教者，不墮講學之流弊。」〔註132〕黃宗羲是通過經史之學來糾正學風流弊，以六經爲根柢，以經史爲經世。如何做到這兩點呢？黃宗羲提出：「讀書不多，無以證斯理之變化；多而不求於心，則爲俗學。」〔註133〕錢穆先生對此有精闢的論述，他說：「其前一語，所以開時代之新趨，後一語則仍歸宿於傳統之舊貫，是爲梨洲論學之兩面。故梨洲爲學，門路雖廣，而精神所注，則凝聚歸一。蓋欲以博雜多方之學，融成精潔純粹之知。以廣泛之智識，造完整之人格。內外交養，一多並濟。仍自與後之專尚博雅者不同也。」〔註134〕全祖望也說：「公以濂、洛之統，綜會諸家，橫渠之禮教，康節之數學，東萊之文獻，艮齋、止齋之經制，水心之文章，莫不旁推交通，連珠合璧，自來儒林所未有也。」〔註135〕全祖望看到，黃宗羲經史之學明末學風轉變中的積極作用。錢氏指出，讀書窮理對於完整人格的塑造價值，這是黃宗羲開風氣之先之處。事實上，黃宗羲確實提出，「儒者之學，經緯天地」〔註136〕，也確實符合近代王國維（1877～1927，字靜安，號觀堂）

〔註130〕唐甄：《潛書》上篇《勸學》，北京：中華書局1963年版，第46頁。
〔註131〕全祖望：《鮚埼亭文集·外編》卷16，《甬上證人書院記》，上海：商務印書館1936年版。
〔註132〕全祖望：《梨洲先生神道碑文》，引自《黃宗羲全集》，第12冊，第8頁。
〔註133〕全祖望：《梨洲先生神道碑文》，引自《黃宗羲全集》，第12冊，第8頁。
〔註134〕錢穆：《中國近三百年學術史》（上冊），北京：商務印書館1997年版，第32頁。
〔註135〕全祖望：《梨洲先生神道碑文》，引自《黃宗羲全集》，第12冊，第8頁。
〔註136〕黃宗羲：《贈編修弁玉吳君墓誌銘》，《黃宗羲全集》，第10冊，第433頁。

說的「國初之學大」特點〔註 137〕。

但是，黃宗羲論晚明清初學風，其中有一層意思還值得我們注意。那就是，為何他要以博雅轉變學風？以經史養成完整人格？論者以為，這與黃宗羲的豪傑精神有內在聯繫。前面已經提到，黃宗羲認為，豪傑精神寄寓於文史經術之中。他說：「從來豪傑之精神，不能無所寓。老、莊之道德，申、韓之刑名，左、遷至史，鄭、服之經，韓、歐之文，李、杜之詩，下至師曠之音聲，郭守敬之律曆，王實甫、關漢卿之院本，皆其一生之精神之所寓也。苟不得其所寓，則若龍拏虎跛，壯士囚縛，擁勇鬱遏，坌憤激訐，溢而四出。天地為之動色，而況於其他乎？」〔註 138〕原來，黃宗羲之所以重視經史之學，這是因為經史之學是豪傑精神之所寓。由此看來，批評學風之虛華並非黃宗羲的本意，而是要發揮學術經世應務的價值；多讀書尚博雅亦非黃宗羲之本意，而是弘揚經史之學中的豪傑精神。總之，為了糾正宋明以來學術之分裂而導致的學風之不切實用，黃宗羲以經史之學來探尋和弘揚豪傑精神。所以，錢、全二氏只見其形，未見其神。

其實，分析黃宗羲對明末清初學風變遷的看法，還有一點是不得不注意的。1681 年，北京明史館中有人欲借編修《道學傳》的機會加強學術獨裁。據時人有報，預修的《明史‧道學傳》是仿《宋史‧道學傳》而作，其綱領有四：其一，以程朱一派為正統；其二，白沙、陽明、甘泉等人的宗旨不合程朱；其三，浙東學派，最多流弊；其四，學術多元的流弊甚大，宜歸一是，認為在程朱之外不應稍有異同〔註 139〕。這說明當時出現一股學風轉向的動力，這股力量主要來自那些迎合官方意識形態的人，欲定程朱理學為一尊，而排斥其他之學問。黃宗羲敏銳地注意到北京明史館這個動作的敵意。於是撰寫《移史館不宜立理學傳書》，其中有言：「某竊謂道學一門所當去也，一切總歸儒林，則學術之異同皆可無論，以待後之學者擇而取之。」〔註 140〕明史館最後雖未立道學傳，但當時主張立程朱派為正統的學術力量仍然很強大。其實，黃宗羲早在康熙七年（1668）就批評那些以舉業為仕宦之途的人假借朱學以抹殺異學。他

〔註 137〕王國維：《沈乙庵先生七十壽序》，《觀堂集林》卷 23，《王國維遺書》第 2 冊，
　　　　　上海：上海書店出版社 1983 年版，第 582～583 頁。
〔註 138〕黃宗羲：《靳熊封詩序》，《黃宗羲全集》，第 10 冊，第 62 頁。
〔註 139〕黃宗羲：《移史館不宜立理學傳書》，《黃宗羲全集》，第 10 冊，第 219～223
　　　　　頁。
〔註 140〕黃宗羲：《移史館不宜立理學傳書》，《黃宗羲全集》，第 10 冊，第 223 頁。

說：「數百年來，儒者各以所長，暴於當世，奈何假託朱子者，取其得朱子之商量撞着者，概指之爲異學而抹撒之乎？」〔註141〕如果說那些舉業之徒以朱學抹殺學術的多元發展，還只是知識分子的學術力量，而明史館的新舉動則意味著官方的政治力量開始介入學術發展中來。這股力量不可小覷，不僅涉及到明代學術思想史的評價問題，還涉及到明清學術發展的獨立性和未來走向的大問題。因此，黃宗羲對此不能不予以高度重視。

在康熙三十一年（1692），黃宗羲《明儒學案序》（改定本）中說：「盈天地皆心也。人與天地萬物爲一體，故窮天地萬物之理，即在吾心之中。後之學者錯會前賢之意，以爲此理懸空於天地外物之間，吾從而窮之，不幾於義外乎？此處一差，則萬殊不能歸一，夫苟工夫著到，不離此心，則萬殊總爲一致。學術之不同，正以見道體之無盡，即如聖門師、商之論交，游、夏之論教，何曾歸一？終不可謂此是而彼非也。奈何今之君子必欲出於一途，剗其成說以衡量古今，稍有異同即詆之爲離經畔道。時風眾勢，不免爲黃茅白葦之歸耳。」〔註142〕

黃宗羲的要點有二：其一，認爲天地之理在於吾心，不在天地萬物。這裡其實是批評程朱理學的觀點。其二，學術之不同，正以見道體之無盡。這裡是批評那些試圖以程朱理學牽制、打壓學術多元發展的政治力量。黃宗羲這段話是對清初的「時風眾勢」有感而發的，是對官方意識形態銷多元以歸於一元的批評。他不僅重申學術應該多元發展，而且還在哲學上加以論證，提出了「一本萬殊」、「會眾以合一」的學術史觀。

總之，以《明史館》的修纂爲界，黃宗羲對明末清初學風多元化的努力可以分爲兩個階段。起初，他認爲，三代以來的學風之所以出現不切實用的現象，這與學術的分裂有內在聯繫，因此，希望通過經史之學來激發豪傑精神，使得學術由多元趨向一本，發揮學術經世致用的價值。後來，清初出現一股將程朱理學定爲一尊、以政治力量來打壓學術多元發展的學術新動向。於是，晚年黃宗羲努力促成學風多元化，以避免官方意識形態對學術多元發展的不利影響，保持學者社會權力的獨立性。這兩次轉變都旨在通過學風轉變來引導學術思想的轉型，保持學術的自由和獨立，發揮學術的經世致用的價值和功能。

〔註141〕黃宗羲：《惲仲升文集序》，《黃宗羲全集》，第 10 冊，第 4 頁。

〔註142〕黃宗羲：《明儒學案序》（改定本），《黃宗羲全集》，第 10 冊，第 79 頁。

二、黃宗羲與明末清初的兩次學術轉變

　　梨洲早年，受父遺命，涉獵經史之學。黃宗羲自敘，「余十七歲遭難，往來都中，邑中黨逆者墓訟祠訟，紛紜不已，無暇更理經生之業，不讀書者五年矣。庚午，至南京，邂逅眉生，爲之開道理路，諄諄講習，遂入場屋。」〔註143〕據黃炳垕《年譜》「公二十二歲」條記，「忠端公（黃尊素）被逮時，途中謂公曰：『學者不可不通知史事，架上《獻徵錄》涉略可也。』公至是發憤。自明十三朝《實錄》，上溯二十一史，每日丹鉛一本，遲明而起，雞鳴方已，蓋兩年而畢。」〔註144〕雖然後來自稱「賦性魯鈍，一傳未終，已迷其姓氏者，往往有之」，但是，已經深知「夫《二十一史》所載，凡經世之業無不備矣」〔註145〕。據全祖望言，黃宗羲「上溯二十一史，靡不究心，而歸宿於諸經。既治經，則旁求之九流百家，於書無所不窺者。憤科舉之學錮人生平，思所以變之。既發家藏書讀之，不足，則鈔之同里世學樓鈕氏、澹生堂祁氏，南中則千頃齋黃氏、吳中則絳雲樓錢氏」〔註146〕。他還說：「學問必以六經爲根柢，遊腹空談，終無撈摸。」〔註147〕由此看來，黃宗羲是由史而泛濫經學及九流百家，他一開始走的就不是科舉經生之途，而是以經史爲學問根柢。在他看來，只有此等學問才是經世之學，才可以造有用之才。他在《蔣萬爲墓誌銘》中明白地提出「經、史，才之藪澤也。」〔註148〕

　　師事蕺山，破儒中佛。劉宗周（1678～1645），初名憲章，字起東，號念臺，浙江山陰人。因講學山陰城北蕺山，學者稱蕺山先生。他所創建的蕺山學派，是晚明清初很有影響力的學派，其中堅人物有黃宗羲、陳確、張履祥等，他們對明末清初早期啓蒙思想的發展和實學思潮的高漲都起到了積極推動作用。據黃炳垕、全祖望等人記載，黃宗羲早年對劉宗周學術宗旨的體悟不深，當時劉宗周對其影響最大的可能就是對陽明後學援釋入儒的批判。黃炳垕《黃梨洲先生年譜》有兩處記載。「二十歲」條：「郡中劉念臺先生與石梁陶氏奭齡講學，石梁之弟子授受皆禪，且流入因果，先生獨以慎獨爲宗旨。至是，講學蕺山，公邀吳、越知名之士六十餘人，共侍講席，力摧石梁之說，

〔註143〕黃宗羲：《思舊錄》，《黃宗羲全集》，第1冊，第352頁。
〔註144〕黃炳垕：《黃梨洲先生年譜》，引自《黃宗羲全集》，第12冊，第24頁。
〔註145〕黃宗羲：《補歷代史表序》，《黃宗羲全集》，第10冊，第80～81頁。
〔註146〕全祖望：《梨洲先生神道碑文》，引自《黃宗羲全集》，第12冊，第3頁。
〔註147〕黃炳垕：《黃梨洲先生年譜》，引自《黃宗羲全集》，第12冊，第42頁。
〔註148〕黃宗羲：《蔣萬爲墓誌銘》，《黃宗羲全集》，第10冊，第493頁。

惡言不入於耳。」〔註149〕又「二十五歲」條：「時《高忠憲遺集》初出，公在舟中，盡日翻閱，先生（劉宗周）指其闌入釋氏者以示公。」〔註150〕劉宗周不僅把陽明後學王龍溪、周海門、陶石簣、東林領袖高攀龍看作為禪，而且還認為朱熹、陸象山乃至陽明都與禪脫不了干係。「宋儒自程門而後，游、楊之徒，浸深禪趣，朱子豈能不惑其說，……朱子惑於禪而闢禪，故其失也支。陸子出於禪而避禪，故其失也粗。文成似禪而非禪，故不妨用禪，其失也玄。」〔註151〕劉宗周認為宋明以來的儒家學者多闢佛不力，這說明他似乎要以「闢佛」為主要學術責任。

全祖望的《梨洲先生神道碑文》記載較為詳細：「而越中承海門周氏之緒餘，援儒入釋，石梁陶氏奭齡為之魁。傳其學者沈國模、管宗聖、史孝咸、王朝式輩，鼓動狂瀾，翕然從之。姚江之緒，至是大壞，忠介憂之，未有以為計也。公之及門，年尚少，奮然起曰：『是何言與！』乃約吳、越中高材生六十餘人共侍講席，力摧其說，惡言不及於耳。故蕺山弟子，如祁、章諸公，皆以名德重，而四友禦侮之助，莫如公者。」〔註152〕對於這次辯論，黃宗羲自己說：「此四十餘人者，皆喜闢佛，然而無有根柢，於學問之事，亦浮慕而已，反資學佛者之口實。先生憂之，兩者交譏，故傳先生之學者，未易一二也。」〔註153〕由此看來，不僅所述人數上有不同，而且，因為所邀辯手沒有學問根柢，只是喜闢佛。可以想見雙方只能是兩者交譏、惡言相向。所以，這次辯論不會是黃炳垕所說的「力摧其說」，也不會是全祖望所說的「禦侮之助，莫如公者」。

據《劉宗週年譜》、《子劉子行狀》記載，當時的辯論主要是圍繞本體與工夫問題而展開。崇禎四年，蕺山54歲，是年三月三日率縉紳學士200餘人在陶石簣先生祠集會，蕺山與石簣之弟子石梁分席而講，二人在本體與工夫問題上意見相左〔註154〕。石梁認為一悟本體即是工夫，屬於頓悟一路工夫。

〔註149〕黃炳垕：《黃梨洲先生年譜》，《黃宗羲全集》，第12冊，第22~23頁。

〔註150〕黃炳垕：《黃梨洲先生年譜》，《黃宗羲全集》，第12冊，第25頁。

〔註151〕劉宗周：《來學問答》，引自《明儒學案》卷62《蕺山學案》，第1549~1550頁。

〔註152〕全祖望：《梨洲先生神道碑文》，《黃宗羲全集》，第12冊，第3頁。

〔註153〕黃宗羲：《明儒學案》卷62《蕺山學案》，第1514頁。

〔註154〕《劉宗週年譜》記載甚詳：時越中自陽明先生倡學，後其門人最著者為王龍溪，由龍溪而傳及周海門，海門同時為陶石簣，俱本良知為宗而遞演遞失其旨。石梁先生固嘗從事於斯而有得，是時會講仍揭良知以為指歸。每令學者

蕺山也不否認「識認本體」之必要，不識本體則工夫便無主腦，但蕺山認爲，若將工夫僅限於「識認本體」，那麼，本體終屬想像邊事。識得本體之後，更應將本體在工夫中加以落實，工夫愈精密，則本體愈昭瑩。本體不能離開日用工夫，而且只有從日用工夫中得以實現。

蕺山與石梁的本體、工夫之爭是明代學術思想發展的必然結果。「今天下爭言良知者矣。及其弊也，猖狂者參之以情識，而一是皆良；超潔者蕩之以玄虛，而夷良於賊，亦用知之過也。」〔註155〕很明顯，由蕺山的觀點來看，泰州是「參之以情識」，龍溪是「蕩之以玄虛」，蕺山之學則乘王學之流弊而起。在蕺山看來，王學流弊的形成，是陽明「擇焉而不精」、「語焉而不詳」的結果，主要原因在於陽明將「意字認壞」。他說：「夫陽明之良知，本以救晚近之支離，姑借《大學》以明之，未必盡《大學》之旨也。而後人專以言《大學》，使《大學》之旨晦，又藉以通佛氏之玄覺，使陽明之旨復晦。又何怪其說愈詳，而言愈龐，卒無以救詞章訓詁之錮習，而反之正乎？時節因緣，司世教者又起而言『誠意』之學，直以《大學》還《大學》。爭之者曰：『意稗種也。』余曰：『嘉穀。』又曰：『意枝族也。』余曰：『根荄。』是故知本所以知至也，知至所以知止也，知止之謂致良知，則陽明之本旨也。今之賊道者，非不知之患，而不致之患；不失之情識，則失之玄虛。皆坐不誠之病，而求於意根者疏也。故學以誠意爲極則，而不慮之良於此起照，後覺之任，其在斯乎？」〔註156〕

關於「意」，自先秦開始就有兩種理解：一種是《論語》的「毋意」說，另一種是《大學》的「誠意」說。前者把「意」視爲意欲私念，「是就私意說」；

識認本體，曰：識得本體則工夫在其中，若不識本體，說恁工夫？先生曰：不識本體果如何下工夫？但既識本體，即須認定本體用工夫。工夫愈精密則本體愈昭瑩。今謂既識後遂一無事事，可以縱橫自如，六通無礙，勢必至猖狂縱恣流爲無忌憚之歸而後已。諸生王朝式、秦弘祐、錢龍錫等奉石梁先生爲師模，糾同志數十人別會白馬巖，居日求所謂本體而識認之。先生間嘗過從。一日座中舉修悟異同，復理前說以質。弘祐曰：陶先生言識認本體，識認即工夫，惡得以專談本體少之？先生曰：識認終屬想像邊事，即偶有所得，亦一時恍惚之見，不可據以爲了徹也。且本體只在日用常行之中，若捨日用常行以爲別有一物可以兩相湊泊也，無乃索吾道於虛無影響之間乎？姚明達：《劉宗週年譜》，上卷，上海：商務印書館1934年版。另見劉宗周：《劉子全書》卷40。

〔註155〕劉宗周：《證學雜解》，引自《明儒學案》卷62《蕺山學案》，第1575頁。

〔註156〕劉宗周：《證學雜解》，引自《明儒學案》卷62《蕺山學案》，第1575頁。

後者則將「意」看作是「好善惡惡」的從善意向，「是就好底意思說」。而在劉宗周看來，「先生（陽明）解《大學》，於『意』字原看不清楚，所以於四條目處未免架屋疊床至此。」〔註157〕認爲陽明對「意」的解釋前後矛盾，是導致其後學意見分歧的病根之一。劉宗周提出，「意爲心之所以爲心也。止言心，則心只是徑寸虛體耳，著個意字，方見下了定盤針，有子午可指。然定盤針與盤子，終是兩物，意之於心，只是虛體中一點精神，仍只是一個心，本非滯於有也」〔註158〕。這樣看來，劉宗周認爲，意爲心的主宰，同時心、意又不得爲二。由此，他既反對朱熹「以所發訓意」，認爲「如意爲心之所發，將孰爲所存乎？如心爲所存，意爲所發，是所發先於所存，豈《大學》知本之旨乎」？又批評了陽明「無善無惡者意之動」的觀點，指出「意無所謂善惡，但好善惡惡而已」〔註159〕。關於「意」，劉宗周的觀點有二：其一，意爲心之主宰，是所存，非所發。其二，雖然意爲心之體，而流行其用也。但不可以意爲體，心爲用。這是因爲意既是主宰又是流行。「人心之體，存發一幾也。心無存發，意無存發也。蓋此心中一點虛靈不昧之主宰，常常存，常常發。」〔註160〕

劉宗周提出的「意」，一方面保持了主宰與流行、本體與工夫之間的必要的張力，不再將主宰與流行、本體與工夫直接等同起來，從而糾正了泰州的「參之以情識」、龍溪的「蕩之以玄虛」的流弊。另一方面通過誠意的既本體又工夫、既主宰又流行而使得證人之學「歸顯於密」。

1667年，58歲的黃宗羲約同門姜定庵等人復舉證人書院於越中，「以申蕺山之緒」〔註161〕。59歲時，黃宗羲給同門好友惲仲升的文集寫序時說，「余學於子劉子，其時志在舉業，不能有得，聊備蕺山門人之一數耳。天移地轉，僵餓深山，盡發藏書而讀之，近二十年，胸中窒礙解剝，始知曩日之孤負爲不可贖也。」〔註162〕這裡說的藏書就是劉宗周的遺書。他在晚年寫的《明

〔註157〕劉宗周：《劉宗周全集》，第90頁。
〔註158〕劉宗周：《證學雜解》，引自《明儒學案》卷62《蕺山學案》，第1554頁。
〔註159〕黃宗羲：《子劉子學言》，《黃宗羲全集》，第1冊，第288頁。
〔註160〕劉宗周：《來學問答》，引自《明儒學案》卷62《蕺山學案》，第1554頁。
〔註161〕全祖望：《梨洲先生神道碑文》，《黃宗羲全集》，第12冊，第8頁。又見黃宗羲：《壽張奠夫八十序》中云：「子劉子講學於證人書院，夢奠之後，虛其席者將三十年。丁未九月，余與姜定庵復爲講會。而余不能久住越城，念奠夫從先生遊最文，因請之共主教事。」《黃宗羲全集》，第10冊，第673頁。
〔註162〕黃宗羲：《惲仲升文集序》，《黃宗羲全集》，第10冊，第4～5頁。

儒學案序》中有言：「某幼遭家難，先師蕺山先生視某猶子，扶危定傾，日聞緒言，小子蹻蹻，夢奠之後，始從遺書得其宗旨，而同門之友，多歸忠節。」〔註153〕

　　1667年至1669年，這是黃宗羲「申蕺山之緒」的重要時期。《子劉子行狀》、《子劉子學言》以及《孟子師說》等著作就是為發明師說而作〔註164〕。58歲的黃宗羲作《子劉子行狀》，概括其師為學宗旨說：「先生（即劉宗周）宗旨為慎獨。始從主敬入門，中年專用慎獨工夫。慎則敬，敬則誠。晚年愈精微，愈平實。本體只是些子，工夫只是些子，仍不分此為本體，彼為工夫，亦無些子可指，合於無聲無臭之本然，從嚴毅清苦中發為光風霽月，消息動靜，步步實歷而見。」〔註165〕認為劉宗周發先儒之所未發者，主要有四個方面：一曰靜存之外無動察；二曰意為心之所存，非所發；三曰已發未發，以表裏對待言，不以前後際言；四曰太極為萬物之總名。

　　黃宗羲將劉宗周的學術大要概括為上述四點，尤其是「意為心之所存」一句，引起了同門學友的異議。惲仲升、董標包括劉宗周之子劉伯繩都與黃宗羲的概括不同。黃宗羲在《答惲仲升論子劉子節要書》中明白指出，「夫先師宗旨，在於慎獨，其慎獨之功，全在『意為心之主宰』一語，此先師一生辛苦體驗而得之者。即濂溪之所謂人極，即伊川所言主宰謂之帝，其與先儒印合者在此；自意者心之所發之注，爛熟於經生之口耳，其與先儒牴牾者在此。因起學者之疑亦在此。先師存疑雜著，大概為此而發。其後伯繩編書，另立《學言》一門，總括先師之語，而存疑之目隱矣。董標《心意十問》，史孝復《商疑十則》，皆因學者疑此而辨明之也。今《節要》所載董、史問答，去其根柢而留起枝葉，使學者觀之，茫然不得其歸著之處。……原老兄之心，總礙於《論語》『毋意』之一言，以從事於意，終不可以為宗旨，故於先師之言意者，一概節去以救之。弟則以為不然。凡《論語》之所謂意、必、固、我，皆因事而言之也，在事之意，則為將迎，故不可有；誠意之意，不著於

〔註153〕黃宗羲：《明儒學案序》（初本），《黃宗羲全集》，第10冊，第78頁。
〔註164〕學術界對這三本書的成書時間的認定大致差不多。(1)吳光認為，《孟子師說》作於康熙七年（1668）前後，《子劉子行狀》和《子劉子學言》作於康熙六、七（1667、1668）年。詳見吳光：《黃宗羲遺著考》（一），引自《黃宗羲全集》，第1冊，第435～438頁。(2)張如安認為《孟子師說》成於「康熙八年（1669）或稍後」，《子劉子行狀》在康熙四年（1665）上半年。詳見張如安：《黃宗羲著作補考》，載《古籍整理研究學刊》，2001年第2期。
〔註165〕黃宗羲：《子劉子行狀》卷下，《黃宗羲全集》，第1冊，第250頁。

事爲，淵然在中，尸居龍見，與意、必、固、我之意，兩不相蒙。」〔註166〕董吳仲作《劉子質疑》，疑「意爲心之所存」爲未得也，與陽明「四句教」有不合之處。1667年，黃宗羲作《答董吳仲論學書》說：「先師意爲心之所存，與陽明良知是未發之中，其宗旨正相合也。」認爲蕺山言「意」不僅與陽明「相合」，而且還是「導濂、洛血路也」〔註167〕。

由此看來，黃宗羲特意標舉劉宗周的「意爲心之所存，非所發」一句，其實是強調劉宗周於工夫中見本體，點出了劉宗周證人之學的工夫論特色。這與後來黃宗羲的「主宰不在流行之外，即流行之有條理者。自其變者而觀之謂之流行，自其不變者而觀之謂之主宰」是一脈相承的〔註168〕。黃宗羲此處的用意是爲解決宋明儒學中「理氣」、「心性」等基本問題。劉宗周提出「意爲心之所存，非所發」本是爲糾正陽明後學流弊，是心學內部的調整。而黃宗羲則以此來解決理氣、心性關係，表現出以程朱理學與陽明心學的調和之特徵。這是當時由心學向程朱理學回歸的反映。這樣的學術特徵、學術反映不僅體現在上面提到的黃宗羲闡發師說的著作中，而且在後來的《明儒學案》和《宋元學案》等學術代表作中還有更加充分、更加真實地展現與發揮。

在前面提到，明清易鼎之後，程朱理學上昇爲官方意識形態，黃宗羲清醒地意識到，由於受到政治力量的推動，作爲官方意識形態的程朱理學可能會阻礙學術多元發展。從政治權力角度來看，這實際上反映了清朝初期以皇權爲中心的政治權力對知識分子主導下的社會權力的一種約束和壓制。因此，黃宗羲編纂《宋元學案》闡發程朱理學的形成、發展，以此說明程朱理學是在「一本萬殊」的學術史觀形成的，總結和重視學術發展的一般規律，從而，一定程度上抵禦了官方政治力量對於學術多元發展的禁錮作用。

總之，黃宗羲晚年以豪傑自任，不仕新朝，爲天下斯民、聖學復興而「殘年留得事耕耘」〔註169〕。通過經史之學來總結和弘揚中國古代學術思想中豪傑精神和社會權力，糾正學風以培養「經緯天地」之才，促進學術轉型以發揮知識分子爲主導的社會權力，由此推動中國古代學術思想史的轉型。

〔註166〕黃宗羲：《答惲仲升論子劉子節要書》，《黃宗羲全集》，第10冊，第224頁。
〔註167〕黃宗羲：《答董吳仲論學書》（1667年作），《黃宗羲全集》，第10冊，第147～149頁。
〔註168〕黃宗羲：《孟子師說》卷2，《黃宗羲全集》，第1冊，第60頁。
〔註169〕黃宗羲：《南雷詩曆·山居雜詠》，《黃宗羲全集》，第11冊，第235頁。

第二章 《明夷待訪錄》：社會權力視野中的政治啓蒙

　　前章在分析黃宗羲「黨人」生活時已經提到「社會權力」這個概念，現在有必要作個詳細說明。權力作爲一種社會關係，任何主體只要能夠運用其擁有的資源，對他人產生強制性的影響力、控制力，促使或命令、強迫對方按權力者的意志和價值標準作爲或不作爲，此即權力。法國啓蒙學者孟德斯鳩說過：「一切有權力的人都容易濫用權力，這是萬古不易的一條經驗。有權力的人們使用權力一直到遇有界限的地方才休止。」〔註1〕人類需要權力，又難以控制權力，常常受權力侵害，這是人類的悲劇。如何制約和規範權力成爲人類文明史上不朽的課題。

　　就權力主體來說，權力擁有者是國家，就稱爲國家權力（政府權力）；是社會組織或某個群體、或個人，就是社會權力。就人類社會作爲一個整體而言，國家也屬於社會的一部分，講社會權力當然包括國家權力。國家權力與社會權力是對立統一的關係，有統一，也有對立。本文就是在國家權力與社會權力二元化格局中使用「社會權力」這個概念。就社會權力的來源而言，英國學者邁克爾・曼提出社會權力主要有四種來源：意識形態、經濟、軍事和政治方面的權力〔註2〕。社會主體擁有和使用不同的社會資源就會導致不同的權力結構。相對於政府權力來說，社會權力往往通過政治權力以外的其他

〔註1〕〔法〕孟德斯鳩：《論法的精神》上冊，張雁深譯，北京：商務印書館 1961年版，第 154 頁。

〔註2〕〔英〕邁克爾・曼：《社會權力的來源》（第 1 卷），《中文版前言》，劉北成，李少軍譯，上海：上海人民出版社 2007 年版，第 1 頁。

社會資源比如學術、教育等力量來發揮社會建構作用，從而影響整個社會的權力結構向有利於自己方向發展。

本文以「社會權力」來解讀黃宗羲思想主要基於以下兩點認識。首先，君主集權與社會權力的二元結構是晚明權力結構的歷史事實。在明末清初，君主專制集權空前強化，社會權力的生存空間得到極大削減，市民階層的權利與利益遭到嚴重損害。對於晚明君主來說，社會權力是君主專制集權的制約力量。為了化解社會權力對君主集權的威脅，晚明君主往往「參用」兩黨，使得社會權力在「內耗」中惡性發展。這樣看來，君主集權和社會權力的確具有很強的對抗性，這是晚明社會的權力結構的歷史事實。面對這樣的事實，黃宗羲在君主集權與社會權力的二元結構視野中去重新思考理想社會的建構就順理成章了。其次，晚明清初的士人開始意識到權力是權利得以實現的基本制度保障。前章提到，明末黨社運動的本質就是社會權力運動，他們主張「分權」，反對宦官干政和君主集權；提議政府決策必須以「公論」為基礎。這些都反映當時人們意識到要想有效保證個人、群體利益的實現，必須要有權力。黃宗羲繼承這個傳統，他高度重視社會權力對於社會啟蒙、學術啟蒙的建構作用，開始從「天下為主」的高度來建構和發揮社會權力，使得天下人的「自私自利」權利與利益能夠得到有效實現和有力保障。

黨社運動、豪傑精神以及學風轉向等社會現象在明末繁榮鼎盛，但是，在清初又逐漸消失、淡化。黨社運動中的社會批判意識漸趨消失，豪傑精神也由「鬱勃而四出」轉為「漠然不可見」，官方的政治力量阻礙了學術發展的多元走向。社會權力在明末蓬勃發展，但在清初卻走向衰竭。如何延續和激發社會權力，使其繼續發揮社會建構作用，這是黃宗羲在《留書》、《明夷待訪錄》等著作中重點思考的問題。黃宗羲對於明清轉型期形成的社會權力的認識、運用有一個歷史過程。從自覺批判到有意識的制度建設，體現出由社會啟蒙向學術啟蒙的轉變趨向，這是黃宗羲思想發展的真實脈絡，也是理解和反思黃宗羲學術思想的發展、價值的一條可靠線索。

第一節　從《留書》到《明夷待訪錄》：社會權力認識的前後變化

1653 年，黃宗羲撰寫了八篇政論文章，是為《留書》。在該書的《自序》

中，他講明了寫作意圖。「古之君子著書，不惟其言之，惟其行之也。僕生塵冥之中，治亂之故，觀之也熟；農瑣餘隙，條其大者，爲書八篇。」〔註3〕事隔十年（1663），他在此書的基礎上續寫了《明夷待訪錄》。這樣看來，《留書》爲《待訪錄》的原本，《待訪錄》爲《留書》的續作，都是力圖探討社會治亂興衰的歷史規律。但這兩本書的差別也是明顯的。在這十年中，黃宗羲的社會思想發生了明顯變化：在《待訪錄》中，他從歷史發展的高度對封建君主專制制度進行了激烈的批判，從而表現出鮮明的民主思想傾向，而在十年前的《留書》中，他主要從總結明朝滅亡的歷史教訓出發而批判明朝的政治，雖然對封建專制制度有所批判，但不集中，缺乏深度。由於對清朝的仇視，還表現了強烈的民族主義傾向〔註4〕。《留書》側重於明朝滅亡原因的探討，而《待訪錄》側重於君主專制制度的批判。因此，在治亂之故的反思上就有了不同。這樣的觀點大抵是對的。但是，目前學術界對《留書》到《待訪錄》的內在發展線索沒有詳細而又很好的說明，因此，也很難說清楚早期民主啓蒙的形成過程、原因及其歷史作用。我們認爲，黃宗羲的這種轉變是以對社會權力的認識之轉變爲主要環節，以政治啓蒙向學術啓蒙的轉變爲表現形式，體現了中國古代知識分子的社會責任。

一、《留書・朋黨》對社會權力的自覺批判

前面談到，黨社運動是明末社會權力的主要表現形式，對社會權力的形成以及發揮作用都具有重要作用。然而，《留書》的《朋黨》篇中，黃宗羲對黨社運動則持積極批判的態度。

首先，指出明代末期黨爭的長期性和危險性。他列舉了從明神宗萬曆到南明弘光年間一系列黨爭事實，指出：「朋黨之禍，與國爲終始，然未有本朝國統中絕，而朋黨尙一勝一負，浸淫不已，直可爲一笑者也。」〔註5〕朝廷內部的黨爭，使朝廷政治幾乎沒有是非可言。兩派之間非此即彼，擁護我的即爲同黨，反對我的即爲異黨。一派得勢，不管好壞，皆盡起用，對另一派則排斥、殘害，如此反反覆覆，此勝彼負，政治何以清明！他還特別批評了那些閹黨、宦官不顧政治是非，私意結黨，排除異己而殘害忠良。

〔註3〕黃宗羲：《留書》，《黃宗羲全集》，第 11 冊，第 1 頁。
〔註4〕李明友：《一本萬殊》，北京：人民出版社 1994 年版，第 251 頁。
〔註5〕黃宗羲：《留書》，《黃宗羲全集》，第 11 冊，第 8～9 頁。

其次，揭示明代末期黨爭運動的虛偽性。自孔子提出「君子群而不黨」的處世原則，「黨」在中國古代一直被視為不正當的群體結合。而北宋歐陽修（1007～1072，字永叔，號醉翁）首先對這個觀點提出質疑。他認為君子也可以有真朋，並強調君子的真朋在國家政治、個人修身中具有不容忽視的積極作用。歐陽修說：

> 小人無朋，惟君子有之，其故何也？小人所好者祿利也，所貪者財貨也，當其同利之時，暫相黨引以為朋者也，偽也，及其見利而爭先，或利盡而交疏，則反相賊害，雖其兄弟親戚，不能相保。……君子則不然，所守者道義，所行者忠信，所惜者名節，以之修身，則同道而相益，以之事國，則同心而共濟，終始如一，此君子之朋也。故為人君者，但當退小人之偽朋，用君子之真朋，則天下治矣。〔註6〕

歐陽修這裡區分了真朋、偽朋，君子有真朋，而小人有的只是偽朋。小人所交的必為偽朋，因為小人為私利而聚（交祿利），所以是偽朋。當有共同利益時，就暫時黨引以為朋，見利則爭先，利盡則交疏。偽朋不但不能長久，而且還會造成互相賊害，雖兄弟親戚，亦不能相保。而君子所交的必為真朋，因為君子行仁義而必為真朋，君子所守者道義、所行者忠信，所惜者名節，以之修身，則同道相益，以之事國，則同心共濟。所以，真朋是始終如一，對於家國、個人都有利。歐陽修這裡旨在強調君子也可以結朋，君子結朋的基礎在於仁義。

然而，黃宗羲對此產生懷疑，認為仁義道德作為真朋的基礎是不可靠的。他說：「仁義何常之有？蹈之者則為君子，違之者則為小人。董允稱於郭泰，邢恕學於程氏，苟必曰吾黨人也，則世無小人矣！程頤之於蘇軾，文天祥之於李庭芝，苟必曰非吾黨人也，則世無君子矣！」〔註7〕他還舉例說明這個觀點。不能因為董允、邢恕出於儒門，就認為他們是吾黨之人，因為還有假仁義、假道學；也不能因為蘇軾、文天祥不是出於儒門，就認為他們不是吾黨之人，因為除了仁義，還有文章和氣節。

黃宗羲還指出，徒以仁義空文來約束小人之黨是很危險的。他說：「魏忠賢既誅，凡官因魏忠賢者，以國法斷之，可誅者半，可赦者半。其時之君子，

〔註6〕歐陽修：《朋黨論》，《居士集》卷17。
〔註7〕黃宗羲：《留書》，《黃宗羲全集》，第11冊，第10頁。

居前不能令人輕，居後不能令人軒，徒以空文錮天下之小人，別爲一朋，眞若自以爲一朋者，卒使其害至於亡國，則歐陽子之一言誤之也。」〔註8〕由此黃宗羲旗幟鮮明地指出：「君子必無朋者也」〔註9〕。由此他指出東林不是黨，所謂黨人之名，乃閹黨小人之妄指。「東林之起不過數人耳，未嘗有名籍相標榜也，其後以言國本者歸之，以劾閹人者歸之，所謂黨人者，乃小人妄指以實之耳。彼君子者未嘗曰：『吾約黨人而言國本也，劾閹人也。』」〔註10〕

黃宗羲之所以認爲仁義道德不足以判斷黨社運動的性質，在於他認爲「清議」和「流品」不同。「清議」講究多元化，而「流品」注重統一性。清議是天下人之坊，是社會權力的重要體現；而流品關係到治亂興衰，間不容髮，故不能不有統一性。黃宗羲後來在《汰存錄》中有明確表述。他說：「天下之議論不可專一，而天下之流品不可不專一也。故異同之在流品議論，兩者相似而實相遠。」〔註11〕如果只注意清議而不注重「流品」，勢必會造成以「意見」分門戶，從而將黨社運動引向無謂的爭鬥。黃宗羲在《子劉子行狀》（1667年前後成書）中有言：

> 東林云者，先臣顧憲成倡道於其鄉，以淑四方之學者也。從之游者，不乏氣節耿介之士，而眞切學問，如高攀龍、劉永澄其最賢者。說者曰「東林未嘗無小人」，固矣。乃今之攻人，往往不于流品而于意見。以意見分門戶，即以門戶分流品如意見而已。〔註12〕

黃宗羲這裡明確指出，黨社運動應該圍繞「流品」而展開，不能以「意見」分門戶。然而，在東林人中亦有氣節耿介之士，他們往往以意見人品分門戶。黃宗羲對此有含蓄地批評：高攀龍、劉永澄等賢者雖然也有耿介氣節，但由於他們有眞切之學問，故不會以意見分門戶。言外之意，東林人中的確有學問根底甚淺而以意見分門戶者。黃宗羲這裡說的情況是否事實並不重要，重要的是他認識到爲了避免以意見分門戶，士人必須要有眞切學問。爲了讓士人從「意見」、「門戶」的黨社運動中解脫出來，回到眞正的黨社運動中去，進行學術研究和學術啓蒙就至爲關鍵了。

從總體上看，《留書》基本上對黨社運動持批判態度，他看到黨社運動給

〔註8〕黃宗羲：《留書》，《黃宗羲全集》，第11冊，第10頁。
〔註9〕黃宗羲：《留書》，《黃宗羲全集》，第11冊，第10頁。
〔註10〕黃宗羲：《留書》，《黃宗羲全集》，第11冊，第10頁。
〔註11〕黃宗羲：《汰存錄》，《黃宗羲全集》，第1冊，第331頁。
〔註12〕黃宗羲：《子劉子行狀》，《黃宗羲全集》，第1冊，第210頁。

個人、社會帶來的負面影響。宦官閹黨以仁義道德之空名來陷害忠良，而東林黨人往往混淆人品和流品，隨氣節而動，使得黨社運動陷入無謂的爭鬥，帶來原本可以避免的傷害。黃宗羲明確指出，黨社運動的展開應該圍繞「流品」，而不是「意見」。學問的提升可以避免以「意見」分門戶，可以將黨社運動回歸到其固有的運行軌道中去，真正為天下萬民做些實事，而不是無謂的爭鬥。黃宗羲中年以後轉向學術研究和學術啟蒙不能不說有此原因而在。政治啟蒙是學術啟蒙題中應有之義，這是黃宗羲由政治啟蒙轉向學術啟蒙的邏輯理路。

二、《汰存錄》對社會權力的謹慎肯定

《汰存錄》，旨在辯駁時人夏允彝《幸存錄》書中的諸多論斷。夏允彝（1596～1645），字彝仲，號瑗公，松江華亭（今屬上海松江）人。著有《夏文忠公集》、《私制策》、《幸存錄》等。明清易鼎，自殺遜國。死難前，將未完稿《幸存錄》交其子夏完淳完成。黃宗羲稱頌彝仲人品，但認為《幸存錄》有可摘辨之處。因為《幸存錄》是夏允彝以其師張延登的是非為是非，而張延登是攻東林者。黃宗羲認為，此書不僅有「是非倒置之處」，而且還會導致「晚近不知本末，迷於向背」。於是，黃宗羲在 1644 年前後撰寫《汰存錄》，為之辨析。與夏允彝不同，黃宗羲此書開始謹慎肯定黨社運動的必要性和政治價值。

首先，他突出強調君子有黨的必要性。夏允彝說：「兩黨之於國事，皆不可謂無罪。公平論之，始而領袖顧、鄒諸賢，繼為楊、左，又繼為文、姚，最後如張溥、馬世奇輩，皆文章氣節，足動一時。而攻東林者，始為四明，繼為丁、趙，繼為崔、魏，又繼為馬、阮，皆公論所不與也。東林中亦多敗類，攻東林者亦間有清操獨立之人。」〔註 13〕夏允彝認為，君子小人可以兩立，在閹黨之中也有清操獨立之人。這種「和平之說」受到黃宗羲大力批判，認為不是黨社運動導致亡國，亡國的真正原因正是這種「和平之說」。他說：「莊烈帝亦非不知東林之為君子，而以其倚附者之不純為君子也，故疑之。亦非不知攻東林者之為小人也，而以其可以制乎東林，故參用之。卒之君子盡去，而小人獨存，是莊烈帝之所以亡國者，和平之說害之也。」〔註 14〕黃宗羲還認為，所以君子小人不能兩立，是因為小人和閹黨往往相為表裏。他

〔註 13〕黃宗羲：《汰存錄》，《黃宗羲全集》，第 1 冊，第 331 頁。
〔註 14〕黃宗羲：《汰存錄》，《黃宗羲全集》，第 1 冊，第 331 頁。

說：「兵戈盜賊，皆從小人氣類相感召而生，而小人與奄宦，又往往相爲表裏。」〔註15〕因此，主張士人應首辨陰陽消長之幾。「天道有陰陽，而人事應之，其象爲君子、小人。君子、小人之進退，則否泰之理也。」〔註16〕

其次，黃宗羲反對「和平之說」，主張真正君子也可以有「黨」。他說：「東林之名，講學者不過數人耳，倚附者亦不過數人耳。以此數人者而名爲黨可也，乃言國本者謂之東林，爭科場者謂之東林，攻奄人者謂之東林，以至言奪情奸相討賊，凡一議之正，一人之不隨流俗者，無不謂之東林。……然則東林豈真有名目哉？亦攻東林者加之名目而已矣。今必欲無黨，是禁古今不爲君子而後可也。」〔註17〕這段話表面看與《留書》如出一轍，但仔細看有兩點不同：其一，同樣是認爲東林之「黨」是攻東林者強加的，但是，他不否認東林中少數人可以稱作爲黨，所謂「以此數人者而名爲黨可也」。其二，他暗指君子有黨是君子參與政治的必要形式，所謂「今必欲無黨，是禁古今不爲君子而後可也」。

總之，在《幸存錄》裏，出於衛護東林黨人的需要，黃宗羲開始謹慎承認黨社運動的必要性。不過，很顯然，他在黨社運動的必要性及其制度性安排等方面都缺乏深度思考和周密籌劃。

三、《明夷待訪錄》對社會權力的制度探討

與《汰存錄》的謹慎態度相比，相隔十年，黃宗羲在《明夷待訪錄》中則更加大膽地討論如何通過社會權力的制度安排來實現社會（政治）秩序的重建。黃宗羲深感以往歷史軌迹是「一治一亂」的循環往復，他還認爲自周敬王至今，皆在亂世之運中。爲何出現這種現象？黃宗羲出於歷史的責任感，著力探究那些阻礙社會權力實現的制度性原因，由此建構理想的社會運行狀態。從三個方面來展開討論：

第一，「自私自利」：社會權力邏輯起點的論證

黃宗羲從人性論角度來論證社會權力存在的邏輯依據。爲什麼要對社會權力的存在加以論證呢？這與當時的時代背景有關。前面提到，社會權力的形成，首先在於個人主體意識、文化自覺意識以及政治參與意識的覺醒，然

〔註15〕黃宗羲：《子劉子行狀》，《黃宗羲全集》，第 1 冊，第 243 頁。
〔註16〕黃宗羲：《子劉子行狀》，《黃宗羲全集》，第 1 冊，第 242 頁。
〔註17〕黃宗羲：《汰存錄》，《黃宗羲全集》，第 1 冊，第 332 頁。

而，在明末黨社運動中，無論是內閣首輔，還是歸隱士人，他們的自覺意識在君主專制集權下很難轉化為實際的社會行動。這必然會讓士人對黨社運動的現實性產生種種疑慮；再者，從皇權角度來看，社會權力往往會被消極運用。誠如黃宗羲說的，莊烈帝並非不知東林人中有清操獨立君子，亦非不知閹黨宦官為玩弄權術小人。但是，為了制衡權力結構，他不得不「參用」兩黨，結果導致善類無存，而逆妄之人則愈加猖狂；最後，夏允彝等人為代表的明末清初的知識分子普遍認為黨社運動沒有存在必要，甚至認為黨社運動是明朝滅亡的原因。

由於上述這些原因，如何評價黨社運動成為明末清初士人關注的時代主題。這個主題深層次的意義就是使得人們不得不反思社會權力是否還有存在價值，存在依據何在？黃宗羲認為，黨社運動以及社會權力是社會健康發展的必要條件，是保證和實現個人利益的有效途徑。黃宗羲從人性論角度來肯定社會權力的存在依據及其價值，認為這是保護和實現天下百姓利益的關鍵性因素。他說：

> 有生之初，人各自私也，人各自利也，天下有公利而莫或興之，有公害而莫或除之。有人者出，不以一己之利為利，而使天下受其利，不以一己之害為害，而使天下釋其害。〔註18〕

人各自私，人各自利，這是黃宗羲對人性的早期解讀。儘管這樣的人性論還不夠細緻與圓融，但是畢竟肯定了人性的個體性和真實性，是對宋明以來的人性論傳統的反動。宋明儒者以天理、良知作為人性的真實內涵，只有擁有這些真實內涵，人才能實現個體幸福和人生價值。而人的欲望、性情等等則成為限制和取消的對象。宋明儒者說的「變化氣質」、「致良知」等等工夫論皆為限制和取消人性中這些對象而設計的。隨著明末清初商品經濟的繁榮，社會風俗的活躍，個人性情、物質欲望得到不斷彰顯和呈現。這些都使得儒者不斷提升天理、良知對個人欲望的限制級別，天理、良知的人性論不斷的抽離、掏空人性中的真實內涵。甚至人的正當欲望、率意性情、人格尊嚴等方面都漸漸淹沒在「潔淨空闊底世界」（朱熹語）。不僅惟是，宋明儒者還極力宣揚天理為公、人欲是私，人性的個體性受到極大限制、人性的現實性也受到極大削減。隨著個體性的限制和削減，天下之公就有被虛化的危險，這是後世君主以「個人之私」取代「天下之公」的邏輯依據。總而言之，宋明

〔註18〕黃宗羲：《明夷待訪錄》，《黃宗羲全集》，第 1 冊，第 2 頁。

儒者的人性論傳統，的確爲個人主體性、眞實性的限制和削減提供了理論上的可能性，這也使得個人利益和社會權力受到極大限制，不能發揮其應有的價值和作用。

　　黃宗羲一反宋明儒者的人性論傳統，公開承認人性有個體性和眞實性兩個維度。首先，承認人是自私自利的，聖人亦有自私自利的性情和欲望。他說：「夫以千萬倍之勤勞而己又不享其利，必非天下之人情所欲居也。故古之人君，量而不欲入者，許由、務光是也；入而又去之者，堯、舜是也；初不欲入而不得去者，禹是也。豈古之人有所異哉？好逸惡勞，亦猶夫人之情也。」〔註19〕黃宗羲堅持認爲人性是自私自利的，其目的是將宋明儒者虛化的「天下之公」重新充實起來，將天下民心民利增添進去，恢復了人性的眞實性。由此，他提出，天下是天下人之天下、天下應由君主和萬民共同治理。他批判那些將天下視作個人「產業」的君王，提出了「天下爲主，君爲客」的「主權在民」思想；提出天下之治亂，不在一姓之興亡，而在萬民之憂樂的萬民憂樂論；提出了「天下之法」取代「一家之法」，目的在於實現「藏天下於天下」的法治構想。其次，黃宗羲不僅承認人性是自私自利的，恢復了人性的眞實性，而且還認爲人性具有不可取代的主體性，個體具有治國平天下的責任和能力。君主是爲天下而設，故提出了君民共治天下的平等分工觀；天下官吏皆爲天下而設，而非君主私奴，故提出了「君臣平等」觀；爲了發揮和實現人的主體性，黃宗羲提出了由學校來監督、引導政府活動的主張，並改革教育制度，提出「取士八法」。

　　總之，黃宗羲在《明夷待訪錄》中提出的種種主張，都可以在其人性論中找到理論依據〔註20〕。這種人性論的最大優點，就是承認人性是「自私自利」的，這正是「權利」意識的覺醒，這種權利意識具有個體性和眞實性兩個方面的特徵。這爲具有早期啓蒙意義的政治制度構想提供了理論依據和發展方向。然而，我們不得不承認，黃宗羲的這個早期人性論也還是有局限性的。不過，黃宗羲後來在此基礎上進一步提出了「氣之本然者爲性」的觀點，這就更加精緻而準確，從而爲明清之際的早期啓蒙思潮提供了科學的哲學依

〔註19〕黃宗羲：《明夷待訪錄》，《黃宗羲全集》，第1冊，第2頁。

〔註20〕日本學者溝口熊三認爲：「總而言之，只有這個自私自利的民的主張才是《明夷待訪錄》的主眼，可以說以這個主眼構成了各篇。」見氏著《中國前近代思想的曲折與展開》，索介然，龔穎譯，北京：中華書局1997年版，第260頁。

據。這在後面章節有詳細地分析論述，這裡只是揭示黃宗羲的政治啓蒙與其學術思想之間有著千絲萬縷的內在聯繫。

第二，抑君權、明臣道：社會權力監督的兩個對象

從總體上看，明末的黨社運動之所以不能充分發揮積極作用，士人的自覺意識之所以難以形成實際的社會行動，主要在於社會權力被專制皇權和腐敗官員玩弄於股掌之中。如何破解這個難題，這是黃宗羲在《明夷待訪錄》中的《原君》、《原臣》兩篇文章中努力解決的問題。他將君權、臣道都放在社會權力的監督之下，提出了「抑君權」、「明臣道」的主張。

前提講到，人人皆有「私利」、「私欲」，這是黃宗羲立論的基礎，然而問題在於：掌握著爲天下人興利除害大權的君主和官員，他們是否也會囿於自身固有的「私利私欲」而無法自拔？如果是，則有必要在政治架構中作出相應的制度設計，以充分表達天下人的利益爲旨歸，從而有效消弭君主官員私欲私利在權力的庇護下的無限制膨脹趨勢。這是黃宗羲面臨的時代難題。

後世君主普遍以爲天下利害皆由我主宰和安排，所以他們將天下的利益皆歸於己，而將天下的弊害皆歸於人。他們所以能夠如此，主要原因是他們「使天下之人不敢自私，不敢自利，以我之大私爲天下之大公」。君主剛開始對此尚有慚愧之心，後來就心安理得地「視天下爲莫大之產業」，視百姓爲囊中之物，並以此傳之子孫，享受無窮。漢高祖劉邦有句話最能說明這種情形，他說：「某業所就，孰與仲多」，其逐利之情不覺溢於言表。黃宗羲認爲出現這種現象的根本原因在於：「此無他，古者以天下爲主，君爲客，凡君之所畢世經營者，爲天下也。今也以君爲主，天下爲客，凡天下之無地而得安寧者，爲君也。」〔註21〕在君主專制集權下，天下之公逐漸成爲君主之私，這種權力的「私有化」，使得社會權力不斷受到擠壓和限制。這樣的結果就是，君主爲了獲得這種天下產業，爲了給皇室子孫創造家業，不惜屠毒天下之生靈，離散天下之子女。一旦獲得這份家業，還是繼續屠毒天下之生靈，離散天下之子女，天下百姓的生活沒有根本改觀。君主還美其名曰，此我產業之花息也。黃宗羲深惡而痛絕之，直接指斥道：「天下之大害者，君而已矣。向使無君，人各得自私，人各得自利也。嗚呼，豈設君之道固如是乎！」〔註22〕

這樣的君主其實就是「寇讎」、「獨夫」，然而俗儒卻昧於此義，仍然視爲

〔註21〕黃宗羲：《明夷待訪錄》，《黃宗羲全集》，第 1 冊，第 2 頁。
〔註22〕黃宗羲：《明夷待訪錄》，《黃宗羲全集》，第 1 冊，第 3 頁。

如父如天，以爲「君臣之義無所逃乎天地之間」，甚至妄傳伯夷、叔齊無稽之事，宣揚愚忠行爲。這使得天下萬民以血肉之軀來鑄造獨夫民賊君主之產業。黃宗羲於此堅決批判，他反問道：「豈天下之大，於兆人萬姓之中，獨私其一人一姓乎？」言外之意，除了君主一家一姓的私欲私利外，還有天下百姓的利益，天下百姓的利益才是設置君主的本意。故黃宗羲揭穿後世君主和俗儒以如父如天的空名來牽制和禁止天下百姓，使之不敢「自私自利」。

黃宗羲還警告後世君主，如果以「天下」爲私產，而不與「天下萬民」共治共享，那麼，人人都會極力獲得這份產業，市井之人甚至皆欲圖之，問鼎之心勢必滔滔不絕，這樣的情勢一旦形成，君主一家一姓的智力是難以阻擋的。這樣，君主本想爲子孫創造家業，但往往讓皇室子孫崩潰於血肉之中，遠者數世，近者及身，遂有「願世世無生帝王家」的民間說法。黃宗羲這裡意思很明確，天下不是屬於一家一姓的，若君主試圖將「天下之公」化爲「個人之私」，必然會帶來無窮的災難。故而，黃宗羲提出，君主應該「明乎爲君之職分」。黃宗羲這裡不再像以前民本論那樣勸告皇帝，更不是向皇帝請求開恩，而是警告他們要認識到「自私自利」的萬民也是有欲望、有主體性的存在。所以，在這種情勢下，君主必須明確自己職責，必須爲天下萬民服務。如果不明確自己的職分，甚至妄圖將天下視作自己的私產，那麼勢必會紛揚天下人人問鼎之心，後患無窮。

顯然，黃宗羲以人人皆是「自私自利」爲理論基礎，警告君主不能視天下爲私產，否則，天下人人皆欲先圖而後快，勢必啓天下大亂之勢。爲君之道要明確「職分」，同樣，爲臣之道也要明確「職分」。爲臣出仕的原則是爲天下萬民，而不是爲一家一姓。黃宗羲說：「緣夫天下之大，非一人之所能治，而分治之以群工。故我之出而仕也，爲天下，非爲君也；爲萬民，非爲一姓也。」〔註23〕如果不是爲天下萬民，那麼，即便君主威逼利誘、生殺予奪，也不能就道。這樣，黃宗羲就重新確立了爲臣出仕的從政理念，確立了新型的權力授受機制：官員的權力來源於天下萬民，而不是君主；官員的職責是爲天下萬民服務，而不是以宦官宮妾之心侍奉君主或一家一姓政權；官員的功績不是由皇帝來衡量，而是由天下萬民來裁定。這樣，與過去官吏不同，它不再以君臣一體的原則爲起點，而是以萬民爲基礎和媒介建立起新型的君臣關係。日人溝口熊三曾經指出，這其實就是「強調了以萬民爲基礎的

〔註23〕黃宗羲：《明夷待訪錄》，《黃宗羲全集》，第 1 冊，第 4 頁。

臣的自主性和主體性。換句話說，就是臣應該從舊有的家產官僚的狀態中解脫出來」〔註24〕。所以，那些爲了獲得天下產業的君主的生死存亡完全是出於一己之私，臣下沒有必要去追隨君主、生死與共。如果眞有人這樣，也不過是「私暱者」的行爲。

總體上看，君、臣的權力及其本質是爲天下而設，所以，君臣關係的本質其實就是師友同事關係。他們共同的服務對象是「天下萬民」，而不是皇室或一家一姓政權。在中國君主專制集權的社會中，隨著君主專制集權不斷加強，尤其在明代空前強化的前提下，傳統士大夫與君主共治天下的局面不復存在。後世驕君不再以天下萬民爲念，窮奢極欲，爲了實現自身私欲的滿足，便尋求「奔走服役」以供遣使。而草野之士，一時免於寒餓，便感恩在上，爲討君主之歡心，亦以「奔走服役」之責應之。這種扭曲的君臣關係，實際上完全不是爲天下而設，而是爲私利而生。官員只不過是君主家府裏的宦官宮妾，終日爲君主奔走服役，不曾爲天下萬民謀尺寸之利。這種關係的出現，與士大夫爲官氣節有關，也與君主專制集權有關，但是，歸根到底，這與官員是自私自利的實體有關，他們爲官出仕不是爲天下萬民，而是爲營造、分享君主的「私產」。

第三，立治法：社會權力建設的關鍵

無論是君主還是官員，都是「自私自利」的實體，但是，僅僅從人性論角度來明確君主官員的「職分」還是不夠的，必須要有一套制度加以體現和落實。黃宗羲認爲「有治法而後有治人」，所以他很重視「治法」對於君主、官員的監督作用，尤其致力於發揮「天下之法」對於理想社會的建構作用。

黃宗羲提出了「三代以上有法，三代以下無法」的著名論斷。他認爲三代之法是「天下之法」，其立法的根據是爲天下萬民，而不是「爲一己而立」。而三代以下之法則是「一家之法」，是爲皇帝君主的命祚之長、子孫之保、一家之利而設。所以，三代以下無法，有的只是「一家之法」。

在黃宗羲看來，理想的法治社會是「藏天下於天下」。何謂「藏天下於天下」？黃宗羲說：「山澤之利不必其盡取，刑賞之權不疑其旁落，貴不在朝廷也，賤不在草莽也。在後世方議其法之疏，而天下之人不見上之可欲，不見下之可惡，法愈疏而亂愈不作，所謂無法之法也。」〔註25〕這就是說，皇帝

〔註24〕〔日〕溝口雄三：《中國前近代思想的曲折與展開》，索介然，龔穎譯，北京：中華書局1997年版，第258頁。

〔註25〕黃宗羲：《明夷待訪錄》，《黃宗羲全集》，第1冊，第6頁。

君主以及其他任何人都不能將社會資源壟斷爲個人私產，否則便是違背了天下之法，是非法之法。社會資源是開放的系統，讓天下人都可以從這個開放系統中獲得經濟、政治、文化上的切實利益和眞正實惠，這是立法之本意，也是黃宗羲提出的「天下之法」的眞實內涵。也就是說，只有天下之法才能保證和提升法律的公正性和平等性，從而確保人性的眞實性和主體性的眞正實現。表面上看，這樣的法律比較鬆疏，會造成問鼎之心滔滔不絕，也會造成朝廷無屏障之力。但是，在黃宗羲看來，只有這樣的法律才能滿足天下人民實現自私自利的要求，才不會造成政府和群眾間的緊張敵對關係，只有這樣的政府才能獲得人民群眾的支持。

而後世之法並非如此，其立法本意並不是爲滿足人民群眾的利益，而是設法去壟斷和搶佔天下資源。黃宗羲將這樣的法律形象地比喻爲「筐篋」，皇帝將天下之利、人民之福皆收斂其中，化爲個人之私產。黃宗羲指出這樣是很危險的。因爲人人皆知「筐篋之所在」，必「鰓鰓然」圖謀搶奪，遂啓天下紛揚欲得之心。而皇帝爲了防備有人搶走這個筐篋，必不得不羅織法網。這樣，必然會造成惡性循環，所謂「法愈密而天下之亂即生於法之中」就是這個意思〔註26〕。

這樣，黃宗羲就將立法基礎放在個人權利的實現上，將法律看作是天下人表達、實現政治、經濟、文化等各個方面的利益和要求的正式的、合理的渠道，這無疑轉變、置換了傳統法律的內容。法律不再是君主、官員的特權，而是保證天下人人皆能實現個人利益的一般性社會規則。過去的「封建法權」，爲了確保社會等級和身份的劃分，不可能表達和保護天下所有人的權利。侯外廬先生稱這樣的「封建法權」爲「法律的虛構」〔註27〕，沒有體現「法律面前人人平等」的法治原則。黃宗羲否定「一家之法」，主張「天下之法」的「治法」思想，體現了「平權要求」，即「貴」（統治階級）和「賤」（被統治階級）在形式上是平等的，因而又意味著一個重大的理論進展：「由人權的平等推論到法律的平等」〔註28〕。

總之，沒有人權平等，法律平等是無從談起。同樣，沒有法律事實平等，

〔註26〕黃宗羲：《明夷待訪錄》，《黃宗羲全集》，第 1 冊，第 7 頁。
〔註27〕侯外廬：《與豈之同志書信》，引自張豈之：《張豈之自選集》，北京：學習出版社 2009 年版，第 25 頁。
〔註28〕侯外廬：《中國思想通史》第 5 卷（《中國早期啓蒙思想史》），北京：人民出版社 1956 年版，第 162 頁。

人權平等也就無從落實，社會權力和社會權利的表達和實現也就不可能得到制度上的保障。

第四，興學校：社會權力安排的具體落實

黃宗羲提出的上述治國理念對於澄清社會問題、釐清傳統觀念的確有振聾發聵的作用，但是，這些治國理念還是必須要落實到具體社會層面，必須在具體制度中實現出來，「學校」正是這些理念在具體社會層面的制度安排。

黃宗羲認為中國古代政治機構主要有三個部分：皇帝、宰相和學校。學校怎麼會是政治機構呢？原來，在中國封建社會中知識分子也是一種政治力量。學校是知識分子集會的地方，如果爆發群眾性的社會運動，政治力量就更大了。黃宗羲舉例說明這個問題：東漢太學三萬人危言深論，不隱豪強，公卿避其貶議。宋代諸生伏闕搥鼓，請起李綱。黃宗羲稱譽此乃「三代遺風！」胡適先生曾深有感觸地說，黃宗羲少年時自己也曾做過一番轟轟烈烈的學生運動，他著《明夷待訪錄》時已是近六十歲的人了，「他不但不懺悔他少年時代的學生運動，他反正正經經的說這種活動是『三代遺風』，是保國的上策，是謀政治清明的唯一方法！」〔註29〕由此看來，黃宗羲重視「學校」的出發點，不能不說是對於學生作為社會政治力量的重視和發揮，充分激發和提升知識分子積極入世的心態和能力，從而為早期社會啟蒙構想的實現提供社會力量。

在黃宗羲這裡，學校不僅僅是「養士」的地方，而且還是實現社會權力有效運作的場所。他說：「學校，所以養士也。然古之聖王，其意不僅此也，必使治天下之具皆出於學校，而後設學校之意始備。」〔註30〕所謂「治天下之具」，是指治理天下的政策措施、法令典章、規章制度。在古代社會，這些原本完全是由皇帝領導的政府部門包辦的事務。而在黃宗羲看來，這些事務現在不能再由皇帝、政府包辦，應該由「學校」來承擔。黃宗羲指出其中有兩點原因：

首先，天子皇帝並不能掌握全部的真理，所以他不敢自為非是，而要「公其是非」於學校。他說：「天子之所是未必是，天子之所非未必非，天子遂不敢自為非是，而公其是非於學校。」這樣看來，學校是皇帝集思廣益、討論

〔註29〕 胡適：《黃梨洲論學生運動（學生干政乃三代遺風）》，引自姜義華主編：《胡適學術論文集》（教育），北京：中華書局 1998 年版，第 271 頁。

〔註30〕 黃宗羲：《明夷待訪錄》，《黃宗羲全集》，第 1 冊，第 10 頁。

是非、替天行道的場所。所以，黃宗羲說，學校的功能不僅僅在於教育教化，而且還有政治監督、政治協商的功能和作用。如果說社會治理的根本理念是「天下爲主，君爲客」的話，那麼，「學校」便是體現和實現天下人（即是「主」）的主人翁地位和作用的具體制度。

其次，三代以來的學校只是君主意志和利益的表達者和實現者，並不能體現「天下爲主」的理念。君主、俗吏從來就不重視學校在集思廣益、彙聚民心方面的積極作用，而只是將它看作是科舉囂爭、名利爭奪的場所。黃宗羲說：「三代以下，天下之是非一出於朝廷。天子榮之，則群趨以爲是；天子辱之，則群撻以爲非。」〔註31〕後世君主將一切國家事務委任於俗吏。而這些俗吏是從「學校」中培養出來，他們只會以爭權奪利爲本領，從不具有眞才實學，更不願爲天下萬民謀尺寸之功。黃宗羲認爲，但凡有眞才實學的人物，絕非當時學校所能造就，而是往往自拔於草野之間。這樣看來，當時的「學校」不僅不能發揮政治監督、政治協商的功能，甚至連「養士」的教育教化功能也隨之喪失，誠爲可惜可歎！

學校不但不能「養士」，而且還「害士」。這主要因爲當時的學校實行科舉取士制度，該制度發展到明清已經成爲妨礙人才培養、遏抑社會進步的主要因素。黃宗羲曾慨歎到：「科舉之弊未有甚於今日矣」。〔註32〕八股取士，「限以一先生之言」，使得天下士人只知時文傳注，不知經世致用。學風日壞、學術日衰、人才日絀、士心陷溺，致使「庸妄之輩充塞天下」。學校不是教育人才的地方，而是「破壞天下之人才」的場所。他曾明確指出，明代「人物多憔悴」直接原因在於學校的科舉取士，故他說：「舉業盛而聖學亡」〔註33〕。

正是由於上面兩個方面的原因，黃宗羲依據「天下爲主」的理念重新設計了一套學校體系。首先，作爲最高學府的太學，應當保存，不過要實行民主管理，繼承東漢太學「清議」的學風。全國郡縣均立學宮、置學官。太學祭酒和郡縣學官，均得由諸生「公議」推選或罷免。其他「凡在城在野寺觀庵堂，大者改爲書院，經師領之；小者改爲小學，蒙師領之，以分處諸生受業。」另外，爲了發揮學校的眞正功能，當時有識之士將「學校」變爲「書院」，培養人才。黃宗羲對這個培養方式也比較贊成，認爲書院所造人才能夠

〔註31〕黃宗羲：《明夷待訪錄》，《黃宗羲全集》，第 1 冊，第 10 頁。
〔註32〕黃宗羲：《破邪論·科舉》，《黃宗羲全集》，第 1 冊，第 204 頁。
〔註33〕黃宗羲：《惲仲升文集序》，《黃宗羲全集》，第 10 冊，第 4 頁。

超邁當時的學校。

其次，提升學校在政治機構中的地位。他說：「學校之盛衰，關係天下之盛衰。」學官地位應尊於政府官吏。學校教育，除了培養實用人才和傳遞學術文化，還應當成為「公其是非」、監督政府、指導輿論的機關。他的理想是，在中央政府，天子以至公卿大臣都要在太學祭酒面前就弟子之列，祭酒有權批評政治得失。在地方政府，郡縣官都要在地方學官的面前就弟子之列，學官對於地方政事缺失，「小則糾繩，大則伐鼓號於眾」。

再次，擴大教育內容，提高教師素質。為了真正發揮學校的教育教化以及政治監督協商的作用，黃宗羲對學校的教育內容和學官教師皆有明確的制度安排。這對學官的揀選上也有嚴格規定：在政治方面，最要者是「不干清議」，若「稍有干於清議，則諸生得共起而易之。」在業務方面，學官教師必須有真才實學，學官下設五經師，及兵法、曆算、醫、射各專科教師，皆由學官自擇。他指出：「師者，所以傳道、授業、解惑者也；道之未聞，業之未精，有惑而不能解，則非師矣。」鄉村「民間童子十人以上」者，則設小學，由蒙師教之。他提倡「實學」，規定在學校中開設自然科學的課目，反對空論性理、高談仁義。特別反對鬼神迷信風水之說，倡議用學校教育的手段，掃除「萬民」的迷信，改變社會的風氣。

黃宗羲心目中的「學校」，不僅要具有教育教化的社會功能，還要能夠體現和實現「天下為主」的社會治理的構想，能夠實現人人自私自利的利益和意志的通暢表達。總之，學校應該充分表達、有效實現天下人的社會權力和社會權益。否則，黃宗羲提出的政治啟蒙構想都還僅僅停留在紙間字面上，它們較多地是從理論上澄清有關概念，討論一種新的社會治理概念的實現的可能性。而「學校」作為具體方案一經提出，黃宗羲的全部政治構想都可以由此而被激活。學校是社會政治結構中至為關鍵的環節，沒有學校，整個社會權力系統是完整不畸、行之無效的，勢必會造成整個社會權力結構出現嚴重失衡，最終將社會引向「一治一亂」的循環往復之中，也不可能跳出中國古代傳統政治的窠臼。

《明夷待訪錄》從權力制約角度對整個社會權力結構進行重新調整和制度性安排，超出了中國古代傳統政治制度，而走向了近代啟蒙制度。「學校」這個制度性環節，具體體現了「天下為主」的治國理念，落實了社會權力的政治建構作用。從社會權力的運作方式上看，以天下人的「民治」、「群治」

代替「君治」、「獨治」。這樣運作方式的優點還是很明顯的：與由皇帝牽頭、宦官組織的錦衣衛監督制度相比，黃宗羲建立了由知識分子、士大夫領導的黨社運動更能代表下層群體的利益，而且更能以較小的政治成本來獲取較高的社會政治收益，也更能較為理性、較為有力地監督和限制皇權專制、官員腐敗。從社會權力的實現過程來看，天下人皆為平等、民主的實體，在政治、文化、經濟等方面的社會治理上有不可取代的主體性和真實性。君主和臣民百姓不再是等級森嚴的階級關係，而是合作同事關係。這就使得天下人從「臣民意識」轉向「公民意識」，使社會關係從「身份」演為「契約」，社會治理方式也由「人治」變為「法治」。

總之，《明夷待訪錄》通過權力制衡方式，以「天下為主」為理念，以「自私自利」為理論基礎，抑君權、明臣道、立治法、興學校，使得整個社會的權力運作方式和實現過程皆發生了「質」的變化，具有了早期啟蒙的意義。

我們對《明夷待訪錄》的分析重心不再是《原君》，而是放在《學校》，這並不是說黃宗羲的早期政治啟蒙並不重要，而只是說黃宗羲更為重視學校、知識分子對於社會權力的關鍵作用。這不僅是黃宗羲對早年黨社運動的經驗總結，也是當時資本主義萌芽和市民階層自覺意識、權利覺醒的理論反映，而且還與黃宗羲對黨社運動、社會權力的獨特理解有關。下面要分析這種獨特理解對黃宗羲學術思想之進展究竟產生了哪些影響。

第二節 從社會啟蒙到學術啟蒙：《明夷待訪錄》中啟蒙形式的轉變

縱觀黃宗羲平生學術，早年有光照千古的政治著作《明夷待訪錄》，中晚年有標榜史冊的學術著作《明儒學案》和《宋元學案》。一般認為晚年的黃宗羲已經淡出了政治領域，所以他早年卓越的政治啟蒙精神並沒有貫徹落實下去。甚至有人認為黃宗羲的學術思想上宗王（陽明）、劉（蕺山），陷入心學窠臼，因為黃宗羲有「盈天地皆心也」、「聖人之學心學也」等語，故而斥之為謬說。其實，黃宗羲的學術思想與其政治思想脈絡貫通，互為體用〔註34〕。我們認為，從早期的政治啟蒙轉向中晚年的學術啟蒙是黃宗羲學術思想轉型

〔註34〕蕭萐父：《黃宗羲的真理觀片論》，載《浙江學刊》，1987年第1期；蕭萐父、許蘇民：《明清啟蒙學術流變》，瀋陽：遼寧教育出版社1995年版，第513頁。

的主要線索，學術啓蒙與政治啓蒙並不矛盾，而是政治啓蒙的內在邏輯在現實社會中的推演和落實。我們不能忽視政治啓蒙中的學術思想底蘊，也不能錯會黃宗羲學術啓蒙中的早期社會（政治）啓蒙精神。

過去，研究黃宗羲《明夷待訪錄》的早期啓蒙思想，只注意其政治啓蒙上的價值，對其中蘊含的學術啓蒙鮮有論及，更未對學術啓蒙和政治啓蒙間的內在聯繫進行必要的分析和研究。事實上，成於康熙二年（1663）的《明夷待訪錄》就已經樹起了反對宋學的旗幟；稍晚於此書的《孟子師說》（成於康熙七年（1668）前後），雖然是爲闡發乃師蕺山學術宗旨的著作，但是，此書對宋明理學開始有了初步批判。這兩部書不僅有相同的寫作時間，還有共同關注的話題。儘管《明夷待訪錄》重在制度上的反思，但是對當時的學術思想也有充分的回應。侯外廬先生曾明睿地指出，黃宗羲在《明夷待訪錄》中開始逐漸揚棄陽明的玄學，「他在許多方面已經是反宋明理學的導源人」〔註35〕。

黃宗羲在撰寫《明夷待訪錄》時期的學術思想的啓蒙特點，主要體現在兩個方面：通過心之消極因素的揭露，修正了當時崇信良知之說的「時風眾勢」；通過氣節、君臣觀的探討，批判了程朱理學將天理超離於個體自然生命之上的弊病，認爲這是「以理殺人」的社會陋習。這兩個方面將在第四章中加以論述。現在重點討論在《明夷待訪錄》時期，黃宗羲由早期社會啓蒙向學術啓蒙轉型的表現、原因及其影響。

啓蒙形式包括啓蒙主體、啓蒙動力以及啓蒙方式等內容。從明末清初的早期啓蒙思潮來看，不同的學者採取不同的啓蒙形式，啓蒙形式的形成和演變受到複雜的社會因素的影響。具體來看，就其實質而言，黃宗羲的啓蒙就是權利意識的覺醒，啓蒙的主體就是通過知識分子和學校來號召天下萬民，啓蒙就是通過社會權力來保證個人權利的有效實現，啓蒙形式也表現出從社會啓蒙（主要是政治啓蒙）向學術啓蒙的轉變過程。

一、從《原君》到《學校》：從社會權力的主體看啓蒙形式的轉變

黃宗羲的政治構想是在「天下爲主」的理念和「自私自利」的理論指導下建構起來的。從《原君》來看，天下人固然包括天下所有人，旨在強調皇

〔註35〕侯外廬：《中國思想通史》第 5 卷（《中國早期啓蒙思想史》），北京：人民出版社 1956 年版，第 178 頁。

帝君主應該意識到天下人的自私自利的本性，不能將天下視爲私產。肯定自私自利，實質就是肯定個人權利，不能視天下爲個人私產，其實是在批判皇權專制。而從《學校》來看，宿儒、學官是天下人的具體組織者和領導者，不僅天下百姓受其啓蒙和領導，而且皇帝公卿亦不例外。這樣看來，黃宗羲的確試圖將知識分子領導下的社會權力超越於皇帝領導下的政府權力之上。黃宗羲這裡的確有提倡「士本政治」的傾向，通過制度更新來動員「士」這個龐大的知識群體參與到權力運作中，分享權力，提到其政治地位與政治參與度〔註36〕。但是，從黃宗羲的「儒者之學，經緯天地」來看，這是他對儒者社會價值的自我期許，也是他對知識分子領導、掌控社會權力的強烈期待。

　　在黃宗羲那裡，社會權力只有掌控在知識分子手中，才不會出現「私有化」現象，天下才不會成爲一家一姓的「私產」。所以，參與政治活動、提高社會地位，顯然不是黃宗羲的終極目標。黃宗羲通過知識分子來領導和掌控社會權力，保證整個社會的權力結構不會出現失衡和私有化，讓社會權力真正成爲天下人利益意志充分實現的強力制度保障，這才是黃宗羲的終極目標。

　　所以，黃宗羲在《學校》中將「清議干政」列爲學官最基本的政治條件。「清議」既是知識分子政治監督、政治協商的主要方式，也是傳承文化、教育教化的主要途徑。前面說到，「清議」與「流品」不同，理想的「清議」是講究多元化，而「流品」是注重統一性。清議是天下人之坊，是社會權力的重要體現；而流品關係到治亂興衰，間不容髮，故不能不有統一性。然而，「清議」容易受到氣節鼓動，以「意見」爲「流品」，以個人私意爲國家利益，這勢必會引起無謂的爭鬥和本可避免的傷害。黃宗羲明確指出黨社運動的展開應該圍繞「流品」，而不是「意見」。爲了避免以意見分門戶，黃宗羲提出應該提升學問，研究學術。只要有真切的學問，就不會各立門戶、互相殘殺，這樣知識分子也就不會將社會權力分割爲互相獨立、互相爭鬥的權力結構。這樣才能真正爲天下萬民做些實事，而不是無謂的爭鬥。只有權力主體能力的增長和群體生活的認同，才能真正發揮社會權力的作用。由此看來，黃宗羲中年以後轉向學術思想史研究不能不說是其政治啓蒙的內在邏輯的落實，學術啓蒙是政治啓蒙題中應有之義。

〔註36〕引自錢明：《從中國文化傳統中發掘契接現代民主的資源──黃宗羲民本思想國際學術研討會綜述》，載《中國哲學史》，2006年第3期。

二、從「天子未必是」到「殊途百慮」：從社會權力的源頭看啓蒙形式的轉變

在黃宗羲看來，學術眞理是社會權力的主要源頭，是社會權力發揮作用的主要途徑，也是知識分子掌握和領導社會權力的主要方式。從個人角度來看，眞理是有限的、發展的，即便是天子也不能代表眞理的全部。黃宗羲說「天子之所是未必是，天子之所非未必非」，天子之言並非眞的就是金科玉律。這既是對君主政治權威的挑戰，也是對社會權力來源的重新定位。過去，天子的金科玉律就是權力的來源，天子的一家之法就是天下之法，權力來源於政治權威。而黃宗羲並不這麼認爲，認爲權力應該來自於學術眞理，而不是相反。由此，黃宗羲重新調整了學術與權力間的主客關係，這和他調整「天下」與「君主」的主客關係是相通的。

既然學術眞理是權力的源頭，那麼，致力於學術眞理的探索就至爲關鍵。在黃宗羲看來，當時的學術並不足以爲社會權力提供精神力量和經世人才。當時陽明學盈滿天下，出現「情識而肆、玄虛而蕩」的弊端，走向了禪學歧途；學風方面出現「高談性命」、「束書不觀」的虛妄弊病，走向了虛學空談；治學方法出現「執其成說，裁量古今」的庸妄流弊，遠離經史致用的正道。這些都促使黃宗羲通過學術研究、學術啓蒙來正本清源，以啓山林新徑。

三、從「自私自利」到「豪傑精神」：從社會權力的內涵看啓蒙形式的轉變

前面提到，「自私自利」的人性論是黃宗羲《明夷待訪錄》全部政治構想的理論基礎，這樣的人性論，重點肯定了人性中有眞實性和主體性的內涵，這也肯定了社會權力的內涵有「自私自利」的眞實性和主體性。「自私自利」的確可以論證社會權力具有不可取代的實體性格和不可抗拒的強制力量，但是，這種人性論無法避免自私自利的人會陷入「意見」、「清議」而無法自拔。其實，「天下爲客、君爲主」、「一家之法」取代「天下之法」，這些恰恰正是皇帝君主自私自利的結果，也是此種權力眞實性和主體性的極端表現。所以，如何解決這個問題是黃宗羲必然要面對的問題。

早在《汰存錄》（1664）中，黃宗羲就通過「清議」和「流品」的區分來試圖加以解決。但是，這樣的解決方式，仍然沒有解決社會權力如何在多元性「清議」和統一性「流品」作出抉擇。成於康熙七年（1668）前後的《孟

子師說》中從「理」與「氣」的關係角度試圖解決多元性和統一性的問題。他說：「人身雖一氣之流行，流行之中，必有主宰。主宰不在流行之外，即流行之有條理者。自其變者而觀之謂之流行，自其不變者而觀之謂之主宰。養氣者使其主宰常存，則血氣化爲義理；失其主宰，則義理化爲血氣，所差在毫釐之間。」〔註37〕這樣，黃宗羲就完善了人的主體性和超越性的內在關係。

　　但是，當將人的主體性和超越性理解爲「理」時，容易會和官方崇尚的程朱學術的「理」相混淆，會致使「庸妄」之輩「執其成說，以裁量古今學術」，在政治上就出現了借修《明史》以壟斷學術、阻礙學術創新的現象。於是，黃宗羲在《移史館不宜立理學傳書》和《明儒學案序》中一再重申「殊途百慮」、「一本萬殊」的眞理史觀，旨在說明人心本有良知，本有浩然之氣，本有豪傑精神，不能以靜止的天理來限制豪傑精神的社會權力。黃宗羲一再提到，「遺民者，天地之元氣」，並表彰這種豪傑精神對於社會改造的超越性價值。這樣，黃宗羲就將社會權力的內涵從自私自利轉向了豪傑精神，從而解決了個人的主體性與超越性的問題，從而通過學術啓蒙實現了早期社會啓蒙的目標。

　　總之，黃宗羲對社會權力的認識前後有個變化過程，逐漸從正面角度去肯定和發掘其社會建構的作用。在此基礎上，他提出了震古爍今的早期社會啓蒙思想，同時也對當時的學術思想進行了批判，並通過知識分子和學術研究來領導和掌握社會權力，從而推進了政治啓蒙向學術啓蒙的轉變，學術啓蒙是政治啓蒙內在邏輯的落實和提升，而不是早期政治啓蒙精神的衰落。

〔註37〕黃宗羲：《孟子師說》，《黃宗羲全集》，第 1 冊，第 61 頁。

第三章 從陽明後學到東林新朱學：
以兩《學案》爲中心的考察

　　黃宗羲親眼目睹了明朝的覆滅，針對中國古代社會「亂多治少」的特點，在《明夷待訪錄》中提出了嶄新的政治構想，並希望通過知識分子的政治力量、學術力量來實現這個理想。但是，在黃宗羲面前，首先面臨的是知識分子之改造問題。

　　1653 年，魯王去監國號，清朝天下大定，復明無望。黃宗羲認爲，知識分子之所以力量不足，難以支撐時局之艱，這與學術龐雜有莫大關係。他指出，當時的復社等學術組織「本領脆弱，學術龐雜，終不能有所成就」〔註1〕。1668 年，黃宗羲在《孟子師說》中又明確指出：「自後世儒者，事功與仁義分途，於是當變亂之時，力量不足以支持，聽其陸沉魚爛，全身遠害，是乃遺親後君者也。」〔註2〕在《明儒學案發凡》中又說：「嘗謂有明文章事功，皆不及前代，獨於理學，前代之所不及也，牛毛繭絲，無不辨析，真能發先儒之所未發。」〔註3〕爲什麼明代理學超邁前代，而文章事功反不及前代呢？這個問題在《明儒學案發凡》中提出，不能不說是《明儒學案》以及後來《宋元學案》試圖思考和解決的問題。「學術龐雜」、「事功與仁義分途」、士人本領脆弱、難以支撐時局有內在的聯繫。從黃宗羲兩個《學案》來看，這在晚明社會主要從兩個方面表現出來：一是學風由清議逐漸轉向清談，二是陽明

〔註 1〕黃宗羲：《黃梨洲文集》，北京：中華書局 1959 年版，第 232 頁。
〔註 2〕黃宗羲：《孟子師說》卷 1，《黃宗羲全集》，第 1 冊，第 49 頁。
〔註 3〕黃宗羲：《明儒學案發凡》，《明儒學案》上冊，北京：中華書局 1985 年版，第 14 頁。

學和朱子學都出現了禪學化傾向。

第一節　學風與政風：《明儒學案》學術啓蒙的重要視角

客觀地講，黃宗羲編寫《明儒學案》，不僅關注了明代學者的學術宗旨，而且還特別注意到學者的實行和精神。誠如康熙年間賈潤所言，《明儒學案》論述諸儒，「先爲敘傳，以紀其行；後採語錄，以列其言」〔註4〕。黃宗羲在《發凡》中也明確說，「每見鈔先儒語錄者，薈撮數條，不知去取之意謂何。其人一生之精神未嘗透露，如何見其學術？是編皆從全集纂要鈎玄，未嘗襲前人之舊本也。」〔註5〕在黃宗羲看來，學術思想的載體絕對不能僅僅局限於先儒語錄，應該拓寬學術資料範圍，從學者全集中發現學術思想的變遷脈絡。這不僅可以看清楚當時學者在實際生活中去取之意，也能見其一生精神之所寄。然而，後之學者往往將《明儒學案》看作是學術資料彙編，難免枉費黃宗羲一片苦心。

縱觀《明儒學案》，黃宗羲重點關注了學者的政治活動，這不是偶然的。自古以來的知識分子基本上都堅守「學而優則仕」的社會價值取向，學術與政治之間原本就是一體兩面。黃宗羲在《明儒學案》中關注學風與政風的關係，還有特別的用意，即落實《明夷待訪錄》中提出的政治理想。換言之，如果不對《明儒學案》中學風與政風關係加以探賾索隱，也就無法理解《明夷待訪錄》向《明儒學案》發展演變的內在脈絡。事實上，《明儒學案》爲我們提供了豐富的資料，但爲以前學者所忽視。

一、明代學風的轉變

從《明儒學案》中可以看出明代學風發展脈絡，黃宗羲將明代學風演變史分爲三個階段。明初的學風是嚴謹、保守、注重內省，缺乏活力；到了中期，學風自由，有創新力，不拘成說，把理學推到了一個新的歷史高度；後期以豪邁的風格、堅貞不屈的氣節而著稱。

〔註4〕賈潤：《賈潤序》，引自《明儒學案》上冊，北京：中華書局 1985 年版，第 9 頁。

〔註5〕黃宗羲：《明儒學案發凡》，《明儒學案》上冊，北京：中華書局 1985 年版，第 14 頁。

　　黃宗羲認爲，「元末明初，經生學人，習熟先儒之成說，不異童子之述朱，書家之臨帖，天下汩沒於支離章句之中，吳康齋、陳白沙稍見端倪，而未臻美大聖神之域，學脈幾乎絕矣。」〔註6〕明初方孝孺（1357～1402），字希直，一字希古，號遜志，學者稱正學先生。他是宋濂最得意的門生，但與「出入二氏」的宋濂不同，方氏「放言驅斥二氏」。其理學，蕺山、梨洲師徒二人贊之爲「程朱復出」，譽之爲「明之學祖」、「千秋之正學」。

　　方氏而後，「斯道之絕而復續者」是曹端。曹端（1376～1434），字正夫，號月川，爲明初北方大儒。按黃宗羲的說法，曹端在明初的理學家當中，與宋濂、劉基、方孝孺比較，能「守先儒之正傳」。明初醇儒以曹端、胡居仁、薛瑄爲最，而曹端又開二人之先，這說明他在宋明理學史上的地位。明初理學有河東、崇仁兩大流派。繼曹端而起的薛瑄，在北方開「河東之學」。薛瑄（1389～1464），字德溫，號敬瑄，山西河津人。黃宗羲指出，其學「以復性爲宗，濂、洛爲鵠」。其門徒遍山西、河南、關隴一帶，蔚爲大宗。「恂恂無華，恪守宋人矩矱，故數傳之後，其議論設施，不問而可知其出於河東也。」〔註7〕其學傳至明中期，又形成以呂柟爲主的「關中之學」，其勢「幾與陽明中分其盛」。呂柟（1479～1542），原字大棟，後改字仲木，號涇野，學者稱涇野先生。傳世有《呂涇野先生語錄》。其師即薛瑄三傳弟子薛敬之（思庵）。他曾與湛甘泉、鄒東廓共主南都（今南京）講席，東南學者，盡出其門。劉宗周曾說，關學世有淵源，「皆以躬行禮教爲本」〔註8〕。黃宗羲也認爲其學「以格物爲窮理，及先知而後行，皆是儒生所習聞」〔註9〕。

　　與薛瑄同時的吳與弼，也是明代前期的朱學人物。所不同者，薛瑄偏於下學，「學貴踐履」；吳與弼則側重於「尋向上工夫」，「求聖人之心精」。吳與弼（1391～1469），字子傳，號康齋，撫州崇仁（今屬江西）人，開創崇仁學派。黃宗羲說，此派學風也是「一稟宋人成說。……其相傳一派，雖一齋、莊渠稍爲轉手，終不敢離此矩矱」。〔註10〕但是，吳與弼講學授徒，多以禪語

〔註 6〕黃宗羲：《黃梨洲文集》，北京：中華書局1959年版，第396～397頁。
〔註 7〕黃宗羲：《河東學案上》，《明儒學案》上冊，北京：中華書局1985年版，第110頁。
〔註 8〕黃宗羲：《師說》，《明儒學案》上冊，北京：中華書局1985年版，第14頁。
〔註 9〕黃宗羲：《河東學案下》，《明儒學案》上冊，北京：中華書局1985年版，第138頁。
〔註10〕黃宗羲：《明儒學案》卷1《崇仁學案一》，北京：中華書局1985年版，第14頁。

機鋒的啓發方式。這就使得吳與弼弟子分成兩派。陳獻章「得其靜觀涵養，遂開白沙之宗」；胡居仁、婁諒「得其篤志力行，遂啓余干之學」〔註11〕。其後，王陽明即從婁諒和陳白沙學生湛甘泉問學。

從總體來看，明初學風淳雅，「宋人規範猶在」。一統天下的程朱理學的內部也逐漸形成新的學風，開始出現講究「自得」學風，逐漸打破「此亦一述朱，彼亦一述朱耳」的學風僵化的局面。明朝前期的學風對政風也產生了重大影響。淳雅的學風使得明初政風「國家盛時，士大夫以廉潔自重」〔註12〕。「吏稱其職，政得其平，綱紀修明。」〔註13〕對於明代學者，劉宗周、黃宗羲最爲稱頌明初方孝孺。方孝孺忠於君臣大義，面斥朱棣「篡國」，致被磔死，以身殉道，誅連十族，震動儒林。劉氏稱之爲「中庸之道」。在他看來，方孝孺不僅「斯文自任」、「會文啓運」，是「明之學祖」、「千秋正學」；同時還是「盡忠盡孝」、「扶持世教」的氣節人物。劉宗周特別表彰方孝孺的高尚氣節。認爲神聖既遠，禍亂相尋，學士大夫有以生民爲慮、王道爲心著絕少。宋沒，益不可聞。自方孝孺出，「合伊洛孔孟爲一人，並節義理學爲一途」。方孝孺的學問可能有人超越，但是能夠「斷斷乎臣盡忠，子盡孝，一本之於良心之所固有者……而非人力之幾及也」〔註14〕。

然而，劉宗周對明朝前期政風也頗有微詞，並認爲這與當時學風不無關係。以薛瑄爲例，劉氏認爲，薛瑄在宣、正兩朝御史任上，未嘗錚錚論事；景皇易儲時，他爲大理，亦無言。及于肅愍之獄〔註15〕，係當朝第一案，功

〔註11〕 永瑢等：《四庫全書總目》卷170《康齋文集》提要，北京：中華書局，1965年版，第1490頁。

〔註12〕 《明史》卷158《黃孔昭傳》，北京：中華書局1995年版，第4326頁。

〔註13〕 《明史》卷9《宣宗紀》，北京：中華書局1995年版，第125頁。

〔註14〕 黃宗羲：《師說》，《明儒學案》上冊，北京：中華書局1985年版，第1頁。

〔註15〕 按：于謙（1398～1457），字廷益，號節庵，諡號肅愍。正統十四年（1449年）秋，瓦剌也先大舉侵犯邊疆，宦官王振建議英宗親征。八月英宗在土木堡之變被瓦剌俘虜，京師震動。皇弟郕王朱祁鈺監國，將于謙擢爲兵部尚書，全權負責籌劃京師防禦。于謙駁斥了主張遷都避敵的投降論調，提出「社稷爲重，君爲輕」，堅持保衛北京。九月郕王即帝位，爲明代宗。十月，也先挾持英宗破紫荊關威脅京師，于謙親自督戰，擊斃也先弟孛羅及平章卯那孩，取得京師保衛戰的勝利。景泰元年（1450年），也先請求議和，同意歸還英宗。八月，接回英宗，安置南宮，稱上皇。景泰八年，將軍石亨、宦官曹吉祥等，趁景帝病重，發兵擁立英宗復辟。英宗復位後，石亨和曹吉祥等誣陷于謙製造不軌言論，欲另立太子，唆使科道官上奏。都御史蕭維禎審理案件，判定于謙犯謀逆罪，判處死刑，這就是「于肅愍之獄」。

罪是非，而他僅從末減，坐視忠良之死而不救，則將焉用彼相矣。之所以出現這種政風，劉宗周指出，「先生於道，於古人全體大用，盡多缺陷，特其始終進退之節，有足稱者，則亦稱其爲文清而已。閱先生《讀書錄》，多兢兢檢點言行間，所謂『貴在踐履』，意蓋如此。」〔註16〕

　　至明代中期，學風爲之大變。黃宗羲高度讚揚陽明以心學教天下、承續學脈的學術意義。他說：「有明學術，白沙開其端，至姚江而始大明。蓋從前習熟先儒之成說，未嘗反身理會，推見至隱，所謂此亦一述朱，彼亦一述朱耳。」〔註17〕「自姚江指點出『良知現在，一反觀而自得』，便從有個作聖之路。故無姚江，則古來之學脈絕矣。」〔註18〕並指出陽明「良知現在」、「反觀自得」的學風是上承孟子而來。他說：「貞元之運，融結於姚江之學校。於是陽明先生者出，以心學教天下，示之作聖之路。……孟子曰『人皆可以爲堯舜』。……孟子之言，得陽明而益信，今之學脈不絕，衣被天下者，皆吾姚江學校之功也。」〔註19〕這是相當高的評價了。

　　這種高揚人的主體性的學風對明代中後期的政風也有直接影響。「自得」之學風講究多元、獨立，這樣的學風直接促進了清議之風盛行。清議，一直是傳統士人發揮輿論監督、參與社會發展的重要途徑。明中後期的清議之風盛行，從而促成政治上「臺諫」之勢、朋黨之爭愈演愈烈。不同學派間往往形成不同的政治派系。因此，隨著不同學派間的鬥爭日趨激烈，清議之風愈趨盛行，則政治黨爭就愈加激烈。「臺諫之勢，積重不返，有齊、楚、浙三黨鼎峙之名……務以攻東林排異己爲事。」〔註20〕齊、楚、浙以及東林四黨與《明儒學案》中的北方王門學案、楚中王門學案、浙中王門學案和東林學案這四個學派的地理區域基本相同。黃宗羲這樣的安排，不能不說有其深意而在。

　　及至明末，學風又爲之一變。在《明儒學案》中，黃宗羲將王門學者放在六個「學案」加以分別考察。即〈浙中王門學案〉、〈江右王門學案〉、〈南中王門學案〉、〈楚中王門學案〉、〈北方王門學案〉以及〈粵閩王門學案〉。在這六個「王門」之中，黃宗羲認爲，「姚江之學，惟江右得其傳，東廓、

〔註16〕黃宗羲：《師說》，《明儒學案》上冊，北京：中華書局1985年版，第2～3頁。

〔註17〕黃宗羲：《移史官論不宜立理學傳書》，《黃宗羲全集》，第10冊，第221頁。

〔註18〕黃宗羲：《師說》，《明儒學案》上冊，北京：中華書局1985年版，第178頁。

〔註19〕黃宗羲：《餘姚縣重修儒學記》，《黃宗羲全集》，第10冊，第133頁。

〔註20〕張廷玉等：《明史》卷236《夏嘉遇傳》，北京：中華書局1995年版，第6161頁。

念庵、兩峰、雙江其選也。再傳而爲塘南、思默，皆能推原陽明未盡之旨。是時越中流弊錯出，挾師說以杜學者之口（引者案：此當指龍溪），而江右獨能破之，陽明之道賴以不墜。蓋陽明一生精神，俱在江右，亦其感應之理宜也」。〔註21〕

在這六個「王門學案」之外，另有〈泰州學案〉、〈止修學案〉。泰州學派的創始人是王艮。王艮（1483～1514），字汝止，號心齋，泰州安豐場（今江蘇東臺）人。他親炙陽明，但其開創的學派卻沒有被黃宗羲列入王門。顯然，這是《明儒學案》的特別設計。關於泰州學派，黃宗羲說：「陽明先生之學，有泰州、龍溪而風行天下，亦因泰州、龍溪而漸失其傳。泰州、龍溪時時不滿其師說，益啓瞿曇之秘而歸之師，蓋歧陽明而爲禪矣。」〔註22〕這樣看來，黃宗羲認爲泰州學派學風出現了禪學化傾向，已非王門宗旨。故而將泰州學派視爲陽明的別派而非正傳。黃宗羲這裡，既是爲了劃分陽明學正傳與別派，又可以使陽明學盡可能免受當時思想界批評其「雜禪」的強勢攻擊。既然泰州學派並非陽明正傳，那麼泰州學派所導致的問題，便無須要求陽明學的「正脈」爲其負責。

與〈泰州學案〉情形相似的還有〈止修學案〉。該學案僅列李材（1519～1595，字孟誠，號見羅）一人而已。李材雖師從鄒守益（1491～1562，字謙之，號東廓），屬於陽明學第三代人物，卻也像泰州一樣不被視爲王門正傳而別立一案。但問題是，李材並未形成自己的學派，黃宗羲爲何要單獨給他專立一案呢？並且，整部《明儒學案》中，以一人單獨列一學案者，除了李材之外，只有陽明、蕺山兩人。眾所周知，《明儒學案》以陽明中心，以蕺山爲殿軍，李材有什麼地方可堪與陽明、蕺山相比肩而足以專立一案呢？這大概與劉宗周對李材的格外推崇有關。所謂：「文成而後，李先生又自出手眼，諄諄以『止修』二字壓倒『良知』，亦自謂考孔、曾，俟後聖，抗顏師席，率天下而從之，與文成同。」〔註23〕黃宗羲對李材的評價雖不高，所謂：「其實先生之學，以『止』爲存養，『修』爲省察，不過換一名目，與宋儒大段無異，反多一張皇爾。」並引述許孚遠、高攀龍（1562～1626，初字雲從，後改存

〔註21〕黃宗羲：《明儒學案》卷16《江右王門學案一》，北京：中華書局1985年版，第331頁。

〔註22〕黃宗羲：《明儒學案》卷32《泰州學案》，北京：中華書局1985年版，第703頁。

〔註23〕黃宗羲：《師說》，《明儒學案》，北京：中華書局1985年版，第13頁。

之，號景逸）對李材的批評，認爲許、高「兩公所論，皆深中其病」〔註24〕。
不過，黃宗羲非常重視李材對王學的修正和辯難，因此單獨立案予以表彰。
他說：「見羅從學於鄒東廓，固亦王門以下一人也，而到立宗旨，不得不別爲
一案。今講止修之學者，興起未艾，其以救良知之弊，則亦王門之孝子也。」
〔註25〕

　　除此以外，還有來自王學外部的修正力量。黃宗羲立〈甘泉學案〉以及
〈諸儒學案〉，正是爲展示有明一代學風的整體發展情況。在〈甘泉學案〉中，
黃宗羲說：「王、湛兩家，各立宗旨，湛氏門人，雖不及王氏之盛，然當時學
於湛者，或卒業於王，學於王者，或卒業於湛，亦猶朱、陸之門下，遞相出
入也。」〔註26〕這裡強調王、湛兩家雖宗旨有別，但相互影響。在〈諸儒學
案〉中，黃宗羲說：「諸儒學案者，或無所師承，得之於遺經者；或朋友夾持
之力，不令放倒，而又不可繫之朋友之下者；或當時有所興起，而後之學者
無傳者，俱列於此。上卷則國初爲多，宋人規範猶在。中卷則皆驟聞陽明之
學而駭之，有此辯難，愈足以發明陽明之學，所謂他山之石，可以攻玉也。
下卷多同時之人，半歸忠義，所以證明此學也，否則爲僞而已。」〔註27〕

　　對泰州學派以及晚明學風流弊批判最力者，莫過於劉蕺山。他認爲晚明
學風有兩大流弊。「今天下爭言良知矣。及其弊也，猖狂者參之以情識，而一
是皆良；超潔者蕩之以玄虛，而夷良於賊。」蕺山以誠意愼獨之學糾正陽明
後學「情識而肆」、「玄虛而蕩」的兩種流弊。黃宗羲高度評價蕺山的糾正之
功。他說：「逮及先師蕺山，學術流弊，救正殆盡。向無姚江，則學脈中絕；
向無蕺山，則流弊充塞。」〔註28〕

　　明代的思想解放潮流，從白沙開其端，及陽明而大盛，到泰州學派而極
至，學風由清議轉向了空談，學術由陽明心學轉向了狂禪之學。於是乎引起
各方面的反對，興起了各種王學修正運動。有來自於陽明學內部的修正思潮，
這股思潮是以見羅「止修」爲始，蕺山誠意愼獨爲集大成。

〔註24〕黃宗羲：《明儒學案》卷31《止修學案》，北京：中華書局1985年版，第668頁。
〔註25〕這段話是道光元年（1821）會稽莫晉（字寶齋）、莫階（字芝庭）在校刻時補
　　　　入的。引自黃宗羲：《止修學案》，《黃宗羲全集》，第7冊，第777頁。
〔註26〕黃宗羲：《明儒學案》卷37《甘泉學案一》，北京：中華書局1985年版，第
　　　　875頁。
〔註27〕黃宗羲：《明儒學案》卷43《諸儒學案一》，北京：中華書局1985年版，第
　　　　1041頁。
〔註28〕黃宗羲：《移史官論不宜立理學傳書》，《黃宗羲全集》，第10冊，第221頁。

　　還有來自於朱子學立場的東林學派的修正。此學派以學術影響政治，在晚明歷史上放過極大的光輝。其代表人物是顧憲成、高攀龍等人。從學術意圖來看，他們重建東林書院，其目的是想承續北宋楊時東林書院的傳統，恢復和發揚程朱理學正宗。從顧憲成在萬曆三十一年（1603）《請復東林書院公啓》和高攀龍在萬曆四十二年（1614）《東林原志序》中我們可以看出東林學派的確是爲了發揚楊時的「上承洛統、下開閩傳」的學術傳統，「無墜道南之一線」、「直接周程之正統」，使「道統」、「學脈」有所維繫〔註29〕。

　　顧憲成、高攀龍提出要維繫「道統」、「學脈」，這正反映了明朝正德、嘉靖以來，陽明心學興起，天下風靡，朱學衰微，程朱理學的傳統發生了危機，所以他們急於復興朱學，以矯正王學流弊。清朝胡慎在《東林書院志序》中記述了這個學術轉換的過程。他說：「至明弘、正之世，則姚江之學大行，而伊洛之傳幾晦，東林亦廢爲丘墟。至萬曆之季，始有端文顧公、忠憲高子振興東林，修復道南之祀，仿白鹿洞規爲講學會，力闡性善之旨，以闢無善無惡之說，海內翕然宗之，伊洛之統復昌明於世。」這裡不僅道出了東林學派興朱學而斥王學的由王返朱的思想趨勢，而且還指出東林學派修正王學的著力點在於以性善論來批判「無善無惡」。

　　從學術淵源來看，東林學派已由王學轉向朱學。以顧憲成爲例，初學於張淇門下，後又問學於薛應旂〔註30〕。張淇年幼曾「師事陽湖邵公，聞陽明致良知之說」，後拜薛應旂爲師，「學益進，已乃亟稱考亭曰：『畢竟盤不過此老！』」〔註31〕萬曆二十八年（1600），他稱道朱學，聲斥王學末流爲「異說橫行」，「始而侮朱終而侮孔，其害真酷似夷狄禽獸！」〔註32〕崇朱學、貶王學的態度十分明顯。薛應旂師從陽明弟子歐陽德，但他卻反對那些把王學引

〔註29〕按：顧憲成和高攀龍的這兩篇文章分別見《東林書院志》卷17、16。

〔註30〕薛應旂，明學者、藏書家。字仲常，號方山。武進（今屬江蘇）人。嘉靖十四年（1535年）進士，官南京考工郎中。因對嚴嵩不滿，被貶爲建昌通判、浙江提學副使。歸居後，專事著述。家富圖籍，據清初姜紹書《韻石齋筆談》稱，他的藏書可與吳寬、茅坤、王守仁等人並論。著述有《宋元資治通鑑》、《考亭淵源錄》、《四書人物考》、《方山文錄》、《甲子會記》、《憲章錄》、《高士傳》、《薛方山紀述》等。

〔註31〕顧憲成：《涇皋藏稿》卷16《明故學諭損齋張先生墓誌銘》（四庫全書存目叢書），山東：齊魯書社1997年版。

〔註32〕顧憲成：《涇皋藏稿》卷16《明故學諭損齋張先生墓誌銘》（四庫全書存目叢書），山東：齊魯書社1997年版。

向禪學的人，批評他們是「世之墮於腐俗過於玄虛者」〔註33〕。其晚年傾向
於朱學，重訂宋端儀所撰《考亭淵源錄》二十四卷，並將此書授予顧憲成、
允成兄弟，稱讚朱子之學，謂「洙泗以下，姚江以上，萃於是矣。」〔註34〕
由此可見，從師承上看，顧憲成是王門的三傳弟子，其師張淇和薛應旂雖出
入王門，但其思想卻已由王學轉向朱學，因此，顧憲成的宗程朱而斥王學末
流的理學傾向，多少與其師承有關。

　　東林學派已由王學轉向了朱學，表現出由王返朱的學術傾向。但有學者
指出，「至於在學術上的立場，他們（東林學派）雖然有時候表示從王返朱的
傾向，但實際上他們的學風終不類，而倒和王學右派相接近，是『尊德性』
一路，而不是『道問學』一路。」〔註35〕故而，可以說東林朱學爲「新朱學」，
所論極是。

　　可以這樣理解，在黃宗羲看來，陽明後學的發展大致有兩個方向：一是
龍溪到泰州學派的禪學化發展理路；二是以江右到蕺山的修正運動。修正運
動分作三個時期展開。最初是雙江、念庵、獅泉，批判龍溪「見在良知」，歸
寂主靜，以破「越中流弊」；再則是徐孚遠「九諦」與周海門「九解」的辯難
不已，同時還有李見羅舉「止修」以代替「良知」，「修」以矯空想之病，「止」
以矯在「枝葉」上「念起念滅」上用功之病，確立了修正派的理論骨幹。但
是，見羅這種兩頭並舉的辦法，雖然道破了修正派理論的實質而未免幫湊，
有欠圓融，故自顧高諸子以降，迭加潤色，至蕺山而圓融。蕺山所謂「獨」，
相當於見羅所謂「止」，而其「慎獨」的工夫，亦正類乎見羅所謂「修」。但
見羅須兩頭兼顧，而蕺山則單提直入，一了百了，這是他的進步。

　　除了這兩條發展路向而外，王廷相的氣學一派也是中晚明王學修正的
學術思潮，這在後面將有詳細論述。這樣，明末王門後學的禪學化傾向，
在各種學術思潮的修正和調整下，尤其是蕺山誠意慎獨之學和東林新朱學
的影響下，使得明末清初的學風逐漸走出宋明理學各種學術流弊的困擾，
開始出現經世致用的實學、史學爲核心的學術思潮，這是明代學術風氣的
又一轉變。

〔註33〕薛應旂：《薛方山紀述》卷5《與孔文谷提學》（四庫全書存目叢書），山東：齊
　　　　魯書社1997年版。
〔註34〕黃宗羲：《明儒學案》卷58《東林學案一》，北京：中華書局1985年版，第
　　　　1376頁。
〔註35〕嵇文甫：《晚明思想史論》，開封：河南大學出版社2008年版，第100頁。

二、學風與政風互動關係的新變化

首先，學風與清議：政治批判風氣的興衰更替。自孔子始，「學而優則仕」的觀念深入儒者之心，通過科舉進仕來達到致君堯舜、使民小康的目標是儒者不朽的追求。因此，學風與政風之間具有直接的聯繫。黃宗羲在《明夷待訪錄》中就指出，「清議者，天下人之坊也。」清議是士人共治天下的重要途徑。而清議的形成，與獨立、多元的學術風氣是分不開的。

如所周知，陽明心學高揚人的主體性，這股學風的興起對清議政風的形成和發展起到了關鍵性作用。黃宗羲充分肯定了龍溪、泰州一派在這個方面做出的貢獻。他論龍溪說：「象山之後不能無慈湖，文成之後不能無龍溪，以為學術之盛衰因之。慈湖決象山之瀾，而先生疏河導源，於文成之學，固多所發明也。」〔註36〕但是，「清議」向前再走一步就滑轉到「清談」、「遊談」、「空談」那裡去了，不僅敗壞了社會風氣，而且對明代覆亡也應負責，這幾乎是明末清初學者的共識。顏習齋說「無事袖手談心性，臨危一死報君王。」顧亭林說「劉、石亂華，本於清談之流禍，人人知之。孰知今日之清談，有甚於前代者。昔之清談談老莊，今之清談談孔孟。」〔註37〕可見，清議一旦走向清談，這對國家政治定有危害。黃宗羲的《明儒學案》對清議轉向清談的變化有清楚地梳理。他說：「陽明先生之學，有泰州、龍溪而風行天下，亦因泰州、龍溪而漸失其傳。泰州、龍溪時時不滿其師說，益啓瞿曇之秘而歸之師，蓋躋陽明而為禪矣。然龍溪之後，力量無過於龍溪者，又得江右為之救正，故不至十分決裂。泰州之後，其人多能以赤手搏龍蛇，傳至顏山農、何心隱一派，遂復非名教之所能羈絡矣。」〔註38〕

東林學派與緒山、二溪「鼓動流俗」、「自我標榜」的清談不同，東林被時人稱作「清議之宗」。所謂清議者，天下人之坊也，猶如黃河之砥柱也。黃宗羲說，在熹宗朱由校時期，「龜鼎將移，其以血肉撐拒，沒虞淵而取墜日者，東林也。」東林人士「數十年來，勇者燔妻子，弱者埋土室，忠義之盛，度越前代，猶是東林之流風餘韻也。一堂師友，冷風熱血，洗滌乾坤」

〔註36〕 黃宗羲：《明儒學案》卷12《浙中王門學案二》，北京：中華書局1985年版，第239頁。

〔註37〕 顧炎武：《日知錄》卷7《夫子之言性與天道》，黃汝成集釋，石家莊：華山文藝出版社1990年版，第310頁。

〔註38〕 黃宗羲：《明儒學案》卷32《泰州學案一》，北京：中華書局1985年版，第703頁。

〔註39〕。

　　從明初的「恪守宋人矩矱」，到明中後期的「清議」，再到明末的「清談」，學風的轉向不僅對明代學術變遷有直接影響，還對明代的政治風氣乃至政治變化都產生了直接影響。明朝覆亡之後，清初學者一般都認爲清談誤國，而黃宗羲並未如此過激，而是力圖在清議與清談之間保持一種平衡，劃定一道「界限」。從黃宗羲對龍溪和泰州學派的不同評語中我們可以看到這種「界限」的具體涵義。他認爲龍溪「親承陽明末命，其微言往往而在」〔註40〕，且「又得江右爲之救正，故不至於十分決裂」。但泰州之後，「其人多能以赤手搏龍蛇，傳至顏山農、何心隱一派，遂復非名教之所能羈絡矣」〔註41〕。由此可以看出這種「界限」就是「名教」。就是說，清談完全忽視了名教，名教不足以羈絡泰州學人的道德行爲；而龍溪雖然「入於禪」、「近於老」，但是，由於親承陽明末命，又得江右同門的救正，故而不至於和名教決裂。當然，程朱與陸王都是同扶綱常、共植名教的，但是，其方式還是有區別的。雖然後世學者認爲程朱是「道問學」、陸王是「尊德性」未必合理，但的確道出兩種學派之間的些許不同。而對於明末清初的黃宗羲來說，他既要堅守名教，不能讓學風在清談的道路繼續滑轉下去，同時又要挺立良知心體的主體自覺意識，不至於出現「此亦一述朱，彼亦一述朱耳」的局面。

　　總之，爲了糾正學術流弊，黃宗羲首先想到的就是通過「名教」來救治學風流弊，同時又對名教本身保持著警惕。這種困境既是對清談誤國的清醒體悟，也是黃宗羲自己把「清議」看作爲社會政治力量的必然結果。

　　其次，修身與治國：政治理想實現方式的新變化。明末清初的政治易鼎，使得儒者重新思考修身與治國的相互關係。自孔子尤其是《大學》以來，儒家一直堅持認爲，修身是前提和基礎，修身的目的在於治國平天下。但是，在農民戰爭風起雲湧和清軍節節南下之時，最爲講究修身養性的陽明後學卻是「愧無半策報君王」。在明末清初的士人看來，修身未必就能治國平天下，兩者關係需要重新界定。

〔註39〕黃宗羲：《明儒學案》卷 58《東林學案一》，北京：中華書局 1985 年版，第1375 頁。

〔註40〕黃宗羲：《明儒學案》卷 12《浙中王門學案二》，北京：中華中局 1985 年版，第 239 頁。

〔註41〕黃宗羲：《明儒學案》卷 32《泰州學案一》，北京：中華書局，1985 年版，第703 頁。

　　泰州學派的代表人物王艮（1483～1541，字汝止，號心齋）在「淮南格物」中明確提出：「格物，即物有本末之物。身與天下國家一物也，格致身之爲本，而家國天下之爲末，行有不得者，皆反求諸己。反己，是格物底工夫，故欲修齊治平，在於安身。」〔註42〕黃宗羲對此表示贊成，他引用劉宗周話說：「後儒格物之說，當以淮南爲正。第少一注腳，格致誠意之爲本，而正修治平之爲末，則備矣。」〔註43〕王艮指出，身爲本，修齊治平是末，安身才是修齊治平的最終目的。王艮說，「聖人以道濟天下，是至重者道也；人能弘道，是至重者身也。道重則身重，身重則道重，故學也者，所以學爲師也，學爲長也，學爲君也。以天地萬物依於身，不以身依於天地萬物，捨此皆妾婦之道。」黃宗羲對這句話大加褒揚，說「聖人復起，不易斯言」〔註44〕。

　　這樣，過去那種認爲治平是修身目的的傳統觀念也就發生了新的轉變。修身與治平這種關係的轉變，意義非常重大。從思想史角度來看，士人不再將思想的社會作用局限於修齊治平，而是逐漸擴大其社會關懷的視野。當封建君主專制政府潰爛不堪、魚肉百姓的時候，士人社會關懷的重心也從「致君堯舜」轉向了「使民小康」。「他們的政治想像與政治語言都變了，他們的眼光轉而關注『縣』以下的地方社會，努力地想將一套儒家的理想安放在鄉里的層次。」〔註45〕由此他們提出了「鄉爲王道之所由基」的鄉治理論與實踐〔註46〕。從社會史的角度來看，與宋代士人企望「得君行道」和明代王學在高壓政治下轉向「覺民行道」不同，明末清初的士大夫走的是「教民鄉治」的路子。在明末清初，商業高度發達，士人不再通過科舉致仕，而是通過商業行爲來實現儒家平治天下的理想。士人紛紛「棄儒從商」，爲滿足商業活動的實際需要，編著了大量的商業書籍。這些書籍往往表現出「商人的世界觀與終老一村的農民恰恰相反，也和不出戶牖專講心性的儒者不同；他們不能

〔註42〕黃宗羲：《明儒學案》卷32《泰州學案一》，北京：中華書局，1985年版，第710頁。

〔註43〕黃宗羲：《明儒學案》卷32《泰州學案一》，北京：中華書局，1985年版，第710頁。

〔註44〕黃宗羲：《明儒學案》卷32《泰州學案一》，北京：中華書局，1985年版，第711頁。

〔註45〕王汎森：《晚明清初思想十論·序》，上海：復旦大學出版社2004年版，第7頁。

〔註46〕詳見王汎森《清初的下層經世思想》一文，見氏著《晚明清初思想十論》，第331～368頁。

滿足於主觀的冥想，而同時必須認識外在的世界。以十六世紀以來士商互混
而不分的情況而言，商業活動或竟是儒學向考證轉變的一種外緣，也未可知」
〔註47〕。

　　由此看來，從《明夷待訪錄》到《明儒學案》，黃宗羲的早期社會啓蒙並
沒有發生急劇直下的轉向，而是將社會啓蒙蘊含於學術啓蒙之中，試圖通過
學術啓蒙來提升和落實早期社會啓蒙的構想和精神。這體現了明末清初的儒
者社會關懷層面的確發生了新的轉向，這種新的轉向就是由早期社會啓蒙向
學術啓蒙的近代轉型。

第二節　宋明理學的禪學認定：黃宗羲對陽明學和朱
　　　　子學的詮釋要點

　　在劉蕺山看來，宋明儒學主要有兩種弊病，一是僞學，二是禪學。他說：

> 人生末後一著，極是要緊。僅有平日高談性命，臨歧往往失之。
> 其受病有二：一是僞學，飾名欺世，原無必爲聖賢之志，利害當前，
> 全體盡露。又有一種是禪學，禪家以無善無惡爲宗旨，凡綱常名教，
> 忠孝節義，都屬善之一邊，指爲事障、理障，一切掃除，而歸之空。
> 故禍世害道，莫甚於禪學。〔註48〕

> 　　宋儒自程門而後，游、楊之徒，浸深禪趣，朱子豈能不惑其
> 說，……朱子惑於禪而闢禪，故其失也支。陸子出於禪而避禪，故
> 其失也粗。文成似禪而非禪，故不妨用禪，其失也玄。〔註49〕

　　蕺山認爲，相對於僞學來說，禪學的影響最壞，然而，宋明儒家學者要
麼闢禪不力，要麼逃於禪學，因此他以批判儒學的禪學化爲己任。據黃炳垕、
全祖望等人記載，蕺山批判陽明後學的援釋入儒對年青的黃宗羲影響最大
〔註50〕，可以說，批判陽明後學禪學化的問題是黃宗羲學術生命中的主要命

〔註47〕余英時：《中國近世宗教倫理與商人精神》，臺北：聯經出版事業公司1987年
　　　　版，第123頁。
〔註48〕黃宗羲：《明儒學案》卷62《蕺山學案一》，北京：中華書局，1985年版，第
　　　　1548頁。
〔註49〕劉宗周：《來學問答》，引自黃宗羲《明儒學案》卷62《蕺山學案》，北京：中
　　　　華書局，1985年版，第1549～1550頁。
〔註50〕黃炳垕《黃梨洲先生年譜》有兩處記載。「二十歲」條：「郡中劉念臺先生與
　　　　石梁陶氏虁齡講學，石梁之弟子授受皆禪，且流入因果，先生獨以愼獨爲宗

題之一。

陽明後學的禪學化不僅是學術問題，還是明末清初的政治問題。清初學者鑒於明亡的慘痛經歷，多將陽明心學認定為禪學，認為陸王心學就是亡國之學。顧炎武（1613～1682，字寧人，號亭林）說：「象山則自立一說，以排千五百年之學者，而其所謂收拾精神，掃去階級，亦無非禪之宗旨矣，後之說者遞相演述，大抵不出乎此，而其術愈深，其言愈巧。」〔註51〕又說：「以一人而易天下，其風流至於千百餘年之久，古有之矣，王夷甫之清談，王介甫之新說。其在於今，則王伯安之良知矣。」〔註52〕還說：「今且尊二氏以操戈，背棄孔、孟，非毀程、朱，惟南華、西竺之語是宗是競。以實為空，以空為實，以名教為桎梏，以綱紀為贅疣，以放言高論為神奇，以蕩佚為規矩、掃滅是非廉恥為廣大。取佛書言心言性略相近者，竄入聖言；取聖經有『空』字『無』字者，強同於禪教。」可見，顧炎武是將陸王心學視同禪學，並大加撻伐，甚至把明朝的覆亡看作是陸王心學泛濫的惡果。王夫之（1619～1692，字而農，號薑齋，學者稱船山先生）也貶斥姚江陽明之學為「陽儒陰釋」。他說：「姚江王氏陽儒陰釋、誣聖之邪說；其究為刑戮之民，為闖賊之黨，皆爭相附焉，而以充其無善無惡，圓融事理之狂妄，流害以相激而相成，則中道不立、矯枉過正有以啓之也。」〔註53〕

然而，當時就有人對此種論調深表不滿，認為不能將明亡歸咎於陽明良知學。范光陽〔註54〕有言：「浙人之病狂者曰：『象山以狂禪而陷宋，陽明以良知而禍明。』夫陷宋者韓（侂胄）、賈（似道）之流，未聞韓賈衣缽象山也；禍明者崔（呈秀）、魏（廣微）之徒，未聞崔魏紹述陽明也。」〔註55〕

旨。至是，講學蕺山，公邀吳、越知名之士六十餘人，共侍講席，力摧石梁之說，惡言不入於耳。」又「二十五歲」條：「時《高忠憲遺集》初出，公在舟中，盡日翻閱，先生（劉宗周）指其闌入釋氏者以示公。引自《黃宗羲全集》，第12冊，第25頁。」

〔註51〕顧炎武：《亭林文集》卷6。

〔註52〕顧炎武：《日知錄》卷18《朱子晚年定論》，黃汝成集釋，上海：上海古籍出版社1990年版，1088頁。

〔註53〕王夫之：《張子正蒙注·序論》，北京：中華書局1975年版，第2頁。

〔註54〕范光陽：生卒年均不詳，約清聖祖康熙四十二年（1703）前後在世。字國雯，號北山，浙江鄞縣人。康熙二十七年（1688年）進士，改庶吉士。官至福建延平府知府。光陽工詩文，著有《雙雲堂文稿》6卷，詩稿6卷，《四庫全書總目》傳於世。

〔註55〕范光陽：《四庫全書總目》「范光陽《雙雲堂文稿》提要」，第260頁。

這樣看來，陽明學和程朱理學的禪學認定問題，其社會史的背景就是尋找明亡的原因。如何看待陽明學和朱子學，它們是不是禪學，是不是亡國之學，這就不僅僅是學術問題，還是政治問題。這兩個視角在黃宗羲兩個《學案》中皆有涉及，且有啓人心智的討論。

一、陽明學的禪學認定及其批判

明代中葉儒釋道合流達至頂峰，你中有我，我中有你，故當時學者喜歡用「毫釐之差」形容儒釋差異。他們感到儒釋二教在思想形態上相近，尤其是哲理性的佛學，無論是在理論還是在實踐上，都與儒學十分相似。王陽明認爲，儒、釋的工夫論上都是「求盡其心」。他說：「夫禪之學與聖人之學，皆求盡其心也，亦相去毫釐耳。」〔註56〕在這段引文之後，陽明也指出了儒釋的毫釐之差。儒學的「心」是「以天地萬物爲一體」，所以儒家能夠「無人己，無內外，一以天地萬物以爲心」。相反，禪學雖然也「求其盡心」，但禪家的「心」是「起於自私自利」，「外人倫，遺事物」，不免有內外之分。所以，陽明認爲，禪學或許可以獨善其身，但不能治家國天下。從陽明批判禪學「外人倫，遺事物」的角度來看，他並不認爲禪學與其心學相同，這是很明顯的。

儘管陽明指出儒釋有別，但是由於他主張儒釋同於「盡心」，這引起了當時學者的普遍質疑，他們認爲陽明的心學有通於「禪學」的危險，故紛紛致函辯論。例如，陽明的朋友顧璘（1476～1545，字華玉，號東橋居士）曾去信和陽明論學，顧氏在信中擔心陽明學與禪學有相近之處，難免啓人疑竇，容易誤導後生陷入禪學。他說：「但恐立說太高，用功太捷，後生師傳，影響謬誤，未免墜於佛氏明心見性、定慧頓悟之機。無怪聞者見疑。」顧璘認爲陽明只求頓悟，架空後天工夫，難免落入佛氏明心見性工夫論之窠臼。這是從工夫論角度向陽明致以責難，陽明對此有正面回應。他說：「區區『格致誠正』之說，是就學者本心日用事爲間，體究踐履，實地用功。是多少次第、多少積累在，正與空虛頓悟之說相反。聞者本無求爲聖人之志，又未嘗講究其詳，遂以見疑，亦無足怪。」〔註57〕

陽明認爲，儒佛不僅在工夫論上相同之處，在本體論上亦有相通之處。

〔註56〕王守仁：《王陽明全集》卷7《重修山陰縣學記》，吳光等編校，上海：上海古籍出版社1992年版，第257頁。
〔註57〕王守仁：《王陽明全集》卷2《傳習錄‧答顧東橋書》，第41頁。

他認爲佛教說的「本來面目」即是儒家的「良知」，「常惺惺」即是儒家的「致良知」。他說：「『不思善不思惡時認本來面目』，此佛氏爲未識本來面目者而設此方便。『本來面目』即吾聖門所謂『良知』。今既認得良知明白，即已不消如此說矣。『隨物而格』，是『致知』之功，即佛氏之『常惺惺』，亦是常存他本來面目耳。體段工夫，大略相似。但佛氏有個自私自利之心，所以便有不同耳。」〔註58〕

由此看來，陽明認爲，儒佛關係可以從良知心學角度去分判，可以看出他們在本體論、工夫論上是有同有異的，絕不是先儒前賢說的天壤之別。陽明從良知心學的角度不僅批判了禪學，還批判了世儒不復明本心，而是向外窮理。他說：「彼釋氏之外人倫，遺物理，而墜於空寂者，固不得謂之明其心矣。若世儒之外務講求考索，而不知本諸其心，其亦可謂窮理乎？」〔註59〕他認爲釋氏「外人倫，遺物理」，陷入空寂之學，固然不能復明本心，但是，世儒向外窮理，同樣也不能復明本心。

總體上看，陽明的致思路向明顯與程朱理學不同，而是以良知心學來範圍儒釋道三教。這還體現在他那「三間屋舍」的著名比喻。他說，唐虞之時，此三間屋舍原是本有家當。及至後世，聖學做主不起，僅守其中一間，將左右兩間甘心讓與釋老二氏〔註60〕。陽明意思是說，良知心學原是儒家本有家當，後來釋老也開始談心論性。陽明想用良知心學作爲根底來範圍三教，故而他認爲儒釋道三教同根，儒家是根，而佛老二教只是儒家的枝葉。這與同時的湛若水（1466～1560，字元明，號甘泉）意見不同，兩人爲此曾多次論辯。湛甘泉在《奠王陽明先生文》中說：「聚首長安，辛壬之春。兄復吏曹，於吾卜鄰。自公退食，坐膳相以。存養心神，剖析疑義。我云聖學，『體認天理』。『天理』問何？曰廓然爾。兄時心領，不曰非是。言聖枝葉，老耼、釋氏。予曰同枝，必一根柢。同根得枝，伊尹、夷、惠；佛於我孔，根株咸二。」〔註61〕正德六年（1511年）兩人在京比鄰而居，經常切磋學術，剖析疑義。陽明認爲，儒學與佛、老之學可以爲一，佛、老猶儒學樹干上的枝葉，並不

〔註58〕王守仁：《王陽明全集》卷2《傳習錄·答陸原靜書》，第67頁。

〔註59〕王守仁：《王陽明全集》卷2《傳習錄·答陸原靜書》，第67頁。

〔註60〕王畿：《王畿集》卷1《三山麗澤錄》，吳震編校，南京：鳳凰出版社2007年版，第15頁。

〔註61〕湛若水：《甘泉文集》卷30《奠王陽明先生文》，明嘉靖本十五年刻本；又見《王陽明全集》卷40《奠王陽明先生文》，第1519頁。

衝突。湛氏認爲，儒學在於體認天理，天理即廓然大公。同枝必同根，儒學根柢上發出的枝葉是儒學的聖賢，如伊尹、伯夷、柳下惠等，釋老與儒學，根柢和枝葉不一而二。

在儒釋之辨問題上，湛、王二人分別從天理、良知立場提出了不同看法。相對來看，陽明比甘泉更能主動吸收和容納禪學。正是由於陽明這種主動立場，備受學者質疑，而陽明弟子也從正面予以回應。最早力辨陽明心學非禪學的是陽明早年弟子薛侃。〔註62〕他說：「世疑陽明先生之學類禪者三：曰『廢書』，曰『背考亭』，曰『涉虛』。」〔註63〕對此，薛侃詳細辨之。但黃宗羲認爲，「廢書」、「背考亭」以及「涉虛」只不過都是些膚淺層面的質疑，並未切中陽明學問的實質，故而不足置論。值得注意的是，湛甘泉等人從陽明學的核心觀念出發來懷疑陽明心學的觀點。因爲他們抓住陽明學「心外無理」、「無善無惡」等核心觀念而展開的。因此，對這些深層次的懷疑不能不辨。在黃宗羲看來，深層次的懷疑主要有兩種觀點。他說：

> 深於疑陽明者，以爲理在天地萬物，吾亦萬物之一物，不得私理爲己有。陽明以理在乎心，是遺棄天地萬物，與釋氏識心無寸土之言相似。不知陽明之理在乎心者，以天地萬物之理具於一心，循此一心，即是循乎天地萬物，若以理在天地萬物而循之，是道能弘人，非人能弘道也。釋氏之所謂心，以無心爲心，天地萬物之變化，皆吾心之變化也。譬之於水，釋氏爲橫流之水，吾儒爲原泉混混不舍晝夜之水也。又其所疑者，在無善無惡之一言。考之《傳習錄》，因先生去花間草，陽明言：「無善無惡者理之靜，有善有惡者氣之動。」蓋言靜爲無善無惡，不言理爲無善無惡，理即是善也。……釋氏言無善無惡，正言無理也。善惡之名，從理而立耳，既已有理，惡得言無善無惡乎？就先生去草之言證之，則知天泉之言，未必出自陽明也。二疑既釋，而猶曰陽明類於禪學，此無與於學問之事，寧容

〔註62〕 薛中離（1468～1545），名侃，字尚謙，揭陽龍溪都（今屬潮州市）人。明正德十二年（1517）進士，官至行人司司正。他是第一位到贛州師事王陽明，並將王氏學說在嶺南傳播的人。日後，到惠州、浙江等地，並在揭陽中離山傳教王氏學說，使王氏學說在各地特別是嶺南廣泛流傳。後人將其詩文匯編成《中離先生全集》二十卷，於1915年出版。他的侄兒薛宗鎧和弟薛僑也都很有名氣，時人稱之爲「三鳳齊鳴」。

〔註63〕 黃宗羲：《明儒學案》卷30《粵閩王門學案》，北京：中華書局1985年版，第656頁。

與之辨乎！〔註64〕

第一種觀點認為陽明的「心即理」、「心外無理」與釋氏的「遺棄天地萬物」、「心無寸土」是相通的。這種觀點以湛甘泉為代表。湛甘泉從兩個角度來論證陽明學是禪學。一是以陽明的「格物」說立論，認為陽明將「格物」訓為「正念頭」，這其實是佛老的說法。湛甘泉說：「陽明格物之說，以為正念頭，既於後面正心之說為贅，又況如佛老之學，皆自以為正念頭矣。」〔註65〕對於湛甘泉的質疑，黃宗羲不以為然。他說：「先生（湛甘泉）大意，謂陽明訓格為正，訓物為念頭，格物是正念頭也，苟不加學問思辨行之功，則念頭之正否，未可據。夫陽明之正念頭，致其知也，非學問思辨行，何以為致？此不足為陽明格物之說病。」〔註66〕二是以陽明的「心即理」、「心外無理」立論，認為這與釋氏的「遺棄天地萬物」、「心無寸土」是相通的。黃宗羲對此痛加批判，認為這不但不能說明陽明學是禪學，相反，恰恰證明甘泉思想自身「有病」。黃宗羲說：「先生（湛甘泉）以為心體萬物而不遺，陽明但指腔子裏以為心，故有是內而非外之誚。然天地萬物之理，不外於腔子裏，故見心之廣大。若以天地萬物之理，即吾心之理，求之天地萬物，以為廣大，則先生仍為舊說所拘也。天理無處而心其處，心無處而寂然未發者其處，寂然不動，感即在寂之中，則體認者，亦唯體認之於寂而已。今日隨處體認，無乃體認於感？其言終覺有病。」〔註67〕

明代中期，在科舉考試以及官方教條化理解的雙重影響下，朱子學除了固有的「支離」之弊，還出現了「僵化」之病。為掃除這些弊病，王、湛兩家起初雖然都以「體認之學」為宗，但到晚年，由於傾向稍許不同而形成了互相對峙的局面。陽明繼承象山心學，啟其「心即理」的底蘊而提倡「致良知」之學；而甘泉則繼承程明道的渾一之學，並遵從「心性渾一」說而發展了體認天理之學。所以，在他們那裏都還存有宋學的餘韻〔註68〕。不過，兩

〔註64〕黃宗羲：《明儒學案》卷30《粵閩王門學案》，北京：中華書局1985年版，第656～567頁。

〔註65〕引自《明儒學案》卷37《甘泉學案一》，《論學書》，北京：中華書局1985年版，第883頁。

〔註66〕黃宗羲：《明儒學案》卷37《甘泉學案一》，北京：中華書局1985年版，第876頁。

〔註67〕黃宗羲：《明儒學案》卷37《甘泉學案一》，北京：中華書局1985年版，第876頁。

〔註68〕〔日〕岡田武彥：《王陽明與明末儒學》，吳光等譯，上海：上海古籍出版社

家之學畢竟還有不同。陽明是把心延伸到理而求渾一之體，而甘泉則是把理延伸到心而求渾一之體。這說明在陽明學中，良知（心）就是理（性），所以他主張「心即理」。而對於湛甘泉來說，他除了承認「體認天理」的必要性，而且他還自覺意識到「天理」（性）的客觀存在性。而這恰恰是陽明「心即理」的提法容易忽視的一面。所以，在湛甘泉看來，陽明的「心即理」容易輕視人倫庶物而陷於流蕩，這與佛氏「見性成佛」之說如出一轍。故他說：「良知之說，最爲難信者此也。」〔註69〕而陽明認爲，甘泉的「隨處體認天理」與自己的「致良知」兩者之間有直截與迂曲、本根與枝葉之差別，其一塵之隔猶如毫釐千里，並說甘泉之學「仍未免捕風捉影」〔註70〕。

　　然而，在黃宗羲看來，湛甘泉對陽明心學的批判不但不能深中其弊，而且還有誤解。黃宗羲認爲陽明心學不但不是禪學，而且還闢佛有功。陽明提出的「心即理」、「心外無理」不僅和佛氏的觀點有別，而且是判明儒、釋界限的主要依據。他說：「或者以釋氏本心之說，頗近於心學，不知儒釋界限只一『理』字。釋氏於天地萬物之理，一切置之度外，更不復講，而止守此明覺。先生（陽明）以聖人之學，心學也。心即理也……先生點出心之所以爲心，不在明覺而在天理，金鏡已墜而復收，遂使儒、釋疆界渺若山河，此有目者所共睹也。」〔註71〕值得注意的是，對於「心即理」的解讀，黃宗羲和陽明是不同的，前者強調心的根據也即「天理」，而後者落腳於心的主體性，這表現出黃宗羲在修正陽明後學禪學化的創造性的致思取向。然而，黃宗羲的重新解讀不能不說與甘泉論點多有契合，只是黃宗羲這裡沒有點出，值得注意。

　　第二種觀點認爲陽明的「無善無惡」等同於釋氏的「無理」。黃宗羲對此表示反對。首先，他繼承其師劉宗周的觀點，認爲陽明的「無善無惡」是從「念」上說的，並不是從「心體」上說的。這就是說，陽明的「無善無惡」眞實意思是指「無善念無惡念」，黃宗羲舉陽明去花間草來證明這一認識。其次，他指出「無善無惡」並不是陽明本意，而是陽明弟子王龍溪的觀點。黃宗羲說：「當時之議陽明者，以此（指無善無惡之說）爲大節目，豈知與陽明絕無干涉。」〔註72〕他認爲正是龍溪的天泉之論即「無善無惡心之體」將陽

2005 年版，第 33～34 頁。
〔註69〕湛若水：《甘泉文集》卷8《新泉問辨錄》，明嘉靖本十五年刻本。
〔註70〕王守仁：《王陽明全集》卷6《寄鄒謙之》，第 201 頁。
〔註71〕黃宗羲：《黃宗羲全集》，第 7 冊，北京：中華書局 1985 年版，第 202 頁。
〔註72〕黃宗羲：《黃宗羲全集》，第 8 冊，北京：中華書局 1985 年版，第 733 頁。

明心學引向禪學。黃宗羲這個觀點並非首創。龍溪的「無善無惡」成爲中晚明思想界關注與論辯的焦點，當時批判「無善無惡」說而又同情陽明的學者，多將「無善無惡心之體」的說法歸於龍溪。如方學漸（1540～1615，字達卿，號本庵）所謂：「王龍溪《天泉證道記》以『無善無惡心之體』爲陽明晚年之密傳。陽明，大賢也。其於心體之善，見之眞，論之確，蓋已素矣。何乃晚年臨別之頃，頓易其素，不顯示而密傳，倘亦有所附會而失眞歟？」〔註73〕

　　總之，黃宗羲認爲陽明之學不但不是禪學，而且由於陽明提出了「心即理」的觀點，因此闢佛有功。然而，陽明心學不是禪學，但不能否定陽明後學有流於禪學的現象。王龍溪錯會陽明「無善無惡」的深意，從而開啓了陽明學轉向禪學的歷史進程。黃宗羲這裡其實是在陽明心學和龍溪、泰州學派之間劃出界限，其目的顯然是要將陽明學轉向禪學的責任推給陽明後學。

二、陽明後學的禪學認定及其批判

　　蕺山、梨洲師徒二人都認爲，中晚明的陽明心學轉向禪學有一個複雜的歷史過程。有三位標誌性人物值得注意，那就是一傳王畿、再傳周海門和三傳陶奭齡。這些人將陽明心學逐漸引向禪學，甚至雜以因果、僻經、妄說，使得陽明心學斯文掃地。黃宗羲說：

> 當是時，浙河東之學，新建一傳而爲王龍溪畿，再傳而爲周海門汝登、陶文簡，則湛然澄之，禪入之。三傳而爲陶石梁奭齡，輔之以姚江之沈國謨、管宗聖、史孝咸，而密雲悟之，禪又入之。會稽諸生王朝式者，又以捭闔之術，鼓動以行其教。證人之會，石梁與先生（劉宗周）分席而講，而又爲會于白馬山，雜以因果、僻經、妄說，而新建之掃地矣。〔註74〕

首先來看王龍溪〔註75〕。前面提到，劉蕺山認爲禪學產生的主要原因在於

〔註73〕 方學漸：《心學宗》，引自黃宗羲《明儒學案》卷35《泰州學案四》，北京：中華書局1985年版，第842頁。

〔註74〕 黃宗羲：《子劉子行狀》卷下，《黃宗羲全集》，第1冊，杭州：浙江古籍出版社2005年版，第253頁。

〔註75〕 王龍溪（1498～1583），字汝中，名畿，號龍溪，浙江山陰（今浙江紹興）人。明朝中晚期陽明學派的代表人物，對陽明學有重要發展，並深遠影響日本陽明學的形成與發展。他的思想中吸納了大量的道家、佛家的思想方法與成果。明朝嘉靖二年（1523年），拜王陽明爲師。嘉靖五年（1526年）舉進士，與同學錢德洪同赴，不就殿試歸。嘉靖七年（1528年）王陽明逝世，之後王龍

「無善無惡」之說。而蕺山、梨洲認爲這個說法正是起於龍溪。「無善無惡」源自著名的「天泉證道記」。龍溪和德洪兩人親炙陽明最久，「習聞過重之言」，被稱作「教授師」，對陽明學的發展和傳播有非常突出的貢獻。然而，兩人學術觀點有顯著差異，這就是那有名的「四有」、「四無」之辨。龍溪的《天泉正道紀》記載，王門四句教即「無善無惡心之體，有善有惡意之動，知善知惡是良知，爲善去惡是格物。」錢緒山以爲定本，不可移易。而龍溪謂之權法，體用顯微只是一機，心意知物只是一事，若悟得心是無善無惡之心，則意知物俱是無善無惡。相與質之陽明，陽明曰：「吾教法原有此兩種，四無之說爲上根之人立教，四有之說爲中根以下人立教。上根者，即本體便是工夫，頓悟之學也。中根以下者，須用爲善去惡工夫以漸復其本體也。」〔註76〕

　　自此而後，「無善無惡」成爲中晚明學術世界中的重要概念和範疇，對中晚明學術史有深遠影響。除了龍溪與德洪的辯論而外，最著名的還有在萬曆二十年（1592）南都之會上徐孚遠（1599～1665，字孟仲，號敬庵）與號稱「今之龍溪」的周海門之間的「九諦」、「九解」之辨，萬曆二十六七年間（1598～1599），耿定向門人、當時以「絕學」自居的管志道（1536～1608，字登之，號東溟）與顧憲成爲首的東林人士圍繞「無善無惡」之說展開辯論，雙方往復書牘達十餘萬言，成爲繼「九諦」、「九解」之後又一次思想界產生深遠影響的論辯。其後，「其學多得自海門」的陶望齡之弟陶奭齡，又在紹興與劉蕺山、梨洲師徒等人繼續圍繞「無善無惡」展開論辯。黃宗羲甚至「邀吳、越知名之士六十餘人，共侍（蕺山）講席，立摧石梁（陶奭齡）之說，惡言不入於耳」〔註77〕。可見，圍繞良知心體的「無善無惡」的討論，直接影響到中晚明學術思想史的發展，無論是承續陽明學還是批判陽明學的，都不得不直接面對這個思想主題。

　　總體上來看，蕺山梨洲師徒二人堅持認爲「無善無惡」的學說最初是由

　　　溪守喪三年。嘉靖十一年（1532年），再舉進士赴殿試，與錢德洪同登進士及
　　　第。授郎中，不久稱病歸。之後講學四十餘年，致力於傳播研習發展王學。
　　　有《王畿集》20卷傳世。
〔註76〕黃宗羲：《明儒學案》卷12《浙中王門學案二》，北京：中華書局1985年版，
　　　第237～238頁。
〔註77〕黃炳垕：《黃梨洲先生年譜》「崇禎二年」條下，引自《黃宗羲全集》，杭州：
　　　浙江古籍出版社2005年版，第12冊，第22～23頁。

龍溪提出的，並指出龍溪的這個學說是陽明學轉向禪學的主要關津。在黃梨洲看來，龍溪、德洪兩人對良知心體的不同認識導致了兩人的工夫論有極大差異。在龍溪、德洪的時期，一般認為「正心」為先天之學，「誠意」為後天之學。龍溪從「心」上立根，無善無惡之心即是無善無惡之意，是先天統後天。德洪從「意」上立根，不免有善惡兩端之決擇，而心亦不能無雜，是後天復先天。儘管兩人對於良知心體理解各有不同，但總體上看，都將之理解為「無善無惡」。黃宗羲對此表示不滿，認為兩人皆有背於師門宗旨。他說：「兩先生之『良知』，俱以見在知覺而言，於聖賢凝聚處，盡與掃除，在師門之旨，不能無毫釐之差。」〔註78〕

黃宗羲認為，龍溪、德洪兩人在工夫論上的差異最終導致了陽明後學的分化。不過，德洪尚能守得住師門宗旨，而龍溪則開始走出儒家架構，其學問已經不是純粹的儒家學問。黃宗羲說：「龍溪從見在悟其變動不居之體，先生（緒山）只於事物上實心磨鍊，故先生之徹悟不如龍溪，龍溪之修持不如先生。乃龍溪竟入於禪，而先生不失儒者之矩矱，何也？龍溪懸崖撒手，非師門宗旨所可繫縛，先生則把纜放船，雖無大得亦無大失耳。」〔註79〕

關於龍溪將陽明心學轉向釋老之學的原因和表現，黃宗羲也有明確揭示：「夫良知既為知覺之流行，不落方所，不可典要，一著工夫，則未免有礙虛無之體，是不得不近於禪。流行即是主宰，懸崖撒手，茫無把柄，以心息相依為權法，是不得不近於老。雖云真性流行，自見天則，而於儒者之矩矱，未免有出入矣。」〔註80〕在黃宗羲看來，龍溪主要從三個方面開啟了陽明學的禪學化進程：

首先，龍溪以「無善無惡」、「無中生有」言良知心體。龍溪的確有良知「無中生有」之說。他說：

> 良知一點虛明，便是入聖之機。時時保任此一點虛明，不為旦畫梏亡，便是致知。蓋聖學原是無中生有，顏子從裏面無處做出來，子貢、子張從外面有處做進去。無者難尋，有者易見，故子貢、子

〔註78〕黃宗羲：《明儒學案》卷11《浙中王門學案一》，北京：中華書局1985年版，第225頁。

〔註79〕黃宗羲：《明儒學案》卷11《浙中王門學案一》，北京：中華書局1985年版，第225頁。

〔註80〕黃宗羲：《明儒學案》卷12《浙中王門學案二》，北京：中華書局1985年版，第239頁。

張一派學術流傳後世，而顏子之學遂亡。後之學者沿習多聞多見之
說，乃謂初須多學，到後方能一貫，初須多聞、多見，到後方能不
藉聞見而知，此相沿之弊也。初學與聖人之學，只有生熟不同，前
後更無兩路。〔註81〕

顯然，龍溪這裡提出聖學是「無中生有」，這是爲了反對明代中後期程朱理學
的辭章訓詁學問，批判見聞多習的工夫論，有其積極的社會價值。但是，黃
宗羲認爲，龍溪「從心上立根」，而不從「意根」上立根，這與《大學》相違
背。他說：

以四無論之，《大學》正心之功從誠意入手，今日從心上立根，
是可以無事乎意矣！而意上立根者爲中下人而設，將《大學》有此
兩樣工夫歟？抑止爲中下人立教乎？先生（龍溪）謂『良知原是無
中生有，即是未發之中。此知之前，更無未發，即是中節之和。此
知之後，更無已發，自能收斂，不須更主於收斂，自能發散，不須
更期於發散，當下現成，不假工夫修整而後得。致良知原爲未悟者
設，信得良知過時，獨往獨來，如珠之走盤，不待拘管而自不過其
則也。』以篤信謹守，一切矜名飾行之事，皆是犯手做作。唐荊川
謂先生篤於自信，不爲行迹之防，包荒爲大，無淨穢之擇，故世之
議先生者不一而足。〔註82〕

龍溪強調良知心體「獨往獨來，如珠之走盤，不待拘管而自不過其則」，他不
得不將良知心體提高到儒家矩矱、封建名教之上，使之成爲超越善惡相對的
獨體。所以，他認爲良知心體是「無善無惡」，「善」是從「至善」也即「無
善無惡」而來。而在黃宗羲看來，良知心體如果是龍溪說的「無善無惡」，那
麼，「善」又從何而來呢？這種「無中生有」的頓悟方式，就必然使得「致良
知」成爲「心行路絕」、「語言道斷」，從而使得致良知工夫失去了落腳之處，
這也就遁入釋老「無中生有」的歧途。

其次，龍溪將「良知心體」等同於「知覺流行」。既然良知是超越於名教
天理、儒家矩矱之上，這必然會將良知心體等同於知覺流行，作用爲性。這

〔註81〕引自黃宗羲《明儒學案》卷12《浙中王門學案二》，北京：中華書局1985年
　　　　版，第246頁。
〔註82〕黃宗羲：《明儒學案》卷12《浙中王門學案二》，北京：中華書局1985年版，
　　　　第238～239頁。

就使得良知心體不能成為流行的「主宰」。在黃宗羲看來，陽明的「心即理」，更主要的意義是強調心之所以為心，在於天理，而不是明覺。如果過高地提升心對於天理認知、實踐的主體性，那麼，良知心體的客觀性就必然將大為削減。而龍溪則進一步將良知心體等同於知覺流行，使得流行之中失去主宰。這就如同於佛門祖師禪的「以作用為性」〔註83〕。

最後，龍溪的「致良知」工夫引用了道教的「心息相依」。黃宗羲指出，龍溪之學不僅具有佛家氣息，而且還有道教本色。他說：「流行即是主宰，懸崖撒手，茫無把柄，以心息相依為權法，是不得不近於老。」在黃宗羲看來，龍溪因為主張「流行即是主宰」，將道教的心息相依為權法，從而使得陽明學誤導向道教之學。黃宗羲這裡並非誣告，龍溪的確借用道教的「心息相依」之法作為致良知的工夫論。龍溪在道教「數息」、「調息」工夫論的基礎上，對道教觀念進行創造性詮釋，提出「真息」的概念，並將「真息」理解為「生生之機」，從而將道教的心息之法轉化為致良知的工夫。

總之，在黃宗羲看來，龍溪以「無善無惡」來解釋「良知心體」，主張「無中生有」，知覺流行不須另有主宰，這與祖師禪的「作用為性」如出一轍；但是，龍溪又不是絕對放棄致良知的工夫，而是借用道教「心息相依」的工夫論，從而使得陽明的工夫論遁入老氏一門。總體上看，龍溪試圖將良知心體超越於儒者矩矱、封建名教之上，這個想法是對的，但是，從「無善無惡」入手，主張流行即是主宰，本體不假工夫、不待修整，則不僅遁入禪門，而且還落入老氏之學。因此龍溪不免把纜放船，失去儒家身份的自我認同。

儘管黃宗羲認為龍溪之學近於佛道二教，言之鑿鑿，論之切切。但是，如果龍溪自己有機會辯駁的話，他肯定不會認同晚明士人尤其是黃宗羲的論斷。因為龍溪一生都志在恢復儒學「家業」，堅守「範圍三教為己分上事」的儒家本位信念。

自明代中期以後，道教的復興和禪宗的鼎盛，儼然與儒學成為並駕齊驅之勢。當時流傳的「以儒治世」、「以道治身」、「以佛治心」的「分工論」，這可以說是儒學「收拾不住」現象的絕好寫照。面對危如累卵的儒學處境，龍溪繼承乃師陽明的學術志向，力圖恢復儒門「家業」。龍溪也曾引用陽明「三間屋舍」的比喻，以此證明自己的三教觀源於師門宗旨。因為王陽明有

〔註83〕黃宗羲：《明儒學案》卷32《泰州學案一》，北京：中華書局1985年版，第703頁。

言：

> 　　說兼取，便不是。聖人盡性至命，何物不具？何待兼取？二氏
> 之用，皆我之用。即吾盡性至命中完養此身謂之仙；即吾盡性至命
> 中不染世累謂之佛。但後世儒者不見聖學之全，故與二氏成二見耳。
> 譬之廳堂三間共爲一廳，儒者不知皆吾所用，見佛氏，則割左邊一
> 間與之；見老氏，則割右邊一間與之；而己則自處中間，皆舉一而
> 廢百也。聖人與天地民物同體，儒、佛、老、莊皆吾之用，是之謂
> 大道。〔註84〕

　　嘉靖二年癸未（1523）十一月，陽明渡錢塘至蕭山，與張元沖（1502～
1563，字叔謙，號浮峰）在舟中論二氏。元沖認爲釋道二教「有得於性命」、
「有功於吾身」，儒學可以「兼取」。這在嚴守正統與異端之辨的儒者看來已
經有問題了，但在陽明看來還不夠。陽明認爲，聖人與天地民物同體，釋道
老莊皆我之用，所以連「兼取」說也不是諦當之論。在朱得之所記的《稽山
承語》中，面對「三教同異」的疑問，陽明對三教關係講得更爲明晰。

> 　　或問：「三教同異。」師曰：「道大無外。若曰各道其道，是小
> 其道矣。心學純明之時，天下同風，各求其盡。就如此廳事，元是
> 統成一間。其後子孫分居，便有中有傍。又傳漸設藩籬，猶能往來
> 相助。再久來漸有相較相爭，甚而至於相敵。其初只是一家，其去
> 其藩籬仍舊是一家。三教之分亦只似此。」〔註85〕

　　顯然，無論對道家思想還是佛道二教，陽明都採取一種兼容並包的態度。
所謂「道大無外」、「二氏之用，皆我之用」，反映出陽明力圖在一個更高的起
點上將佛、道二教合理地容納到儒學之中。而在陽明這種基本精神的指引下，
龍溪對佛道二教的融攝更爲自覺和深入。

　　龍溪試圖以陽明、象山的良知心學來圓融佛道二教。他說：「先師提出
良知二字，乃三教中大總持。吾儒所謂良知，即佛所謂覺、老所謂玄。但立
意各有所重，而作用不同。大抵吾儒主於經世，二氏主於出世。象山嘗以兩
言判之：『惟其主於經世，雖退藏宥密，皆經世分上事；惟其主於出世，雖

〔註84〕王守仁：《王陽明全集》卷35《年譜三》「嘉靖二年十一月」條下，吳光等編
　　　　校，上海：上海古籍出版社1992年版，第1289頁。
〔註85〕陳來等：「關於《遺言錄》、《稽山承語》與王陽明語錄佚文」，《清華漢學研究》，
　　　　第1輯，第189頁。

至普渡未來眾生，皆出世分上事』。順逆公私，具法眼者，當有以辨之矣。」
〔註86〕龍溪這裡所引南宋陸象山的話，見於象山《與王順伯》的書信中：

> 儒者雖至於無聲無臭、無方無體，皆主於經世；釋氏所盡未來
> 際普度之，皆主於出世。今習釋氏者，皆人也。彼既爲人，亦安能
> 盡棄吾儒之仁義？彼雖出家，亦上報四恩。日用之間，此理根諸心
> 而不可泯滅者，彼固或存之也。然其爲教，非爲欲存此而起也，故
> 其存不存，不足爲深造其道者輕重。〔註87〕

象山、陽明以及龍溪均看到儒學有「退藏宥密」的出世取向，佛道也有
「普渡眾生」的經世取向。儘管儒家與佛、道二教「立意各有所重」，但不可
否認都有經世、出世的價值取向。這兩個價值向度所以存在的根據，象山認
爲這是由於釋氏也是人，人心中都有不可泯滅的理。龍溪對此有充分的發揮，
並提出了更爲明確的說法。在萬曆元年（1573）滁陽陽明新祠的聚會中，李
漸庵向龍溪詢問「儒佛同異之旨」，龍溪回答說：

> 人受天地之中以生，所謂性也。良知者，性之靈，即《堯典》
> 所謂「峻德」。明峻德，即是致良知。不離倫物感應，原是萬物一體
> 之實學。親九族，是明明德於一家；平章百姓，是明明德於一國；
> 協和萬邦，是明明德於天下。親民正所以明其德也。是爲大人之學。
> 佛氏明心見性，自以爲明明德，自證自足，離卻倫物感應，與民不
> 親，以身世爲幻妄，終歸寂滅，要之不可以治天下國家。此其大凡
> 也。〔註88〕

象山龍溪認爲儒佛道的學問都是「人學」，但是，由於佛道「離卻倫物感應」，
所以他們都認爲佛道的學問用於修身尚可，但不能用於治天下國家。正是基
於這樣的認識，龍溪才主張以良知教「範圍三教」，作爲三教的「大總持」。
他說：

> 二氏之學與吾儒異，然與吾儒並傳而不廢，蓋亦有道在焉。均
> 是心也，佛氏從父母交媾時提出，故曰「父母未生前」，曰「一絲

〔註86〕 王畿：《王畿集》卷10《與李中溪》，吳震編校，南京：鳳凰出版社2007年版，
　　　　第258頁。
〔註87〕 陸九淵：《陸九淵集》卷2《與王順伯》，鍾哲點校，北京：中華書局1980年
　　　　版，第17頁。
〔註88〕 王畿：《王畿集》卷7《南遊會紀》，吳震編校，南京：鳳凰出版社2007年版，
　　　　第151頁。

不掛」，而其事曰「明心見性」；道家從出胎時提出，故曰「力地一
聲，泰山失足」，「一靈眞性既立，而胎息已忘」，而其事曰「修心
煉性」，吾儒卻從孩提時提出，故曰「孩提知愛知敬」，「不學不慮」，
曰「大人不失其赤子之心」，而其事曰「存心養性」。夫以未生時看
心，是佛氏超頓還虛之學；以出胎時看心，是道家煉精氣神以求還
虛之學。良知二字，範圍三教之宗。良知之凝聚爲精，流行爲氣，
妙用爲神，無三可住。良知即虛，無一可還。此所以爲聖人之學也。
〔註89〕

　　值得注意的是，在龍溪那裡，儒學和佛、道二教可以「並行不悖」，但絕
「不可相混」。在萬曆八年（1580），八十三歲的龍溪在嘉禾舟中曾與陸光祖
（1521～1597，字與繩，自號五臺居士）有過一場討論。歸宗佛學的陸光祖
始終認爲良知教了不得生死，龍溪始終難以說服對方。最後他對陸光祖說：

先師謂「吾儒與佛學不同，只毫髮見，不可相混」。子亦謂儒佛
之學不同，不可相混。其言相似，其旨則別。蓋師門歸重在儒，子
意歸重在佛。儒佛如太虛，太虛中豈容說輕說重，自生分別？子既
爲儒，還須祖述虞周，效法孔顏，共究良知宗旨，以篤父子，以嚴
君臣，以親萬民，普濟天下，紹隆千聖之正傳。儒學明，佛學益有
所證。將此身心報佛恩，道固並行不相悖也。〔註90〕

但是，這並不意味龍溪取消儒家身份的自我認同。這在《經三教峰》中可以
看出龍溪對儒家歸屬感的自得與自信。他說：

三教峰頂一駐驂，俯看塵世隔蒼煙。

青牛白馬知何處？魚躍鳶飛只自然。〔註91〕

「青牛」是指道家道教，「白馬」是指佛教。「魚躍鳶飛」語出《詩經》，《中
庸》對此有很好的發揮。「君子之道費而隱，夫婦之愚，可以與知焉，及其至
也，雖聖人亦有所不知焉；夫婦之不肖，可以能行焉，及其至也，雖聖人亦
有所不知焉；天地之大也，人猶有所憾。故君子語大，天下莫能載焉；語小，

〔註89〕　王畿：《王畿集》卷7《南遊會紀》，吳震編校，南京：鳳凰出版社2007年版，
　　　　　第151頁。
〔註90〕　王畿：《王畿集》卷6《答五臺陸子問》，吳震編校，南京：鳳凰出版社2007
　　　　　年版，第149頁。
〔註91〕　王畿：《王畿集》卷18《經三教峰》，吳震編校，南京：鳳凰出版社2007年版，
　　　　　第555頁。

天下莫能破焉。」〔註92〕很明顯，龍溪的《經三教峰》取其自然流行的化境，以此描述儒家的圓融境界，由此可見，龍溪的儒家身份認同是不容置疑的。

龍溪在認同儒家的同時，對佛老學說有極大限度的認同和借鑒，這有思想史、社會史方面的原因。從儒學思想史角度來看，這反映了陽明學的內在發展邏輯。陳來、彭國翔對此有明確揭示。陳來先生曾以「有無之境」來概括陽明哲學的精神實質，指出陽明「有無之境」的具體內涵是站在儒家「有」的立場上吸收佛老尤其禪宗「無」的智慧而達到「有無合一」的境界〔註93〕。彭國翔進一步指出，「有無合一」不僅可以作爲陽明個人追求的思想境界，還可以視爲整個宋明理學發展所呈現的動態過程。從陽明到龍溪，正表現爲以「有」合「無」這一過程的日趨完善。不過，龍溪在使這一發展方向得到明確揭示的同時，也並沒有終結這一過程，反而推進了這個發展方向，故而他能夠成爲中晚明陽明學「有無之境」展開過程中承上啓下的人物。就儒學與佛、道兩教的互動交融而言，中晚明陽明學發展的一個主要方向也恰恰體現爲以「有」合「無」的不斷深入〔註94〕。

從道教思想史角度來看，龍溪吸收道教的工夫論也有其原因而在。道教經過宋元之際的新道教的洗禮，強化了思想理論的內容，從而不再像以往的道教那樣主要表現爲追求肉體長生的形態。心性論色彩濃厚的內丹學也成爲宋元以降道教的主流發展方向。但是，無論怎樣在與儒學和佛教的交往互動中不斷強化其精神性的向度，也不論長生的觀念經歷了怎樣從追求「合形升舉」到「無相眞形」的變化，相對於儒家和佛教人士看來，基於身體修煉的神仙信仰顯然是道教無法放棄的終極承諾，也是道教之所以爲道教的規定性存在。因此，理學家幾乎都是在「養生」的意義上與道教發生聯繫。或者說，宋明理學家視域中的道教，主要是作爲養生之道的道教理論與實踐。在龍溪這裡，情況更是如此。龍溪志在恢復儒家「本業」，以良知教來範圍三教。爲了實現這個目標，他必然要最大限度地肯定道教的現實價值。

龍溪早年因爲體弱多病而接觸道教的「養生之道」。後因夫人張氏「成婚

〔註92〕《禮記‧中庸》，引自（清）阮元校刻：《十三經注疏》，北京：中華書局 1980
　　　　年版，第 1626 頁。

〔註93〕陳來：《有無之境——王陽明哲學的精神》第八、九章，北京：人民出版社 1991
　　　　年版。第 193～276 頁。

〔註94〕彭國翔：《良知學的展開——王龍溪與中晚明的陽明學》，北京：生活‧讀書‧
　　　　新知三聯書店 2005 年版，第 449 頁。

十年不育」，爲求子嗣還修習道教的「雙修之法」〔註95〕。這些都是龍溪接觸
道教的現實原因。但是，在龍溪看來，儘管道教內丹學的「性命雙修」與儒家
的「性命合一」具有相同的思想基礎，但它們仍有區別，在「主神」與「主氣」、
「修性」與「修命」、「養德」與「養生」方面有不同的側重。基於這樣的認識，
龍溪從良知教的角度重新詮釋和融攝了道教的觀念與命題。具體表現在他對道
教「息」觀念以及「調息」工夫論進行創造性詮釋，將道教的「調息」法改造
成爲「致良知」工夫的一個環節。龍溪精於道教的「調息之法」，這對晚明道
教學者產生了深遠影響。黃宗羲在《汪魏美先生墓誌銘》中有記載：

> 魏美不入城市，不設伴侶，始在孤山，尋遷大慈庵。匡床布被
> 之外，殘書數卷。鎖門而出，或返或不返，莫可蹤迹。相遇好友，
> 飲酒一斗不醉，氣象瀟灑，塵世了不關懷，然夜觀乾象，畫習壬遁，
> 知其耿耿者猶未下也。余丁酉遇之孤山，頗講龍溪調息之法，各賦
> 三詩契勘。〔註96〕

汪氏是位遁隱山林的道士，修煉道教法術，「夜觀乾象，畫習壬遁」，「頗講龍
溪調息之法」。這說明龍溪的調息之法居然在晚明仍有流傳和影響。龍溪的確
有《調息法》，不過，從整篇《調息法》的內容來看，龍溪所謂的調息法雖然
脫胎於天台止觀法門和道教的內丹學，但其最後的歸趣卻並不以調息本身爲
究竟，而是將調息之法納入到致良知的工夫之中〔註97〕。從黃宗羲和汪魏美
互相賦詩、彼此印證來看，這說明黃宗羲並不是全然否定龍溪的「調息之法」。

我們來看龍溪是如何將「調息之法」納入到「致良知」的工夫論。宋元
以降成爲道教主流的內丹學充分發展了形上思想與心性理論，以肉體長生爲
目標，以身體修煉爲工夫，已經不足以反映其終極追求〔註98〕。因此，在新
的歷史階段如何明確儒道兩家各自的規定性，成爲明代中後期的儒家學者經
常需要面對和探討的問題。龍溪有一位友人商明洲，素好《參同契》，龍溪爲
其作《壽商明洲七表序》。藉此機會表達自己對儒學與道教養生術的分判態度：

> 龍溪子讀《易》洗心亭上，有客造而問曰：「儒者之學與道家養

〔註95〕王畿：《王畿集》卷20《亡室純懿張氏安人哀辭》，第647～648頁。
〔註96〕黃宗羲：《汪魏美先生墓誌銘》，《黃宗羲全集》，第10冊，第393頁。
〔註97〕彭國翔：《良知學的展開──王龍溪與中晚明的陽明學》，北京：生活·讀書·
　　　　新知三聯書店2005年版，第249頁。
〔註98〕有關宋元以降道教內丹學的心性思想，可參考張廣保：《金元全真道內丹心性
　　　　學》，北京：生活·讀書·新知三聯書店1995年版。

生之術，有以異乎？」龍溪子曰：「一也，而毫釐則有辨矣。千古聖人之學，不外於性命，道家則有修性修命之術。《易》所謂『盡性以至於命』，乃道脈也。自聖人之道不明，儒者之學與養生之術各自爲說，道術爲天下裂，而其說始長。漢魏伯陽氏，儒而仙者也，作《參同契》以準《易》，而法象生焉。以乾坤爲鼎器，以坎離爲藥物，以屯蒙六十四卦爲火候，稱名引喻，至不可窮詰，而其微旨，不出於身心二字。乾，即心也；坤，即身也。坎離者，乾坤二用。神寓於心，氣寓於身，即藥物也。二用無爻無位，升降於六虛之中。神氣往來，性命符合，即所謂火候也。而其機存乎一息之微。先天肇基，後天施化。一息者，性之根，命之蒂也。但吾儒之學主於理，道家之術主於氣。主於理，則順而公，性命通於天下，觀天察地，含育萬物，以天地萬物爲一體。主於氣，則不免盜天地竊萬物，有術以爲制煉，逆而用之以私其身，而不能通於天下。此所謂毫釐之辨。」

〔註99〕

龍溪這裡首先指出儒道兩傢具有共同的思想基礎。性與命是儒道兩家共同的基本理論。所謂「千古聖人之學，不外於性命，道家則有修性修命之術。《易》所謂『盡性以至於命』，乃道脈也」。龍溪還進一步從理、氣的角度指出儒道兩家的毫釐之辨。「主於理」與「主於氣」具有不同的理論後果和價值取向。前者是「順而公，性命通於天下，觀天察地，含育萬物，以天地萬物爲一體」；後者則「不免盜天地竊萬物，有術以爲制煉，逆而用之以私其身，而不能通於天下」。當然，龍溪認爲理氣是合一的，所謂「理是氣之主宰，氣是理之運用。……理乘乎氣，氣乘乎理，不可得而離也」〔註100〕。

龍溪從理氣的角度分判儒道兩家關係，這與黃宗羲的觀點如出一轍。但是，龍溪很少使用理氣這個概念，只有這一例。他更多地使用神氣這個概念範疇來分判儒道關係。龍溪是從「神」（心之靈處）境界論角度吸收和融合了儒道釋三家，故龍溪能夠有「三教宗盟」的稱號。龍溪在嘉靖三十六年（1557）在與王愼中談論唐順之（1507～1560，字應德，號荊川）修習道教「鍛鍊虛

〔註99〕 王畿：《王畿集》卷14《壽商明洲七襄序》，吳震編校，南京：鳳凰出版社2007年版，第403～404頁。

〔註100〕 王畿：《王畿集》卷8《孟子告子之學》，吳震編校，南京：鳳凰出版社2007年版，第189頁。

空」之術時指出：

> 蓋吾儒致知以神為主，養生家以氣為主。戒慎恐懼是存神工夫，
> 神住則氣自往，當下還虛，便是無為作用。以氣為主，是從氣機動
> 處理會，氣結神凝，神氣含育，終是有作之法。〔註101〕

龍溪這裡指出，儒家和養生家有「主神」和「主氣」的區別。「神」與「氣」
是道教的一對重要概念。如譚峭（字景升，五代道士）曾指出，修道即是一
個「煉精化氣，煉氣化神，煉神還虛」的過程〔註102〕。認為修道就是一個「神」
與「氣」的修煉過程，這對宋元以來的內丹學的修煉理論產生了影響。如黃
裳有言：「丹道千言萬語，不過神氣二字。始而神與氣離，我即以神調氣，以
氣凝神，終則神氣融化於虛空。」〔註103〕龍溪所謂「神住則氣自往，當下還
虛」，便是指這一由神氣而還虛的過程。只是在龍溪看來，似乎不需要經歷由
「煉精化氣」到「煉氣化神」，再到「煉神還虛」的次第，只要做存神的工夫，
自然神往氣住，可以當下還虛。道教內丹學在理論上也承認有這種「當下還
虛」的頓悟先天之學，但並不認為具有普遍的適用性。全真道南宗之所以強
調「先命後性」，也正在於此。至於龍溪將存神工夫界定為「戒慎恐懼」，則
顯然是以儒家的精神修養工夫對道教修煉的改造，無疑更加凸顯了精神修養
的意義。

　　龍溪之所以說「為主」，正表明他不是簡單地以神與氣的二元對立來分判
儒道兩家，而是認為兩家都兼顧神氣，只是各有側重而已。然而，時至明末
清初，正是由於龍溪以心、良知、神來範圍三教，以神氣來分別儒道關係，
忽視了天理的主宰意義和規範功能，這才使得陽明學在黃宗羲時代變成了禪
學。正是這個緣由，黃宗羲轉而以理、氣來分判儒道關係，認為理氣問題為
學術之主腦（這將在下一章有詳細論說）。前面提到，黃宗羲重新解讀陽明「心
即理」，突出強調天理對於良知心體的規範作用。心體流行中有天理的主宰，
那麼，也就不會出現「玄虛而蕩」、「情識而肆」的學術流弊，也就能夠根治
晚明學術的禪學化和虛無化。故黃宗羲批評龍溪之學失去儒家矩矱，其實質
是批評龍溪沒有強調天理的主宰義，心體流行中失去主宰。這就是前面說的

〔註101〕王畿：《王畿集》卷1《三山麗澤錄》，吳震編校，南京：鳳凰出版社2007年
　　　　版，第12頁。
〔註102〕譚峭：《化書》，北京：中華書局，1996年版，第1頁。
〔註103〕黃裳：《樂育堂語錄》，載胡道靜等主編《藏外道書》，成都：巴蜀書社1994
　　　　年版，第25冊，第700頁。

「懸崖撒手，茫無把柄」的眞實內涵。

總而言之，在龍溪那裡，「神」主要側重於「心之靈處」，而黃宗羲那裡「理」是氣之主宰。正是由於這種不同側重，才使得龍溪和梨洲站在不同的立場來分判和吸收釋道兩家思想，這也是梨洲所以認定龍溪學說爲禪學的哲學原因所在。

在黃宗羲看來，由於王龍溪「親承陽明末命，其微言往往而在」〔註104〕，且「又得江右爲之救正，故不至於十分決裂」。但泰州之後，「其人多能以赤手搏龍蛇，傳至顏山農、何心隱一派，遂復非名教之所能羈絡矣」〔註105〕。黃宗羲甚至直接將泰州學派和祖師禪相提並論。他說：「所謂祖師禪者，以作用見性。諸公（指泰州學者）掀翻天地，前不見有古人，後不見有來者。釋氏一棒一喝，當機橫行，放下柱仗，便如愚人一般。諸公赤身擔當，無有放下時節，故其害如是。」〔註106〕黃宗羲在《明儒學案》中將周海門〔註107〕列爲《泰州學案五》之首。《泰州學案五》共列三人，海門之後爲陶望齡（1562～1609，字周望，號石簣）、劉塙（生卒不詳，字靜主，號沖倩）。劉塙是海門的弟子，陶望齡不僅與海門交往密切，而且其學多得自海門，雖或尚未稱門人弟子，與海門的關係亦總在師友之間。在黃宗羲看來，這三個人已經將陽明心學徹底轉向了禪學歧途。

在萬曆二十年（1592）前後，在當時南都（南京）一次「名公畢集」的講會上，被時人稱爲「今之龍溪」的周海門，與唐一庵門人徐孚遠正式圍繞「無善無惡」展開了一場辯論。徐孚遠對「無善無惡」提出九條批評意見，名爲「九諦」。次日，周海門則作「九解」，逐條加以回應。周海門的《東越證學錄》和黃宗羲的《明儒學案》全文收錄了「九諦」、「九解」，足見黃宗羲對此次辯論的高度重視。關於這次辯論，黃宗羲也是從儒釋之辨的角度來加以疏通和詮釋的。他說：

> 南都講會，先生（周海門）拈「天泉證道」一篇相發明。許敬

〔註104〕黃宗羲：《明儒學案》卷12《浙中王門學案二》，第239頁。
〔註105〕黃宗羲：《明儒學案》卷32《泰州學案一》，第703頁。
〔註106〕黃宗羲：《明儒學案》卷32《泰州學案一》，第703頁。
〔註107〕周汝登（1547～1629），字繼元，號海門，學者稱海門先生，浙之嵊縣人，萬曆丁丑進士。《嵊縣志》卷13《人物志‧鄉賢》記載，「著《東越證學錄》、《聖學宗傳》、《聖行宗系》、《四書宗旨》、《程門微旨》、《王門宗旨》、《助道微機》、《楊邵詩微》、《語錄》、《或問》各一卷，並修《嵊邑志》。」標點有待商榷，似當在「《語錄》、《或問》各一卷」前用逗號隔開。俟考。

菴言「無善無惡不可爲宗」，作「九諦」以難之。先生作「九解」以
伸其說，以爲「善且無，惡更無從何容？無病不須疑病。惡既無，
善不必再立，頭上難以安頭。本體著不得絲毫，有著便凝滯不化。」
大旨如是。陽明言「無善無惡心之體」，原與性無善無不善之意不同。
性以理言，理無不善，安得云無善？心以氣言，氣之動有善有不善，
而當其藏體於寂之時，獨知湛然而已，亦安得謂之有善無惡乎？且
陽明之必爲是言者，因後世格物窮理之學，有先乎善者而立也。乃
先生建立宗旨，竟以爲性無善無惡，失卻陽明之意。而曰「無善無
惡，斯爲至善」，多費分疏，增此轉轍。善一也，有有善之善，有無
善之善，求直截而反支離矣。先生「九解」，只解得人爲一邊。善源
於性，是有根者也，故雖戕賊之久，而忽然發露。惡生於染，是無
根者也，故雖動勝之時，而忽然銷隕。若果無善，是堯不必存，桀
亦可亡矣。儒釋之判，端在於此。先生之無善無惡，即釋氏之所謂
空也。後來顧涇陽、馮少墟皆以無善無惡一言，排摘陽明，豈知與
陽明絕無干與！故學陽明者，與議陽明者，均失陽明之旨，可謂之
繭絲牛毛乎！〔註108〕

黃宗羲這裡再次重申「無善無惡」說與陽明無關，並批判顧憲成、馮少墟將
之歸爲陽明學說。其次，他指出海門承續龍溪「天泉證道」的精神，發揮「無
善無惡」宗旨，這與儒門性善之義形同天壤，結果導致儒釋界限愈加鶻突不
清。最後，指出海門「九解」並未圓滿回答孚遠「九諦」中提出的質疑。海
門「只解得人爲一邊」，對於人性中有善根，並未會意。總體上看，海門雖然
意在承續陽明之學，但沒有識得性善之旨；而憲成、少墟固然察覺晚明學術
病根正在「無善無惡」四字，然對其來路缺乏深辨。所以，黃宗羲認爲他們
均失卻陽明的學問宗旨。

先生（陶望齡）之學，多得之海門，而泛濫於方外。以爲明道、
陽明之於佛氏，陽抑而陰扶，蓋得其邇近理者，而不究夫毫釐之辨
也。其時湛然、澄密、雲悟皆先生引而進之，張皇其教，遂使宗風
盛於東浙。其流之弊，則重富貴而輕名節，未必非先生之過也。然
先生於妖書之事，犯手持正，全不似佛氏舉動，可見禪學亦是清談，
無關邪正。固視其爲學始基，原從儒術，後來雖談玄說妙，及至行

─────────────

〔註108〕黃宗羲：《明儒學案》卷36《泰州學案五》，第853～854頁。

事，仍舊用著本等心思。如蘇子瞻、張無垢皆然，其於禪學，皆淺
也。若是張天覺純以機鋒運用，便無所不至矣。〔註109〕

黃宗羲認爲，陽明心學及至陶望齡則徹底「泛濫於方外」，這主要有兩個表現：
一是望齡對儒佛界限有失分判，誤入禪學。望齡與當時高僧過往甚密，張皇
其教，遂使浙東學風爲之一變，其流弊則是士人多「重富貴而輕名節」。黃宗
羲這裡直接點明陽明心學遁入禪學後對儒林風氣的消極影響；二是望齡不僅
誤入禪學之門，還遁入妖術之事。妖術之事還不如禪學之清談，因爲禪學「無
關邪正」，而妖術已經到了淆亂是非邪正的地步。陶望齡雖從儒學入門，但後
來談玄說妙，及至行事，又不按照禪學精神去做，仍舊本於自家私意。意思
是說，望齡不僅對儒學誤解甚多，而且對禪學所得亦淺。所以，黃宗羲認爲
望齡之學甚至不及佛氏之清談。總之，陽明心學到陶望齡這裡，就不是失去
「儒者矩矱」那麼簡單了，而是已經對社會風氣造成極其惡劣影響，故黃宗
羲對此加以激烈之批判！

總之，黃宗羲認定龍溪泰州將陽明學引向禪學，主要原因在於他們堅持
「無善無惡」的觀點。東林新朱學派的顧憲成也有這樣看法。他說：「三藏十
二部，五千四百八十卷，一言以弊之，『無善無惡』。」〔註110〕黃宗羲並沒有
滿足於這種看法，而是從思想史角度分析這種陽明學禪學化的歷史過程、演
變形態以及歷史影響，並進一步指出禪學化的直接後果就是導致知識分子本
領脆弱，失卻知識分子經世致用的社會擔當。這是他中晚年致力於學術研究、
進行學術啓蒙的直接原因。

三、程朱理學的禪學認定及其批判

當時有人認爲陽明弟子多逃入禪門，程朱門人必不至此。對此，黃宗羲
表示反對，認爲程朱門人也有落入禪學的。他引朱熹的話予以反駁：

> 按朱子云：游、楊、謝三君子初皆學禪，後來餘禪猶在，故學
> 之者多流於禪。游先生大是禪學，必是程先生說得太高，故流弊至
> 此，是程子高第弟子已不能無流弊。劉安上、賈易人品皆在下中，
> 至於邢恕、陸棠且爲奸臣盜賊矣。而云程、朱門人必不至此，豈其

〔註109〕黃宗羲：《明儒學案》卷36《泰州學案五》，第868頁。
〔註110〕顧憲成：《小心齋劄記》，引自黃宗羲《明儒學案》卷 58《東林學案一》，第
1381頁。

　　然也！〔註111〕

劉宗周曾經指出，「宋儒自程門而後，游、楊之徒，浸深禪趣，朱子豈能不惑其說……朱子惑於禪而闢禪，故其失也支。陸子出於禪而避禪，故其失也粗。文成似禪而非禪，故不妨用禪，其失也玄。」〔註112〕黃宗羲繼承乃師觀點，認爲宋儒雖然盛言儒佛差異，但由於他們不能解決好理氣問題，致使宋儒有誤入禪門的現象。這裡的「宋儒」當然也包括朱熹，這是因爲黃宗羲一直將朱熹看作是「理生氣」、「分理氣爲二」的代表〔註113〕。爲什麼理氣關係處理不好就容易導致程朱理學走向禪學呢？

　　宋代理學興起之際，面對佛、道二教的挑戰，程朱理學基本上採取兩種策略：一方面從理論架構上吸取佛教、道教的精華。這主要表現在他們建立了「理」、「氣」抗衡佛道「空」、「無」的世界觀。經過周敦頤、二程，現象界由理氣構成的理念基本得以確立。到朱熹這裡，理氣論臻於完善。朱熹的「理氣爲二」、「理在氣先」保證了儒家倫理秩序的形上根據，同時，「氣質之性」與「天命之性」、「人心」與「道心」的劃分保證了「格物窮理」、「變化氣質」的必要性；另一方面，在建構理學體系後，又對佛、道二教展開批判，認定佛道「外人倫，遺事理」。

　　同樣，朱熹的理氣論是爲抗衡佛、道二教的「空」、「無」境界本體論而產生。但在黃宗羲看來，恰恰是朱熹的理氣論出了問題才使得理學具有禪學化傾向。朱熹惑於禪學的主要原因在於「分理氣爲二」。「宋儒言理能生氣，

〔註111〕黃宗羲：《移史官論不宜立理學傳書》，《黃宗羲全集》，第10冊，第222頁。

〔註112〕劉宗周：《來學問答》，引自《明儒學案》卷62《蕺山學案》，第1549～1550頁。

〔註113〕成書於1668年前後的《孟子師說》卷二有言：「如是，則道義是道義，氣是氣，終成兩樣，朱子所以認理氣爲二也。」晚年亦持此論，在《宋元學案·晦翁學案上》中他先引朱熹語，「理與氣本無先後之可言，但推上去時，卻如理在先、氣在後相似。」然後借姜定庵的話表示反對，說：「畢竟理從氣而見，說不得理在先。」由此看來，梨洲一生認爲朱熹堅持「理氣爲二」、「理生氣」。但事實上，現代學者陳來先生詳細地考證後指出，朱熹的理氣先後思想經歷了一個複雜的演變過程。以《太極解義》爲代表的早期理氣論，從本體論的立場出發，強調理氣沒有先後：理在氣先的思想由南康之後到淳熙末年逐步形成，其中朱陸之辯促進朱熹對理的絕對理解有重要作用，而象數易學的宇宙發生論對理氣先後思想的形成更有直接影響，朱陸太極之辯則是理在氣先思想形成的標誌；守漳前後，理在氣先思想得到進一步表述和發展，理生氣說成爲這一時期理先氣後的一個內容。慶元之後他的思想進一步變化，最終確認了他的晚年定論——邏輯在先說。參見陳來著《朱子哲學研究》，上海：華東師範大學出版社2000年9月版，第75～99頁。

亦只誤認理爲一物矣。」〔註114〕黃宗羲還說：「蓋佛氏以氣爲幻，不得不以理爲妄。世儒分理氣爲二，而求理於氣之先，遂墮佛氏障中。」〔註115〕他還進一步指出，朱熹的「理生氣」和佛氏的「有物先天地」如出一轍，這是宋儒遁入禪門的「眞贓實犯」。他說：

> 蓋離氣無所爲理，離心無所爲性。佛者之言曰：「有物先天地，
> 無形本寂寥，能爲萬象主，不逐四時凋。」此是眞贓實犯，奈何儒
> 者亦曰「理生氣」，所謂毫釐之辨，竟亦安在？〔註116〕

儘管黃宗羲認爲朱熹的「理氣論」導致程朱理學具有禪學化的傾向，但是他也充分肯定朱熹「性即理」在批判禪學方面的積極貢獻。朱熹主張「性即理」，承認天理的客觀性，人要通過「格物窮理」的工夫論來實現聖賢人格理想。

這樣，朱熹不僅能夠批判禪學，而且能夠批判象山學的禪學化傾向〔註117〕。儘管朱熹對於象山學問時有稱讚，但重點「仍只落在斥其爲禪也」〔註118〕。朱熹之所以批判陸學是禪學，這與他對禪學的強烈排斥態度是分不開的。在朱熹看來，禪學完全違背人倫、破壞綱常，對於儒家的綱常人倫之道而言，禪宗的危害最爲嚴重。「有言莊老禪佛之害者。曰：『禪學最害道。莊老於義理絕滅猶未盡。佛則人倫已壞，至禪，則又從頭將許多義理掃滅無餘。以此言之，禪最爲害之深者』」〔註119〕。

象山主張「心即理」，這與朱熹不同，故朱熹批判象山之學是禪學。據王懋竑《年譜》記載，朱熹在淳熙十三年（1186）開始對象山「誦言以攻之」，並直接認定象山之學是禪學。是年，朱熹《答程正思書》云：

> 蓋緣舊日曾學禪宗，故於彼說（指象山說），雖知其非，而不
> 免有私嗜之意，亦是被渠（象山）說得遮前揜後，未盡見其底蘊。
> 譬如楊、墨，但知其「爲我」、「兼愛」，而不知其至於「無父」、「無

〔註114〕黃宗羲：《明儒學案》，《黃宗羲全集》，第 8 冊，第 487 頁。

〔註115〕黃宗羲：《明儒學案》，《黃宗羲全集》，第 7 冊，第 540 頁。

〔註116〕黃宗羲：《明儒學案》，《黃宗羲全集》，第 8 冊，第 891 頁。

〔註117〕張立文認爲：儘管「朱陸之爭的問題不斷深入變更，但朱熹指謫陸學爲『禪學』始終不變」。見氏著《心學之路——陸九淵思想研究》，北京：人民出版社 2008 年版，第 237 頁。

〔註118〕牟宗三：《從陸象山到劉蕺山》，上海：上海古籍出版社 2001 年版，第 108 頁。

〔註119〕黎靖德編，王星賢點校，《朱子語類》，第 8 冊，第 126 卷，《釋氏》，北京：中華書局 1986 年版，第 3014 頁。

君」。雖知其無父無君，亦不知其便是「禽獸」也。去冬因其徒來
此狂妄兇狠，手足盡露，自此乃始顯然鳴鼓攻之，不復爲前日之唯
阿矣〔註120〕。

朱熹自謂「舊日曾學禪宗」，對象山之學，「雖知其非，而不免有私嗜之意」。又
說因爲象山「說得遮前掩後，未盡見其底蘊」。所以，此時的朱熹尚不能指示出
象山學的禪學底蘊。後因見象山門徒「狂妄兇狠，手足盡露」，故覺象山之學是
爲禪學。此時朱熹對象山學的禪學認定，其理論依據不免鶻突不清。下面的兩
條材料可以看出朱熹對象山之學已經「深覺其弊」。他在《答趙幾道》書云：

所論時學之弊甚善，但所謂冷淡生活者，亦恐反遲而禍大耳。孟
子所以捨申商而距楊墨者，正爲此也。向來正以吾黨孤弱，不欲於中
自爲矛盾，亦厭繳紛競辯若可羞者，故一切容忍，不能極論。近乃深
覺其弊，全然不曾略見天理彷彿，一味只將私意東作西捺，做出許多
詖邪淫遁之說。又且空腹高心，妄自尊大，俯視聖賢，蔑棄禮法，只
此一節，尤爲學者心術之害，故不免直截與之說破。〔註121〕

又在《答趙子欽書》云：

子靜後來得書，愈甚於前，大抵其學於心地工夫不爲無所見。
但使欲恃此陵跨古今，更不下窮理細密工夫，卒並與其所得者而失
之。人欲橫流，不自知覺，而高談大論，以爲天理盡在是也，則其
所謂心地工夫者又安在哉？〔註122〕

顯然，朱熹對象山禪學化的批判愈益集中和深化，這表現在以下兩點：其一，
從理氣論上批判象山之學「不曾略見天理」，以私意摻合進去。象山有將「私
意」誤作「天理」之嫌，這必然會導致人欲橫流；其二，從工夫論上批判象
山之學「不曾下細密工夫」，使得粗暴底氣。故象山門徒俯視聖賢，蔑棄禮法，
對學者心術有極壞影響。這兩個方面的確深中象山學說弊端，但是，這些弊
端又是如何產生的？朱熹認爲這是由於象山「不知有氣稟之雜」。

〔註120〕朱熹：《朱子全書》，第 22 冊，《晦庵先生朱文公文集》，第 50 卷，《答程正思》
　　　　書之十六，第 2327 頁。上海：上海古籍出版社，合肥：安徽教育出版社 2002
　　　　年版。
〔註121〕朱熹：《朱子全書》，第 23 冊，《晦庵先生朱文公文集》，第 54 卷，《答趙幾道》
　　　　書之一，第 2573 頁。
〔註122〕朱熹：《朱子全書》，第 23 冊，《晦庵先生朱文公文集》，第 56 卷，《答趙子欽》
　　　　書之七，第 2645 頁。

> 陸子靜之學，千般萬般病，只在不知有氣稟之雜，把許多粗惡
> 底氣都把做心之妙理，合當恁地自然做將去。向在鉛山得他書云，
> 看見佛之所以與儒異者，止是他底全在利，吾儒止是全在義。某答
> 他云，公亦只見得第二著。看他意，只說儒者絕斷得許多利欲，便
> 是千了百當，一向任意做出都不妨。不知初自受得這氣稟不好，今
> 才任意發出，許多不好底，也只都做好商量了。只道這是胸中流出，
> 自然天理；不知氣有不好底夾雜在裏，一齊衮將去，道害事不害事？
> 看子靜書，只見他許多粗暴底意思可畏。其徒都是這樣，才說得幾
> 句，便無大無小，無父無兄，只我胸中流出底是天理，全不著得些
> 工夫。看來錯處，只在不知有氣稟之性。〔註123〕

在朱熹看來，象山由於不知氣稟之雜，妄議天理可以自我胸中自然流出，這
使得聖學工夫完全沒有落腳之處。朱熹工夫論的落腳處就是「變化氣質」，而
「變化氣質」的哲學前提就是「氣稟之雜」。既然象山不承認這個哲學前提，
那麼，聖學也就不可能有真正的工夫論。當時有人認為不能說象山沒有工夫
論，因為象山也主張「克己復禮」。《朱子語類》中有朱熹語：

> 陸子靜說「克己復禮」云，不是克去己私利欲之類，別自有個
> 克處，又卻不肯說破。某嘗代之下語云：「不過是言語道斷，心行路
> 絕」耳。因言：「此是陷溺人之深坑，學者且不可不戒！」〔註124〕

朱熹這裡用「言語道斷」、「心行路絕」來批評象山學不注重細密工夫。這和
黃宗羲批判陽明後學禪學化的措辭何其類似！這不能不說黃宗羲對朱熹有神
交妙合之處。不過，象山之學誠然有此弊端，但這與禪學有何關係呢？且看
朱熹下面的說明：

> 或說：「象山說『克己復禮』，不但只是欲克去那利欲忿懥之私，
> 只是有一念要做聖賢，便不可。」曰：「此等議論，恰如小兒則劇一
> 般，只管要高去。聖門何嘗有這般說話！人要去學聖賢，此是好底
> 念慮，有何不可？若以為不得，則堯舜之『兢兢業業』，周公之『思
> 兼三王』，孔子之『好古敏求』，顏子之『有為若是』，孟子之『願學

〔註123〕黎靖德編，王星賢點校，《朱子語類》，第 8 冊，第 124 卷，《陸氏》，北京：
　　　　中華書局 1986 年版，第 2977 頁。

〔註124〕黎靖德編，王星賢點校，《朱子語類》第 8 冊，第 124 卷，《陸氏》，北京：中
　　　　華書局 1986 年版，第 2973 頁。

孔子』之念，皆當克去矣！看他意思只是禪。……某嘗謂，人要學
禪時，不如分明去學禪和一棒一喝便了。今乃以聖賢之言夾雜了說，
都不成箇物事。道是龍，又無角；道是蛇，又有足。子靜舊年也不
如此，後來弄得直恁地差異！如今都教壞了後生，箇箇不肯去讀書，
一味顛蹶沒理會處，可惜！可惜！正如荀子不睹是，逞快胡罵亂罵，
教得箇李斯出來，遂至焚書坑儒！若使荀卿不死，見斯所爲如此，
必須自悔。使子靜今猶在，見後生輩如此顛蹶，亦須自悔其前日之
非。」又曰：「子靜說話，常是兩頭明，中間暗。」或問：「暗是如
何？」曰：「是他那不說破處。他所以不說破，便是禪。所謂『鴛鴦
繡出從君看，莫把金針度於人』，他禪家自愛如此。」〔註125〕

朱熹此番議論時在象山歿後，完全是以惋惜的態度來看象山爲學經歷。認爲
其學起初並非禪學，其後以禪語夾雜於聖賢之言中，這主要表現在象山對「克
己復禮」的詮釋上。在朱熹看來，象山說話不能說破，這恰恰落於禪家話頭。
朱熹還有一段議論亦在象山歿後，仍然認爲象山爲學「宗旨本自禪學中來」。
在《答孫敬甫書》云：「陸氏之學，則在近年一種浮淺頗僻議論中，固自卓然，
非其儔匹。其徒傳習，亦有能脩其身，能治其家，以施之政事之間者。但其
宗旨本自禪學中來，不可揜諱。」〔註126〕

　　總之，朱熹主張「性即理」，強調天理的客觀存在性，因此，他要求學者
通過「涵養須用敬，進學在致知」的「細密工夫」來「變化氣質」；而陸子主
張「心即理」，則認爲「只我胸中自然流出底是天理」，因此有將「私意」當
作「天理」之流弊，這導致象山後學出現「空腹高心，妄自尊大，俯視聖賢，
蔑棄禮法」的虛蕩之風和顛蹶之氣。

　　黃宗羲肯定了朱熹「性即理」對於象山之學禪學傾向的救正作用，但他
對朱熹「性即理」也提出了批判。黃宗羲認爲，朱熹以知性先於盡心，從而
導致只窮得萬物之理，而失卻良知心體。他說：「先儒未嘗不以窮理爲入手，
但先儒以性即理也，是公共的道理，而心是知覺，知得公共的道理，而後可
以盡心，故必以知性先於盡心。顧其所窮，乃天地萬物之理，反失卻當下惻

〔註125〕黎靖德編，王星賢點校，《朱子語類》，第 7 冊，第 104 卷，《朱子》一《自論
　　　　爲學工夫》，第 2619～2620 頁。
〔註126〕朱熹：《朱子全書》，第 23 冊，《晦庵先生朱文公文集》，第 63 卷，《答孫敬甫》
　　　　書之四，第 3063～3064 頁。

隱、羞惡、辭讓、是非之心之理矣。人心為氣所聚，其樞紐至微，勿忘勿助，此氣常存，稍涉安排，則霍然而散，不能自主。故必須存，存得恰好處便是養，不是兩件工夫。《易》言『成性存存』，可知是一也。天下之理，皆非心外之物，所謂存久自明而心盡矣。」〔註127〕

總之，學術的禪學化不僅在陸王心學這裡有表現，在程朱理學那裡亦然。儘管同樣是禪學化，但其原因和表現又不同。總體上看，理氣論是其中的關鍵。程朱理學「理氣論」上的錯誤使得程朱理學遁入佛氏之「有物先天地」的錯誤邏輯，將理氣皆看作為虛幻。但是，黃宗羲肯定了程朱理學「性即理」在批判陸王心學禪學化方面的積極貢獻。對於陸王心學來說，肯定「心即理」在範圍三教上的積極貢獻，同時重點批判了龍溪「無善無惡」的觀點。由此看來，黃宗羲通過宋明理學禪學化傾向的歷史考察，不僅抽繹出「士人本領脆弱」的病症根由，而且還逐漸尋找到解決這些病症的方法和思路。

第三節 黃宗羲對宋明理學禪學化問題的解決及其學術新轉向

宋明儒家有一個的共同特徵即學術禪學化，在程朱理學和陸王心學那裡，禪學化的發生緣由以及學術流弊各有不同。從宋明儒者的成學經歷來看，多泛濫釋道方外之教，從中吸收學術營養不可揜諱。但是，他們又都自覺認同儒家身份，所以，在吸收的同時又批判佛道二教。在嚴分儒釋之辨的同時還互相以「禪學」相指謫。在相互指謫的過程中，他們由於借助的學術資源不同，使得他們對佛道二教的態度和批判路徑也有差異。總體上看，程朱理學激烈批判佛教，而陸王心學則顯得較為溫和，甚至公開承認和主動圓融儒釋道三教的相通之處，這是很特別的。其間的分別也是值得探討的。

至少自北宋理學興起以來，對大部分理學家而言，儒學與佛道二教的關係在一定意義上可以說是正統與異端的關係。但是，自陽明學興起以來，儘管儒學正統論的基調在儒家學者當中並未改變，但以陽明學者為代表的儒家學者，在吸收佛道兩家思想的同時還批判了以朱子學為象徵符號的世俗儒學。他們將異端的所指開始由佛道兩家向功利世俗化了的儒學扭轉。在陽明那裡，將佛道兩家斥為「異端」的保守立場已經有明顯的鬆動。而到龍溪那

〔註127〕黃宗羲：《孟子師說》卷7，《黃宗羲全集》，第1冊，第148～149頁。

裡，甚至提出了「吾儒自有異端」的說法，明確將異端的矛頭由佛道兩家轉
向了世儒俗學。而羅欽順、顧憲成等朱子學者則強調儒家與佛道二教並非像
陽明學者那樣相通的。由此可見，傳統的正統與異端之辨在中晚明已經顯示
了新的動向〔註128〕。

一、宋儒與明儒批判禪學的新轉向

從兩個方面來看這種新的轉向，從縱向來看，宋儒與明儒對禪學化的認
識和批判有一個由淺入深、由迹入理的轉向；從橫向來看，程朱理學與陸王
心學基本上都有「吾儒自有異端」的意思，互相指謫對方陷入禪學，但是他
們仍然存在保守與激進、被動與主動的差別。

先來看縱向的轉向。從宋明近七百年的歷史來看，宋儒和明儒在批判佛
教上有一個由淺入深、由迹入理的轉變過程。黃宗羲認爲，程朱總是在「迹」
上闢佛，不能切中要害；而明儒則「牛毛繭絲，無不辨析」，能夠嚴分儒釋毫
釐差異。

> 程朱之辟釋氏，其說雖繁，總只是在迹上；其彌近理而亂眞者，
>
> 終是指他不出。明儒於毫釐之際，使無遁影。〔註129〕

爲什麼會出現這種差別，黃宗羲認爲，主要是因爲明儒對佛教多能「身入其中，
軒豁呈露」〔註130〕。他曾作個形象的比喻，說這就好比醫家的「倒倉之法」。
由於明儒深知其弊，故能剷滅其弊。黃宗羲這個論斷基本上符合歷史事實。

明儒能夠對釋老之學「身入其中」還有社會史方面的原因。從政教關係來
看，有明一代的佛教政策出於儒釋道三教互補的意識形態結構，在確立儒家學
說正統地位的前提下對佛教加以利用。如明太祖朱元璋曾明確提出，以三綱五
常爲核心的孔孟之道是萬世永賴的立國之本，而佛教則因其能夠「暗理王綱，
於國有補無虧」〔註131〕，可以「暗助王綱，益世無窮」〔註132〕。這有助於明

〔註128〕彭國翔：《良知學的展開——王龍溪與中晚明的陽明學》，北京：生活・讀書・
　　　　新知三聯書店 2005 年版，第 258 頁。

〔註129〕黃宗羲：《明儒學案》上冊《明儒學案發凡》，北京：中華書局 1985 年版，第
　　　　7～8 頁。

〔註130〕黃宗羲：《明儒學案》上冊《明儒學案序》，北京：中華書局 1985 年版，第
　　　　14 頁。

〔註131〕朱元璋：《釋道論》，石峻等編：《中國佛教思想資料選編》第 3 卷，第 3 冊，
　　　　北京：中華書局 1989 年版，第 231 頁。

〔註132〕朱元璋：《三教論》，石峻等編：《中國佛教思想資料選編》第 3 卷，第 3 冊，

代佛教的發展和三教合流，這也爲明儒出入佛老並超越、圓融儒佛確立了政治基礎。隨著陽明心學的崛起，個人的思想解放思潮愈趨遒勁，個人的生命價值追求亦走向多元。當時流傳的「以儒治世」、「以道治身」、「以佛治心」的「分工論」，使得當時學者多出入佛老，泛濫諸家，這也爲明儒「身入其中」提供了價值論上的依據。另外，在晚明，儒家聖人之學逐漸轉向了禪學甚至妖術之事，這種轉向也迫使明儒「身入其中」，尋找救治方案。黃宗羲曾說：「陽明先生之學，有泰州、龍溪而風行天下，亦因泰州、龍溪而漸失其傳。泰州、龍溪時時不滿其師說，益啓瞿曇之秘而歸之師，蓋躋陽明而爲禪矣。」〔註133〕這使得晚明學界出現了率情任性、媚世矯俗的學風，造成極爲惡劣的社會影響。「學者以任情爲率性，以媚世爲與物同體，以破戒爲不好名，以不事檢束爲孔、顏樂地，以虛見爲超悟，以無所用恥爲不動心，以放其心而不求爲未嘗致纖毫之力者多矣。」〔註134〕因此，晚明學者不再坐而論道，而是事必躬親，重拾「事上磨練」實學宗旨，試圖將儒學從禪學泥潭中拯救出來。

從個人思想成長過程來看，對禪學化的認識和批判也有一個由淺入深、由迹入理的轉變過程。前面提到，朱熹對象山之學的禪學認定有一個的複雜過程。雖然朱熹指斥陸學爲「禪學」的立場未變，但是，其批判的角度和提供的依據是有變化的。鵝湖之前，以陸學「脫略文字，直趨本根」爲禪。南康前後，以陸學有禪意味。朱熹謂象山之學爲禪學與後人斥陸學爲禪有異，朱熹所謂「禪」，主要指象山之學重內遣外的學風，存心絕物的工夫，易簡之方的傾向等與禪相似，以及照照靈靈的心體與禪宗「以心法起滅天地相近」。淳熙十五年朱陸「無極太極」之辯，象山《與胡季隨》書中論及顏淵「克己復禮」。朱熹批評說：「看此兩行議論，其宗旨是禪，尤分曉。此乃捉著眞贓正賊，惜方見之，不及與之痛辯。」〔註135〕又說：「金溪學問眞正是禪，欽夫、伯恭緣不曾看佛書，所以看他不破，只某便識得他。試將《楞嚴》、《圓覺》之類一觀，亦可粗見大意。」〔註136〕朱熹認爲，張栻（1133～1180，字欽夫，

北京：中華書局 1989 年版，第 230 頁。

〔註133〕黃宗羲：《明儒學案》卷 32《泰州學案一》，北京：中華書局 1985 年版，第 703 頁。

〔註134〕黃宗羲：《明儒學案》卷 20《江右王門學案五》，北京：中華書局 1985 年版，第 482 頁。

〔註135〕黎靖德：《朱子語類》，第 8 冊，第 124 卷，《陸氏》，北京：中華書局 1986 年版，第 2973 頁。

〔註136〕黎靖德：《朱子語類》，第 8 冊，第 124 卷，《陸氏》，北京：中華書局 1986

號南軒）和呂祖謙（1137～1181，字伯恭，學者稱東萊先生）對禪學都沒有精深研究，故不能指出象山學的禪學本質。朱熹晚年對象山學的禪學本質的認識有所深化。在理氣論上批判象山「不曾略見天理」，工夫論上批判象山之學「不曾下細密工夫」。這樣的批判不能不說「深中其弊」。

再來看橫向的轉向。與朱熹的保守立場不同，象山認為儒釋道三家各有得失，採取積極圓融的學術立場。他說：

> 大抵學術有說有實，儒者有儒者之說，老氏有老氏之說，釋氏有釋氏之說，天下之學術眾矣，而大門則此三家也。昔之有是說者，本於有是實，後之求是實者，亦必由是說。故凡學者之欲求其實，則必先習其說。既習之，又有得有不得。有得其實者，有徒得其說而不得其實者。說之中，又有深淺，有精粗，有偏全，有純駁，實之中亦有之。凡此皆在其一家之中，而自有辨焉者也。論三家之同異、得失、是非，而相識於得與不得，說與實，與夫深淺、精粗、偏全、純駁之間，而不知其為三家之所均有者，則亦非其至者矣。
> 〔註137〕

朱熹曾言「佛法自有高妙處」，但是，認為這種高妙處「可以治心，不可以治天下國家。」意思是說，佛氏只能修身內聖，不能治世外王。象山也有相似議論，他用義利二字來分判儒釋兩家。雖然他認為儒家「主於經世」，佛家「主於出世」。但是他充分肯定了佛家在「普渡眾生」、「上報四恩」方面的經世價值。他說：

> 某嘗以義利二字判儒釋，又曰公私，其實即義利也。儒者以人生天地之間，靈於萬物，貴於萬物，與天地萬物並而為三極。天有天道，地有地道，人有人道。人而不盡人道，不足與天地並。人有五官，官有其事，於是有是非得失，於是有教有學。其教之所從立者如此，故曰義、曰公。釋氏以其人生天地間，有生死，有輪迴，有煩惱，以為甚苦，而求所以免之。其有得道明悟者，則知本無生死，本無輪迴，本無煩惱。故其言曰：「生死事大。」如兄所謂菩薩發心者，亦只為此一大事。其教之所從立者如此，故曰利、曰私。

年版，第 2973 頁。
〔註137〕陸九淵：《陸九淵集》卷2《與王順伯》，鍾哲點校，北京：中華書局 1980 年版，第 16 頁。

惟義惟公，故經世；惟利惟私，故出世。儒者雖至於無聲、無臭、無方、無體，皆主於經世；釋氏雖盡未來際普度之，皆主於出世。今習釋氏者，皆人也。彼既爲人，亦安能盡棄吾儒之仁義？彼雖出家，亦上報四恩。〔註138〕

在陽明時代，朱子學已經出現了「記誦辭章」的僵化學風，嚴重阻礙了學術的發展。陽明對此等學術深致不滿。他甚至說那些從事記誦辭章之學的學者還不如釋老之學講究自得，認爲此等學問對「學仁義」、「求性命」毫無益處可言。他在《別湛甘泉序》中說：

今世學者，皆知宗孔、孟，賤楊、墨，擯釋、老，聖人之道，若大明於世。然吾從而求之，聖人不得而見之矣。其能有若墨氏之兼愛者乎？其能有若楊氏之爲我者乎？其能有若老氏之清淨自守、釋氏之究心性命者乎？吾何以楊、墨、老、釋之思哉？彼於聖人之道異，然猶有自得也。而世之學者，章繪句琢以誇俗，詭心色取，相飾以僞，謂聖人之道勞苦無功，非復人之所可爲，而徒取辯於言詞之間：古之人有終身不能究者，今吾能言其略，自以爲若是亦足矣，而聖人之學遂廢。則今之所大患者，豈非記誦詞章之習！而弊之所從來，無亦言之太詳、析之太精者之過歟！夫楊、墨、老、釋，學仁義，求性命，不得其道而偏焉，固非若今之學者以仁義爲不可學，性命之爲無益也。居今之時而有學仁義，求性命，外記誦辭章而不爲者，雖其陷於楊、墨、老、釋之偏，吾猶且以爲賢，彼其心猶求以自得也。夫求以自得，而吾可與之言學聖人之道。〔註139〕

陽明在評價象山學說時，也談到象山之學與禪學的相通處：

獨其易簡、覺悟之說，頗爲當時所疑。然易簡之說，出於《繫辭》；覺悟之說，雖有同於釋氏，然釋氏之說亦自有同於吾儒，而不害其爲異者，惟在於幾微毫忽之間而已。亦何必諱於其同而遂不敢以言，狃於其異而遂不以察之乎？〔註140〕

〔註138〕陸九淵：《陸九淵集》卷2《與王順伯》，鍾哲點校，北京：中華書局1980年版，第17頁。

〔註139〕王守仁：《王陽明全集》卷7《別湛甘泉序》，上海：上海古籍出版社1992年版，第230～231頁。

〔註140〕王守仁：《王陽明全集》卷21《答徐成之》，上海：上海古籍出版社1992年版，第806頁。

　　與陽明極力強調儒釋相通不同，羅欽順（1465～1547，字允升，號整菴）則指出儒釋二教雖然採取了概念範疇相同，但是在大本大方向上，不可同日而語。因此，羅欽順在《困知記》中主要分辨儒釋之間一些相近概念的不同涵義，站在朱子學立場致力於儒釋界限的釐清。在《困知記》中，他引述了程頤的觀點，並引申其說以表達自己看法。

> 程子（頤）嘗言：「聖人本天，釋氏本心。」直是見得透，斷得明也。本既不同，所以其說雖有相似處，畢竟和合不得。呂原明（希哲）一生問學，欲直造聖人，且嘗從二程遊，亦稔聞其議論矣。及其晚年，乃見得「佛之道與吾聖人合」，反謂二程「所見太近」，得非誤以妙圓空寂爲形而上者邪？以此希聖，無異適燕而南其轅，蔑由至矣。〔註141〕

羅欽順的觀點是，儒釋之間存在著不可溝通的義理差別，一陷其學，便難以入道，這一點與陽明主張以儒家聖人之學範圍三教的致思取向適成對反。在是書中，羅氏不厭其煩地從學理上分析這些概念在儒釋思想中的不同涵義，以證明兩者之不可通性。其要點有三：首先，釋氏之「明心見性」，與吾儒之「盡心知性」，相似而實不同。釋氏大抵有見於心，無見於性；其次，人心、道心之辨上，也相似而實不同。道心，此心也；人心，亦此心也。一心而二名，非聖人強分別也，體之靜正有常，而用之變化不測也，復兩下見得分明，方是盡心之學。佛氏之於吾儒，有見於人心，無見於道心。最後，釋氏與吾儒雖然皆言心性，但相似而實不同。吾儒見得人心、道心分明有別，彼則混然無別。黃宗羲在《明儒學案》中把這些文字加以輯錄，並引用高攀龍（景逸）的話評價說：「高景逸先生曰：『先生（羅整菴）於禪學尤極探討，發其所以不同之故，自唐以來排斥佛氏，未有若是之明且悉者。』嗚呼！先生之功偉矣！」〔註142〕

　　從整體上看，程朱理學基本上從「天理」的角度嚴分儒釋界限，而陸王心學則相對較爲溫和，甚至以心學、良知教主動融合釋老。這既有明代程朱理學陷入辭章考索，不求本心方面的原因，也是釋老二教自覺提升「普渡眾生」、「上報四恩」經世價值的結果。

〔註141〕羅欽順：《困知記》，《續錄卷上》，北京：中華書局1990年版，第64頁。
〔註142〕黃宗羲：《明儒學案》卷47《諸儒學案中一》，北京：中華書局1985年版，第1108頁。

二、「無善無惡」與「理氣論」：黃宗羲對宋明儒學禪學化的哲學 探討

在黃宗羲及當時儒家學者看來，龍溪以「無善無惡」來講良知心體，這與孟子的性善論相悖，由此開啓了陽明心學的禪學化進程。但是，畢竟陽明自己確實說過「無善無惡者心之體」，這又如何理解呢？爲了維護陽明學的儒學立場，一些學者便從分別心體、性體的角度對陽明這句話進行重新詮釋，認爲陽明的「無善無惡」是指心體而非指性體，試圖以此來化解「無善無惡」說與孟子「性善論」之間的矛盾。陽明的「無善無惡者心之體」，當時東林人士多以此爲議論，史孟麟對陽明這個觀點就提出批駁。楊東明（1548～1624，號晉庵）在給史孟麟的書信中便回應說：

> 某往亦有是疑，近乃會得無善無惡之說，蓋指心體而言，非謂性中一無所有也。夫人心寂然不動之時，一念未起，固無所謂惡，亦何所謂善哉！夫子曰：「吾有知乎哉？無知也。」夫知且無矣，何處覓善惡？譬如鑒本至明，而未臨於照，有何妍媸？故其原文曰：「無善無惡者心之體。」非言性之體也。今謂其說與告子同，將無錯會其旨歟！〔註143〕

後來劉蕺山也說：

> 陽明先生言「無善無惡者心之體」，原與性無善無不善之意不同。性以理言，理無不善，安得云無？心以氣言，氣之動有善有不善；而當其藏體於寂之時，獨知湛然而已，安得謂之有善有惡乎？
>
> 〔註144〕

東明、蕺山等人如此分判心體、性體，實際他們有一個理論前提：「心」是有善有惡的，而性則是有善無惡的。蕺山說得很清楚，「性以理言，理無不善」，「心以氣言，氣之動有善有不善」。爲了解決「無善無惡」的問題，他們似乎走到程朱理學氣質之性、義理之性的老路上去了，但事實上問題並不這麼簡單。

首先，儘管東明、蕺山通過「性即理」保持了「性體」的至善本性，將無善無惡推向了心體，這樣陽明學就不會違背孟子性善論。但是，由於中晚

〔註143〕 楊東明：《晉庵論性臆言》，轉引自黃宗羲《明儒學案》卷29《北方王門學案》，第651頁。

〔註144〕 劉宗周：《學言中》，《劉宗周全集》，第2冊，戴璉璋、吳光主編，台灣：中研院中國文哲研究所1996年出版，第484頁。

明氣學思潮的擡頭，當時學者普遍認爲「氣質之外無性」，認爲氣質之性「有善有惡」。這使得東明、蕺山等人一方面反對宋儒人性二分的做法，另一方面也提出「氣質之外無性」，試圖將「繼善成性」放置到氣學思想脈絡中加以展開。前者是他們的進步之處，後者顯然仍未擺脫程朱理學、橫渠廷相氣學「氣質之性」有善有惡的傳統觀點的影響。這樣看來，他們最後還是回到人性「有不善」的結論，性善論在晚明氣學思潮中仍然面臨著新的考驗。

東明、蕺山都反對宋儒將人性分爲「氣質之性」、「義理之性」的做法，認爲只有氣質之性，沒有義理之性。楊東明說：

> 夫一邊言氣，一邊言理，氣與理豈分道而馳騁哉？蓋氣者理之質也，理者氣之靈也，譬猶銅鏡生明，有時言銅，有時言明，不得不兩稱之也。然銅生乎明，明本乎銅，孰能分而爲二哉？人性之大較如此，如曰專言理義之性，則有善無惡，專言氣質之性，則有善有惡，是人有二性矣，非至當之論也。〔註145〕

劉蕺山也有類似的說法。他說：

> 張子曰：「論性不論氣不備，論氣不論性不明。」是性與氣，分明兩事矣。即程子之見，亦近儱侗。凡言性者，皆指氣質而言也。或曰：「有氣質之性，有義理之性。」亦非也。盈天地間，止有氣質之性，更無義理之性。如曰：「氣質之理」，即是，豈可曰「義理之理乎」？〔註146〕

東明提出了「氣質之外無性」的觀點，並從理氣論上加以論證。他說：「盈宇宙間只是渾淪元氣，生天生地，生人物萬殊，都是此氣爲之。而此氣靈妙，自有條理，便謂之理。夫惟理氣一也，則得氣清者，理自昭著，得氣濁者，理自昏暗。蓋氣分陰陽，中含五行，不得不雜揉，不得不偏勝，此人性所以不皆善也。然太極本體，立二五根宗，雖雜揉而本質自在，縱偏勝而善根自存，此人性所以無不善也。」〔註147〕

梨洲秉承東明、蕺山等人的觀點，也認爲「陽明言無善無惡心之體，原與性無善無不善之意不同」〔註148〕，並稱讚東明的「陽明以之言心，不以之言

〔註145〕黃宗羲：《明儒學案》卷29《北方王門學案》，第650頁。
〔註146〕劉宗周：《語錄》，轉引自黃宗羲《明儒學案》卷62《蕺山學案》，第1526頁。
〔註147〕黃宗羲：《明儒學案》卷29《北方王門學案》，第649頁。
〔註148〕黃宗羲：《明儒學案》卷36《泰州學案五》，第853頁。

性也，猶孔子之言無知，無知豈有病乎？」此說爲「眞得陽明之肯綮也」〔註149〕。同時也贊成他們「氣質之外無性」、「凡言性者，皆指氣質而言也」等等說法，但是，他對東明「性有不善」表示反對。他說：「先生（指東明）此言，可謂一洗理氣爲二之謬矣。而其間有未瑩者，則以不皆善者之認爲性也。夫不皆善者，是氣之雜揉，而非氣之本然，其本然者，可指之爲性，其雜揉者，不可以言性也。天地之氣，寒往暑來，寒必於冬，暑必於夏，其本然也。有時冬而暑，夏而寒，是爲愆陽伏陰，失其本然之理矣。失其本然，便不可名之爲理也。然天地不能無愆陽伏陰之寒暑，而萬古此寒冬夏暑之常道，則一定之理也。人生之雜揉偏勝，即愆陽伏陰也。而人皆有不忍人之心，所謂厥有恒性，失其本然者非性，此毫釐之辨，而孟子之言性善，即不可易也。」〔註150〕

在黃宗羲看來，說氣質之外無性以及氣質即性都是對的，但不能說性有不善。他認爲氣之本然可言性，而氣之雜揉不能言性。這樣，黃宗羲從氣質即性的理論出發，通過「氣之雜揉」和「氣之本然」的劃分不僅解決了「惡」的來源問題，而且還開闢了通過「養氣」來「繼善成性」的工夫路徑。這與程朱理學將人性區分爲「義理之性」和「氣質之性」來分判善惡有明顯的不同，這在後面將有詳論。顯然，程朱理學的人性論是在「天理」主導下的理氣二分基礎上建構起來的，而黃宗羲的人性論是在氣一元論基礎上形成的。

其次，在陽明那裡，無善無惡不僅可以指心體，還可以指性體。心體其實就是性體，在兩者之間作出過度分判是不必要的。陽明曾明確指出「心之本體即是性」〔註151〕。事實上，在陽明這裡，良知可以說既是心體，又是性體。而且陽明自己也曾以無善無惡來描述性體。《傳習錄下》中還有兩條材料：

> 又曰：告子病源從「性無善無不善」上見來。性無善無不善，雖如此說，亦無大差；但告子執定看了，便有個無善無不善的性在內。有善有惡又在物感上看，便有個物在外。卻做兩邊看了，便會差。無善無不善，性原是如此。〔註152〕

> 問：古人論性，各有異同，何者乃爲定論？先生曰：性無定

〔註149〕黃宗羲：《明儒學案》卷29《北方王門學案》，第649頁。
〔註150〕黃宗羲：《明儒學案》卷29《北方王門學案》，第649頁。
〔註151〕王守仁：《傳習錄》卷上，《王陽明全集》，上海：上海古籍出版社1992年版，第24頁。
〔註152〕王守仁：《傳習錄》第3卷，《語錄三》，《王陽明全集》，第107頁。

體，論亦無定體。有自本體上說者，有自發用上說者，有自源頭
上說者，有自流弊處說者，總而言之，只是一個性，但所見有淺
有深爾。〔註153〕

由此看來，陽明也用無善無惡來描述性體，後來周海門也說「心性有兩
名而無兩體」（《王門宗旨》卷首《王門宗旨序》）。其實，這也是陽明學區別
於朱子學的一個關鍵所在。陽明早年「格竹子」失敗事件，其實已經讓他明
白，「心外無理」，「心即理」。這樣，陽明學有一個重要的致思取向，那就是
盡量降低心體和性體之間的差異，而其採用的方法就是降低性體（天理）的
主宰性和客觀性，以此提升心體的主體性。前面提到，朱熹之所以批判象山
之學為禪學，其中一個重要根據就是象山「不曾略見天理」，意思是說象山忽
視和降低了性體（天理）的客觀性和主宰性。陽明以「無善無惡」來形容性
體，其目的也是為了提升心體的主體性，使之超越具體「倫物感應」，不至於
讓心體「執定一邊」。

而正是因為陸王心學降低了性體（天理）的客觀性和主宰性，使得氣化
流行中失去主宰，這才會造成蕺山說的「玄虛而蕩」、「情識而肆」的王學流
弊。所以，黃宗羲力圖提升性體（天理）的客觀性和主宰性。這從黃宗羲對
於陽明「心即理」的重新解讀中可以看出。他說：「或者以釋氏本心之說，頗
近於心學，不知儒釋界限只一『理』字。釋氏於天地萬物之理，一切置之度
外，更不復講，而止守此明覺。先生（陽明）以聖人之學，心學也。心即理
也，……先生點出心之所以為心，不在明覺而在天理，金鏡已墜而復收，遂
使儒、釋疆界渺若山河，此有目者所共睹也。」〔註154〕陽明強調心的主體性
也即「明覺」，而黃宗羲落腳於心的根據也即「天理」上。黃宗羲正是希望通
過天理、性體來保證心體有主宰，而不至於泛濫走作。早在《孟子師說》的
書中，黃宗羲就有此理論傾向。他說：「孟子以為義理即心，而是以心之主宰
而言曰『志』，有主宰則不患不流行。」〔註155〕

總之，在晚明關於「無善無惡」的大討論中，梨洲贊成東明、蕺山等人
觀點，認為無善無惡是就心體而言，不是就性體而言的；並順應當時氣學思
潮，堅持認為氣質即性。但是，黃宗羲並未局限於這樣的認識，而是在傳統

〔註153〕王守仁：《傳習錄》第 3 卷，《語錄三》，《王陽明全集》，第 115 頁。
〔註154〕黃宗羲：《明儒學案》，《黃宗羲全集》，第 7 冊，第 202 頁。
〔註155〕黃宗羲：《孟子師說》卷 2，《黃宗羲全集》，第 1 冊，第 61 頁。

氣學的基礎上區分氣之雜揉和氣之本然，認爲氣之雜揉不是性，氣之本然者爲性。這樣，黃宗羲站在氣一元論的基礎上，不僅化解了程朱理學長期以來人性二分論，一洗程朱理學工夫論的「支離」之弊，而且還解決了宋明理學長期以來解決不了的善惡如何形成的大問題（這將在下章詳細討論）。黃宗羲還敏銳地發現陸王心學有忽視性體（天理）的客觀性、主宰性的缺陷，因此他努力提升性體（天理）的地位和作用。

爲了根本解決心性論上的紛爭，必須進展到理氣論問題的探討。這是因爲，黃宗羲認爲理氣關係是學問的根本問題。他說：「理氣乃學之主腦。」〔註156〕在黃宗羲那裡，心性論和理氣觀並不是孤立的，兩者之間存在著密切而又對應的關係。他說：「在天爲氣者，在人爲心；在天爲理者，在人爲性。」〔註157〕黃宗羲之所以認爲理氣爲學之主腦，並非偶然。這在《孟子師說》那裡也有萌芽。他說：

> 人身雖一氣之流行，流行之中，必有主宰。主宰不在流行之外，即流行之有條理者。自其變者而觀之謂之流行，自其不變者而觀之謂之主宰。養氣者使主宰常存，則血氣化爲義理；失其主宰，則義理化爲血氣，所差在毫釐之間。〔註158〕

> 天地間只有一氣充周，生人生物。人稟是氣以生，心即氣之靈處，所謂知氣在上也。心體流行，其流行而有條理者，即性也。猶四時之氣，和則爲春，和盛而溫則爲夏，溫衰而涼則爲秋，涼盛而寒則復爲春。萬古如是，若有界限於間，流行而不失其序，是即理也。理不可見，見之於氣；性不可見，見之於心；心即氣也。心失其養，則狂瀾橫溢，流行而失其序矣。養氣即是養心，然言養心猶覺難把捉，言養氣則動作威儀，旦晝呼吸，實可持循也。佛氏「明心見性」，以爲無能生氣，故必推原於生氣之本，其所謂「本來面目」，「父母生前」，「語言道斷，心行路絕」，皆是也。至於參話頭則壅遏其氣，使不流行。離氣以求心性，吾不知所明者何心，所見者何性也。〔註159〕

〔註156〕黃宗羲：《黃梨洲文集》，北京：中華書局1959年版，第450頁。
〔註157〕黃宗羲：《明儒學案》卷47《諸儒學案中一》，第1107頁。
〔註158〕黃宗羲：《孟子師說》卷2，《黃宗羲全集》，第1冊，第61頁。
〔註159〕黃宗羲：《孟子師說》卷2，《黃宗羲全集》，第1冊，第60〜61頁。

黃宗羲上面兩段議論涵義頗豐，至少有三點值得注意：

其一，重新分疏理、氣的關係及其功能。在黃宗羲看來，「宋儒言理能生氣，亦誤認理爲一物矣。」〔註160〕他認爲，天地間只有一氣充周，一氣流行，氣之流行中必有主宰，主宰不在流行之外，即流行之有條理者。他還進一步指出，「理氣之名，由人而造。自其浮沉升降者而言，則謂之氣；自其浮沉升降而不失其則者而言，則謂之理。蓋一物而兩名，非兩物而一體也。」〔註161〕宇宙萬物的浮沉升降，即是氣之流行；氣之流行而不失其則者就是「理」。因此，理與氣只是「一物而兩名」，而不是「兩物而一體」。故黃宗羲認爲：「天地之間，只有氣，更無理。所謂理者，以氣自有條理者，故立此名耳。」〔註162〕既然理爲氣流行之則，因此也就有了「無氣外之理」、理氣合一的必然結論〔註163〕，他最後總結說：「盈天地間一氣也，氣即理也。天得之以爲天，地得之以爲地，人得之以爲人，一也。」〔註164〕這種理氣觀顯然與程朱理學的理氣爲二、理在氣先不同。

朱熹分理氣爲二的根本原因在於他過份地看低氣，這是黃宗羲絕對不認同的。早在《孟子師說》中，他就對朱熹的這個理論傾向提出了批評。「朱子云：『氣只是身中底氣，道義是眾人公共底。天地浩然之氣，到人得之，便自有不全了，所以須著將道理，養到浩然處。』此言有病。人自有生以來，一呼一吸，尙與天通，只爲私欲隔礙，全不成天地之氣耳，豈有到人身上，便自不全？後來羅整菴分明覺、天理爲二，皆本於此。」〔註165〕這樣，黃宗羲也就轉變了宋儒的理氣關係。

黃宗羲還從氣一元論角度重新認識理、氣的功能。在他看來，義理的主宰功能和氣的流行創造功能兩者不可偏廢。自其變者而觀之謂之流行，自其不變者而觀之謂之主宰。從正面來看，養氣者使主宰常存，則血氣化爲義理；失其主宰，則義理化爲血氣，所差在毫釐之間。從反面來看，若只有氣之流行，沒有理之主宰，氣之流行就可能失去其則，這樣，血氣不但不能化爲義理，甚至義理還有可能化爲血氣。若只有理之主宰，而沒有氣之自然流行，

〔註160〕黃宗羲：《黃宗羲全集》，第 8 冊，第 487 頁。
〔註161〕黃宗羲：《黃宗羲全集》，第 8 冊，第 355～356 頁。
〔註162〕黃宗羲：《黃宗羲全集》，第 8 冊，第 487 頁。
〔註163〕黃宗羲：《孟子師說》卷 6，《黃宗羲全集》，第 1 冊，第 133 頁。
〔註164〕黃宗羲：《子劉子學言》卷 2，《黃宗羲全集》，第 1 冊，第 304 頁。
〔註165〕黃宗羲：《孟子師說》卷 2，《黃宗羲全集》，第 1 冊，第 65 頁。

則壅遏其氣。

流行主宰是明代學術思想史中的重要概念範疇。龍溪主張「自然爲宗」。他說：「學當以自然爲宗，警惕者，自然之用，戒愼恐懼未嘗致絲毫之力，有所恐懼便不得其正矣。」然而，季本（1485～1563，字明德，號彭山。陽明弟子）對此表示反對，著《龍惕》一書，申明「貴主宰而惡自然」宗旨。他說：「理者陽之主宰，乾道也；氣者陰之流行，坤道也。流行則往而不返，非有主於內，則動靜皆失其則矣。」還說：「今之論心者，當以龍而不以鏡，龍之爲物，以警惕而主變化者也。理自內出，鏡之照自外來，無所載制，一歸自然。自然是主宰之無滯，曷嘗以此爲先哉？」

黃宗羲充分肯定季彭山「貴主宰」的學術價值。他說：「弟其時同門諸君單以流行爲本體，玩弄光影，而其升其降之歸於劃一者無所事，此則先生主宰一言，其關係學術非輕也。」不過，黃宗羲認爲季彭山雖然重視「理」對「氣」的主宰，但是，他沒有看到氣化流行的積極價值，所以，梨洲說彭山的理氣論「終是鶻突」。他說：「夫大化只此一氣，氣之升爲陽，氣之降爲陰，以至於屈伸往來，生死鬼神，皆無二氣。故陰陽皆氣也，其升而必降，降而必升，雖有參差過不及之殊，而終必歸一，是即理也。今以理屬之陽，氣屬之陰，將可言一理一氣之爲道乎？先生於理氣非明睿所照，從考索而得者，言之終是鶻突。」正是由於彭山這種理氣觀上的錯誤，才導致他過分強調理之主宰義，而忽視了氣之流行義。所以，黃宗羲引用鄒東廓的話表明自己立場。「東廓云：警惕變化，自然變化，其旨初無不同者，不警惕不足以言自然，警惕而不自然，其失也滯，自然而不警惕，其失也蕩。」〔註166〕

其二，從氣一元論的角度重新調整本體與工夫的關係。黃宗羲認爲，程朱理學、陽明學的工夫論都出現了不同程度的支離弊病。程朱理學的工夫論可以歸結爲「涵養須用敬，進學則在致知」。他說：「『涵養須用敬，進學則在致知』此伊川正鵠也。考亭守而勿失，其議論雖多，要不出此二言。大較明道之言，故欲揚之，恐人滯；考亭之言，故欲抑之，恐人蕩。其用心則一也。」〔註167〕黃宗羲認爲陽明的「致良知」也存在著「支離」弊病。他說：「先生（指陽明）既以良知二字冒天下之道，安得又另有正修工夫？只因將意字看作已發，故工夫不盡，又要正心，又要修身。意是已發，心是未發，身又是已發。

〔註166〕以上引文均引自黃宗羲：《明儒學案》卷13《浙中王門學案三》，第271～272頁。
〔註167〕黃宗羲原著、全祖望修補：《宋元學案》卷48《晦翁學案上》，第1554～1555頁。

先生每譏宋儒支離而躬蹈之。」〔註168〕爲何理學、心學的工夫論都出現了不同程度的支離弊病呢？黃宗羲不僅注意到這個共同現象，而且在理論上試圖加以詮釋和解決。他吸收了宋明儒學尤其是橫渠、廷相氣學的工夫論中的優秀資源，對這種現象進行卓有成就的探索。

前面提到，黃宗羲是將理氣論和心性論相提並論的，心性論說到底是理氣論的邏輯推演。這在上面材料中可以得到很好的印證。黃宗羲以氣質論性的思路受到唐樞、蕺山等人的影響。唐樞（1498～1574，字惟中，號一庵），少師事湛甘泉，其後慕陽明之學而不及見。故於甘泉之隨處體認天理，陽明之致良知，兩存而精究之。他說：「性無本然氣質之別。天地之性，即在形而後有之中。天之所賦，元是純粹至善。氣質有清濁純駁不同，其清與純本然不壞，雖濁者駁者而清純之體未嘗全變。其未全變處，便是本性存焉。此是能善反的丹頭。」〔註169〕顯然，在唐樞這裡，儘管還存在天地之性、氣質之性二分的痕迹，但是，他提出了「性無本然氣質之別」，並在此基礎上，認爲「功夫就是本體」。

這樣看來，至少自唐樞以來，明代學者逐漸開始從氣質處論性，從功夫處論本體。到了蕺山那裡也是如此。他說：

> 夫天命之所在，即人心之所在，人心之所在，即道心之所在，此虞廷未發之旨也。或曰有「氣質之性」，有「義理之性」，則性亦有二歟？爲之說者，本之人心道心而誤焉者也。程子曰：「論性不論氣不備，論氣不論性不明，二之則不是。」若既有氣質之性，又有義理之性，將使學者任氣質而遺義理，則「可以爲善，可以爲不善」之說信矣！又或遺氣質而求義理，則「無善無惡」之說信矣！又或衡氣質義理而並重，則有「有性善有性不善」之說信矣！三者之說信，而性善之旨復晦，此孟氏之所憂也。須知性只是氣質之性，而義理者氣質之本然，乃所以爲性也。性只是人心，而道者人之所當然，乃所以爲心也。人心道心，只是一心，氣質義理，只是一性。識得心一性一，則工夫亦可一也。〔註170〕

〔註168〕黃宗羲：《明儒學案》第 10 卷，《姚江學案》，《黃宗羲全集》，第 7 冊，第 228 頁。

〔註169〕唐樞：《景行館論》，引自黃宗羲：《明儒學案》卷 40《甘泉學案四》，第 958 頁。

〔註170〕引自黃宗羲：《明儒學案》卷 62《蕺山學案》，第 1583 頁。

劉蕺山認為，宋儒人性論的支離導致了三種錯誤人性論的出現，使得孟子性善之旨復晦。他認為，性只是氣質之性，義理是氣質之本然。只有從氣質論性，才能使得氣質義理 「只是一性」，才能使得「工夫可一」。故蕺山認為，「古人言性，皆主後天，畢竟離氣質無所謂性者」〔註171〕，所以聖學工夫必然要從氣質處落腳，從氣質上揀擇德性。蕺山說：「人心惟危，道心惟微，道心即在人心中看出，始見得心性一而二，二而一。然學者工夫不得不向危處做起，是就粗處求精，至紛處求一，至偏處求中也。」黃宗羲注解道：「擇善固執，正是從氣質上揀擇德性來，所以至精。」〔註172〕從此出發，蕺山提出「養心」必先「養氣」的工夫論。他說：「學者養心之法，必先養氣，養氣之功，莫如集義。自今以往，只事事求慊於心，凡閒勾當、閒話說，概與截斷，歸併一路，遊思雜念，何處可容？」〔註173〕

但是，從氣質論性，並不意味著氣質就是性，相反，蕺山認為氣質不是性，氣質就習上看，不就性上看。如果以氣質言性，就會落入「以習言性」的窠臼。他說：「說者謂孔子言性，只言近，孟子方言善、言一。只為氣質之性、義理之性分析後，便令性學不明，故說孔子言性，是氣質之性；孟子言性，是義理之性。愚謂氣質還他是氣質，如何扯著性？性是就氣質之中，指點義理，非氣質即是性也。清濁厚薄不同也，是氣質一定之分，為習所從出者。氣質就習上看，不就性上看，以氣質言性，是以習為性也。」〔註174〕

總之，蕺山為了破除宋儒人性論的支離，在氣質論性的基礎上提出了「養氣」的工夫論，使得工夫歸併一路。但是，由於他認為氣質不是性，還有天命之性存在。由於天命之性不睹不聞、莫見莫顯。因此，在蕺山看來，如果僅就喜怒哀樂上去求，則是從粗處求之，顯然不足據也。所以，在工夫論上，蕺山還是贊成陽明「戒慎恐懼是本體」的觀點。

梨洲承續蕺山的思路，主張工夫要在氣化流行中落實。這有兩個方面的原因。其一，從本體論上看，理、性具有不可見和不易把握的特點，而氣則恰恰相反。同時，理不可見，見之於氣；性不可見，見之於心。也就說，理氣、心性是一，而不是二。「理氣如是，則心性亦如是，絕不異也」〔註175〕。

〔註171〕黃宗羲：《孟子師說》，《黃宗羲全集》，第 1 冊，第 77～78 頁。
〔註172〕引自黃宗羲：《明儒學案》卷 62《蕺山學案》，第 1518 頁。
〔註173〕引自黃宗羲：《明儒學案》卷 62《蕺山學案》，第 1547 頁。
〔註174〕引自黃宗羲：《明儒學案》卷 62《蕺山學案》，第 1600～1601 頁。
〔註175〕黃宗羲：《明儒學案》卷 47《諸儒學案中一》，第 1107 頁。

所以，認識理和性，可以從「可見」、「可持循」的氣化流行中落腳。其二，從工夫論上看，雖然說心即氣，但是，養心猶覺難把捉，言養氣則動作威儀，且晝呼吸，實可持循也。這樣，在一定意義上，黃宗羲就轉變了龍溪「從心上立根」的工夫傳統，而是從氣化流行中發展出新型的工夫論。由此，晚年黃宗羲提出「心無本體，功力所至，即其本體」的進步理論。其三，黃宗羲明確指出，宋明儒學出現禪學化的根本原因在於沒有解決好理氣、心性問題。佛氏「明心見性」，以爲無能生氣，故必推原於生氣之本。其所謂「本來面目」，「父母生前」，「語言道斷，心行路絕」，皆是也。至於參話頭則壅遏其氣，使不流行。離氣以求心性，吾不知所明者何心，所見者何性也。

　　黃宗羲還指出，由於理氣和心性是一致的，兩者要一併解決，否則仍然不能根本解決儒學禪學化的問題。所謂「理氣如是，則心性亦如是，絕不異也」〔註176〕。但是，如果僅僅解決理氣問題，但是在心性問題上出現錯誤，也會導致儒學走向禪學（這將在下章重點討論）。比如，黃宗羲認爲，儘管羅欽順（號整菴）論理氣最爲精確，但是他的心性論卻與理氣論自相矛盾，結果還是走到了程朱理學「理能生氣」的老路上去了。黃宗羲說：「先生（整菴）以爲天性正於受命之初，明覺發於既生之後，明覺是心而非性。信如斯言，則性體也，心用也；性是人生以上，靜也，心是感物而動，動也；性是天地萬物之理，公也，心是一己所有，私也。明明先立一性以爲此心之主，與理能生氣之說無異，於先生理氣之論，無乃大悖乎？」〔註177〕

　　黃宗羲認爲，程朱理學禪學化的根本原因在於「理能生氣」、「理先於氣」；陸王心學禪學化則由於「無善無惡」。總而言之，宋明儒學出現禪學化，主要是因爲理氣論、心性論上出現了問題。爲了解決好理氣論、心性論，他不同於程朱理學和陸王心學的致思取向，而是在充分吸收這些學術精華的基礎上，以氣學爲根底，重視和建構氣學之超越義，提出了「心無本體，工夫所至，即其本體」等理論，通過實學和史學落實氣學的超越義，從而使得明末清初的學術思想發生轉型，不僅解決了學術禪學化的問題，而且對早期學術啓蒙這個重大課題展開了卓有成就的探索。

〔註176〕黃宗羲：《明儒學案》卷47《諸儒學案中一》，第1107頁。
〔註177〕黃宗羲：《明儒學案》卷47《諸儒學案中一》，第1107頁。

第四章 黃宗羲氣學的定位與早期學術啓蒙

前章說到，黃宗羲以「氣化流行之體」來分判和解決宋明諸儒的禪學化問題。牟宗三也指出，黃宗羲這裡的「氣化流行之體」是就氣化本身說的，它既不同於宋儒說的「天命於穆不已」的「流行之體」，亦非王學良知周流遍潤的「流行之體」。不過，牟宗三認爲，黃宗羲以此分判儒釋既不符合「先秦儒家古義」，又不能籠統佛家「緣起性空」與「作用見性」。故而，以氣化流行之體來分判儒釋，「正示其兩不眞切，亦不明徹」〔註1〕。牟宗三之所以有此結論，是因爲他認爲黃宗羲的「氣化流行之體」對於「天命流行之體」有誤解。他在《心體與性體》第二冊專門寫一篇文章《黃宗羲對於「天命流行之體」之誤解》指出，黃宗羲的氣化流行之體「不獨全接不上宋儒與王學之綱領，且並其師之學脈亦接不上也」〔註2〕。蕺山的「獨體」尙能保持住超越性，到梨洲之「氣化流行之體」則滑轉下來，超越義完全減煞。由此，牟宗三貶斥梨洲，在蕺山、梨洲之間劃定界限，並認定蕺山是宋明理學的殿軍，梨洲已經走出了宋明理學。

很顯然，牟宗三之所以貶斥梨洲之學，這是因爲他認爲梨洲誤解了「天命流行之體」，也在於他認爲「氣化流行之體」根本就不具有超越義〔註3〕。

〔註1〕牟宗三：《心體與性體》（中），上海：上海古籍出版社1999年版，第102～115頁。

〔註2〕牟宗三：《心體與性體》（中），上海：上海古籍出版社1999年版，第104頁。

〔註3〕現代學者牟宗三、唐君毅、勞思光及劉述先諸位先生對儒家的詮釋雖不盡相同，甚至在某些問題上的看法相去甚遠，但對儒學都不約而同有一個共同的

劉述先對此提出異議，他指出，相對於朱熹理氣二元不離不雜的思想，陽明明顯地展示了一種強烈的「內在一元的傾向」，主張超越的「理」具現在內在的「氣」之中。陽明、蕺山、梨洲都維持了對於超越天道的嚮往，故此把他們的思想說成「內在一元論」，是不免誤導的。此一詞嚴格說來，只能用於王廷相、顏習齋、戴東原，以及梨洲同門陳乾初的思想。劉述先認為正因為梨洲還能堅持「天理」、「人欲」的分別，所以梨洲是宋明理學的殿軍〔註4〕。

判定：即以為儒學之所以為儒學，在於或通過「心性」一脈的建立。「心性」一脈，即孟子承續孔子之教而來，即心言性，講出一套性善的人性理論。此路數以挺立道德主體性（或德性自覺）為宗旨，堅信人人皆有道德自覺心，認為這是一切道德實踐所以可能的先驗根據（或超越的根據）。他們以「心性」一脈作為分判標準，把儒學發展歷史中凡是不能承續此路數的皆定為歧出，甚至譏為沒落或幼稚。其中對始於荀子、昌於漢儒的「氣性」一脈批判最多。牟宗三先生雖然認為「氣性」一脈亦有功於儒學：如揭示人性的消極面（依氣性為有礙於本性之表現處說消極）、點出人之才資之殊別而開才性品鑒的一面等。但他認為氣性一脈所謂的善，只是氣質之「善的傾向」，並非道德性本身之性的「定然的善」。氣質有「異質」、「駁雜」、「結聚」、「平擺之演化」以及「被動之委順」等形式特徵，因此，氣質之善的傾向純是偶然的、無定準的，並無必然性。所以，氣質之善並非定然的，亦非道德性之當身。聖人總不能只限於氣性之一層，聖人總是德性人格之目，其天資無論如何高，亦無現成之聖人，其天資亦在不斷的陶鑄與完成中。此則必開超越之理性領域，而後始能盡聖人之蘊，而後始能說「人人皆可以為聖人」，而後始真能建立人性之尊嚴。「此則必歸宗於孟子，而後始能全部站得起。宋明儒即承續此路而前進，而兩漢傳統之所注意之氣性、才性，遂吸收而為『氣質之性』矣。此是中國學術之大脈也」。詳見牟宗三著《才性與玄理》，桂林：廣西師範大學出版社 2006 年版，第 1～21 頁。
一些學者對牟宗三等人觀點進行了批判，認為氣性一脈也有「創造性」、「先天性」和「超越性」。詳見楊儒賓、祝平次主編的《儒學的氣論與工夫論》（上海：華東師範大學出版社 2008 年版）收錄三篇文章：（一）何乏筆：《何謂「兼體無累」的工夫——論牟宗三與創造性的問題化》，第 55～71 頁；（二）楊儒賓：《一陽來復——〈易經·復卦〉與理學家對先天氣的追求》，第 72～110 頁；（三）鄭宗義：《論儒學中「氣性」一路之建立》，第 170～191 頁。
本文認為，梨洲以「氣之本然即是性」為鮮明旗幟，對以往氣學家關於氣質之性缺乏超越性等諸多論點分別加以梳理和批駁。不僅呈現了宋明儒學中氣學一派思想之進展，而且讓我們看到梨洲在批判中其實已經超越了這些氣學家。他承續了氣學家從氣質、氣化流行處去理解和審視人性的優秀傳統，同時也對以往氣學家的氣質之性沒有超越性的一面提出批駁。在梨洲眼裏，橫渠以來的學者只是從「氣之雜糅」去看人性，因此，他們必然會得出「性有善有不善」的結論。梨洲不同意這種觀點，認為「氣之本然者是性，失其本然者非性」。
〔註4〕劉述先：《重訪黃宗羲——自序》，《黃宗羲心學的定位》，杭州：浙江古籍出

　　爲了說明梨洲氣化流行之體仍有超越義，劉述先在此區分「內在一元的傾向」和「內在一元論」。這種研究方法以及由此得出的結論都是值得商榷的，黃宗羲氣化流行之體的超越性問題還是沒有真正解決。事實上，黃宗羲的氣化論是很關鍵的問題。他的氣學思想的形成與陳乾初之間固然有聯繫，受其影響很大。但是，從黃宗羲學術思想發展的脈絡來看，他的氣化流行之體正是在充分吸收宋明理學尤其是橫渠廷相的氣學思想的基礎上產生的。他以氣學爲根底，提出了「心無本體，工夫所至即是本體」理論，通過實學和史學來落實這個理論創新，從而推動了明末清初的學術思想的近代轉型。由此，黃宗羲學術思想才逐漸走出宋明理學、走向實學，具有早期學術啟蒙的價值和意義，從而爲早期政治啟蒙提供了堅實的文化基礎。

第一節　黃宗羲氣學超越義之建構

　　车宗三先生也承認，黃宗羲的「氣化流行之體」是承續蕺山理氣問題而來〔註5〕，這的確道出了部分歷史事實。黃宗羲的「氣外無理」、「氣質之性之外無義理之性」、「太極爲萬物之總名」一類的說法都出自蕺山，但不可否認黃宗羲的「氣化流行之體」是對宋明儒學尤其是氣學一派吸收提升的結果。下面來重點論述黃宗羲對氣學超越義的建構。

一、黃宗羲對「氣質之性」諸論的批駁與超越

　　張載（1020～1077），字子厚，鳳翔郿縣（今陝西眉縣）橫渠鎮人，學者稱橫渠先生。他創立「關學」，是北宋理學創始人之一，與周敦頤、邵雍、程顥、程頤，合稱「北宋五子」。全祖望在《宋元學案·橫渠學案》的案語中說：「橫渠先生勇於造道，其門戶雖微，有殊伊洛，而大本則一也。其言天人之故，間有未當者，黃梨洲稍疏證焉，亦橫渠之忠臣哉。」〔註6〕黃宗羲對橫渠之疏證主要體現在兩點：一是肯定橫渠「虛空即氣」，以此批判釋老「無能生有」之學；二是疏證「氣質之性」，批判程朱「變化氣質」之論。

　　黃宗羲對橫渠「虛空即氣」之論極爲欣賞，認爲這與宋儒「虛即是理」、「理生氣」等論完全不同。他在《與友人論學書》中說：

　　　　版社 2006 年版，第 1～3 頁。

〔註 5〕车宗三：《心體與性體》（中），上海：上海古籍出版社 1999 年版，第 115 頁。

〔註 6〕黃宗羲原著、全祖望修補：《宋元學案》卷 17《橫渠學案上》，第 662 頁。

　　　　先儒云：虛即是理，理生氣。豈非老莊無生氣之說乎？故凡先
　　　儒之言氣者，必曰本乎老。虛即是理，因未聞先儒有此言也。獨不
　　　觀張子曰：知虛空即氣。則有無隱顯神化性命，通一無二。若謂虛
　　　能生氣，則入老氏有生於無自然之論。不識所謂有無混一之常，則
　　　虛無生氣之說，正先儒之所呵者。〔註7〕

黃宗羲這裡不僅指出橫渠的「虛空即氣」與程朱的「虛即是理，理能生氣」
不同，而且還認為橫渠此論可以批判老莊的「無能生氣」之說。前章提到，
黃宗羲認為程朱理學禪學化的根本原因就在於「虛即是理」、「理生氣」，所以，
橫渠此論不僅可以批判佛教，還可以批判程朱理學。黃宗羲說：「蓋不知盈宇
宙間一氣耳，即使天地混沌，人物消盡，只一空虛，亦一氣耳。此至眞之氣，
本無終始，不可以先後天言，故曰『一陰一陽之謂道』。若謂『別有先天在形
氣之外』，不知此理安頓何處？蓋佛氏以氣為幻，不得不以理為妄。世儒分理
氣為二，而求理於氣之先，遂墮佛氏障中。」〔註8〕

　　總之，黃宗羲認為，橫渠「虛空即氣」論不僅可以批判釋老學說，而且
還可以有效修正程朱理學。所以，黃宗羲對張載此論極為欣賞，並加以承續
和發揮，從而發展了宋明以來的理氣論。這可以從兩個方面來理解：其一，
他提出理只是氣化流行的條理，而不是別有一物。這就不難理解他極力反對
程朱理學「理為一物」的理氣二元論。他說：「故氣有萬有，理只一理，以理
本無物也。宋儒言理能生氣，亦只誤認理為一物。」〔註9〕其二，他認為，氣
自有條理，並不需要外在的物體來主宰氣化流行。「天地之間只有氣，更無理，
所謂理者，氣自有條理。」〔註10〕他說：「抑知理氣之名，由人而造，自其浮
沉升降者而言，則謂之氣；自其浮沉升降不失其則者而言，則謂之理。蓋一
物而兩名，非兩物而一體也。」〔註11〕由此看來，黃宗羲在張載「虛空即氣」
論的基礎上發展了宋明理氣論。

　　雖然黃宗羲對橫渠理氣論極為欣賞，但對橫渠「氣質之性」說卻大加批
判。黃宗羲對橫渠氣質之性的疏證，見於黃百家在《橫渠學案》的案語中。
在「形而後有氣質後有氣質之性，善反之，則有天地之性存焉。故氣質之性，

─────────────

〔註7〕黃宗羲：《與友人論學書》，《黃宗羲全集》，第 10 冊，第 153 頁。
〔註8〕黃宗羲：《明儒學案》卷 20《江右王門學案五》，第 458 頁。
〔註9〕黃宗羲：《明儒學案》卷 50《諸儒學案中四》，第 1174 頁。
〔註10〕黃宗羲：《明儒學案》卷 50《諸儒學案中四》，第 1174 頁。
〔註11〕黃宗羲：《明儒學案》卷 44《諸儒學案上二》，第 1161 頁。

君子弗性焉」條下，黃百家有三段案語。其中兩段引用黃宗羲的觀點。第一
段案語如下：

> 百家謹案：先生（指橫渠）雖言有氣質之性，下即言「君子有
> 弗性焉」，是仍不以氣質之性爲性也。奈何後之言性者，竟分天命、
> 氣質爲性乎？楊晉庵東明曰：「氣質之外無性。盈宇宙只是渾淪元
> 氣，生天生地，生人物萬殊，都是此氣爲之。而此氣靈妙，自有條
> 理，便謂之理。夫惟理氣一也，則得氣清者自昭著，得氣濁者理自
> 昏暗。蓋氣分陰陽，中含五行，不得不雜糅，不得不偏勝，此人性
> 所以不皆善也。然太極本體立二五根宗，雖雜糅而本質自在，縱偏
> 勝而善根自存，此人所以無不善也。」先遺獻謂晉庵之言，可謂一
> 洗理氣爲二之謬，而其間有未瑩者，則以不皆善者之認爲性也。夫
> 不皆善者是氣之雜糅，而非氣之本然；其本然者可指之爲性，其雜
> 糅者不可以言性也。天地之氣，寒暑往來。寒必於冬，暑必於夏，
> 其本然也。有時冬而暑，夏而寒，是爲愆陽伏陰，失其本然之理矣。
> 失其本然，便不可名之爲理也。然天地不能無愆陽伏陰之寒暑，而
> 萬古此冬夏寒暑之常道，則一定之理也。人生之雜糅偏勝，即愆陽
> 伏陰也。而人皆有不忍人之心，所謂「厥有恆性」，豈可以雜糅偏勝
> 者當之？雜糅偏勝，不恆者也。是故氣質之外無性，氣質即性也。
> 第氣質之本然者是性，失其本然者非性，此毫釐之辨〔註12〕。

「先遺獻謂晉庵之言」以下諸語，乃黃宗羲對楊晉庵的評論，原文見於
《明儒學案》卷二十九，這段話雖未直接涉及橫渠，但黃百家既然把它引來
爲「案語」就說明同樣可以用來評價橫渠。從這段話可以看出：第一，在理
氣問題上，楊晉庵是理氣一元論者。他認爲盈宇宙間只是渾淪元氣，而理乃
氣之條理。這一點和黃宗羲完全一致，所以，黃宗羲稱讚他「可謂一洗理氣
爲二之謬矣」。第二，在心性論上，楊晉庵認爲「氣質之外無性」，也和黃宗
羲是一致的，但他認爲「人性無不善」，「人性又不皆善」，前者是氣之本然造
成的，後者是氣之雜糅造成的。黃宗羲堅決不同意這個觀點，認爲「氣之本
然者是性，失其本然者非性」，因而人性皆有善而無不善。這是梨洲和晉庵的
分歧，雖是「毫釐之辨」，但梨洲認爲不得不辨。

〔註12〕黃宗羲原著、全祖望修補：《宋元學案》卷 17《橫渠學案上》，第 695～696
　　　頁。

拿這段話去看橫渠，可以發現梨洲和橫渠在理氣問題上也是一致的，但在人性論問題上，兩人分歧也是很明顯的。橫渠將人性分爲「氣質之性」和「天地之性」，這與梨洲「氣質之外無性」的觀點差異很大；橫渠又把「氣質之性」看作爲可善可惡，這也與梨洲「性善論」不合。然而，程朱理學者對橫渠氣質之性則津津樂道，對橫渠變化氣質之說推崇備至。程子說：「學至氣質變化，方是有功。」朱熹曰：「氣質之說，起於張、程，極有功於聖門，有補於後學。前此未曾說到，故張、程之說立，則諸子之說泯矣。」〔註13〕朱熹將人性分爲「氣質之性」與「義理之性」兩種。「氣質之性」是橫渠的發明，朱熹直接拿來使用，「義理之性」則是橫渠「天地之性」的另一種表述而已。所以，橫渠的性論在程朱理學那裡得到承續和發揚，從這個角度來看，梨洲批駁橫渠的「氣質之性」以及「變化氣質」，當然也有反對贊成程朱理學支離人性論的意思在內。

梨洲對橫渠的批駁主要在於黃百家的第二段「案語」，全文如下：

> 百家又案：先生（指橫渠）言「善反之，則天地之性存焉」，此則所謂變化氣質也。夫湯、武之反，不遠之復，由違乎性，故須反復乎性也。若既以氣質之外無性，則性又何須變化乎？呂巾石懷先生之說，專以變化氣質爲宗旨，以爲：「氣質由身而有，不能無偏，猶水火木金，各以偏氣相勝。偏氣勝，則心不能統之矣。皆因心同形異，是生等差。故學者求端於天，不爲氣質所局矣。」此言似是而有辨。先遺獻曰：「氣之流行，不能無過不及；故人之所稟，不能無偏。氣質雖偏，而中正者未嘗不在也。猶天之寒暑雖有過不及，而盈虛消息，卒歸于太和。以此證氣質之善，無待于變化。理不能理氣以爲理，心不能離身以爲心。若氣質必待變化，是心亦須變化也。今曰心之本來無病，由身之氣質而病，而身與心判然爲二物矣。孟子言陷溺其心者爲歲，未聞氣質之陷溺其心也。蓋橫渠之失，渾氣質于性；巾石之失，離性於氣質。總由看習不清楚耳。」〔註14〕

黃百家在這段案語中，和他父親一道批判了巾石和橫渠的「變化氣質」說。「先遺獻曰」以下諸語見於《明儒學案》卷三十八。呂懷（1492～1573），字汝愚，

〔註13〕 以上皆引自黃宗羲原著、全祖望修補：《宋元學案》卷17《橫渠學案上》，第694頁。

〔註14〕 黃宗羲原著、全祖望修補：《宋元學案》卷17《橫渠學案上》，第696頁。

號巾石，廣信永豐人，嘉靖壬辰進士。巾石出於甘泉之門，其學以「變化氣質」為宗，並著《心統圖說》以發明此義。他自稱：「《心統圖說》，正為發明性善本于天理。其言偏仁義氣質等論，總只是指點病根之所從來。蓋性統於心，本來無病，由有身乃有氣質，有氣質乃有病，有病乃有修。是故格致誠正，所以修身，戒懼慎獨，所以修道。身修道立，則靜虛動直，天理得而至善存矣。非以氣質為惡性，與性善待並出也。」〔註15〕

　　巾石此論和橫渠「變化氣質」說極為相似，故梨洲認為巾石「可以盡橫渠之蘊」〔註16〕。但是，梨洲並不認同橫渠、巾石兩人的觀點，認為他們都沒有解決好氣質和人性的關係。在梨洲看來，橫渠的失誤在於「渾氣質於性」。橫渠把氣之雜糅偏勝者渾之於「性」，既然如此，自然就要變化氣質；如不渾之於性，又何須變化氣質呢？巾石的失誤在於「離性於氣質」。巾石只講變化氣質，而不知「氣質之本然」者即是性，根本不須變化。總之，橫渠巾石都沒有解決好氣質與人性的關係。

　　在明代學術思想史上，除了晉庵、巾石等人，還有王廷相（1474～1544，字子衡，號浚川）和羅欽順（1465～1547，字允升，號整菴）等人，他們都致力於承續和闡發橫渠之蘊。在黃宗羲看來，儘管他們能夠深得橫渠理氣論之精蘊，都精於理氣論，但是在性論上都不無瑕疵，這和他們對氣質之性、氣化流行看不高有著內在聯繫。比如，王廷相就是如此。黃宗羲說：

　　　　先生（指浚川）主張橫渠之論理氣，以為「氣外無性」，此定論也。但因此而遂言「性有善有不善」，並不信孟子之性善，則先生仍未知性也。蓋天地之氣，有過有不及，而有愆陽伏陰，豈可遂疑天地之氣有不善乎？夫其一時雖有過不及，而萬古之中氣自如也，此即理之不易者。人之氣稟，雖有清濁強弱之不齊，而滿腔惻隱之心，觸之發露者，則人人所同也，此所謂性即在清濁強弱之中，豈可謂不善乎？若執清濁強弱，遂謂性有善有不善，是但見一時之愆陽伏陰，不識萬古常存之中氣也。先生受病之原，在理字不甚分明，但知無氣外之理，以為氣一則理一，氣萬則理萬，氣聚則理聚，氣散則理散，畢竟視理若一物，與氣相附為有無，不知天地之間，只有

<hr>

〔註15〕呂懷：《論學書‧與蔣道林》，引自黃宗羲著《明儒學案》卷38《甘泉學案二》，第913頁。
〔註16〕黃宗羲：《明儒學案》卷38《甘泉學案二》，第913頁。

氣更無理。所謂理者，以氣自有條理，故立此名耳。亦以人之氣本善，故加以性之名耳。如人有惻隱之心，亦只是氣，因其善也，而謂之性，人死則其散，更何性之可言？然天下之人，各有惻隱，氣雖不同而理則一也。故氣有萬氣，理只一理，以理本無物也。宋儒言理能生氣，亦只誤認爲一物，先生非之，乃仍蹈其失乎？〔註17〕

浚川與橫渠一樣都沒有精確地理解人性，他們的人性論都主張「性有善有不善」。黃宗羲從兩個方面來加以分析：（一）指出浚川橫渠之所以認爲「性有善有不善」，是因爲他們不分氣之本然和氣之雜糅。天地之氣雖一時有過不及，但是並不是萬古長存之中氣在也，此即「理」之不易也。（二）黃梨洲進一步指出浚川橫渠他們的失誤在於「理字不甚分明」。浚川橫渠只知道「無氣外之理」，而「不知天地之間，只有氣更無理。所謂理者，以氣自有條理，故立此名耳」。所以，在梨洲這裡，氣雖不同而理則一也。理只有一理，理非一物。總之，黃宗羲以爲理只是氣化流行的條理和主宰，並非另有一物（理）相附於氣也。而浚川、橫渠只從氣之雜糅去看理，難怪看不到「萬古長存之中氣」，也即氣之本然；只從氣裡去看性，當然也就看不到人性本善，故而提出「性有善有不善」。所以，從這個角度來看，浚川橫渠的確有重蹈宋儒「誤認理爲一物」之窠臼。

　　黃宗羲認爲，羅整菴「論理氣最爲精確」，但是，其論心性與其理氣論亦自相矛盾。對此前章有提到，這裡要強調的是整菴論心性也不脫橫渠、浚川、巾石、晉庵等人的傳統。在黃宗羲看來，羅整菴最大失誤在於「立一性以爲此心之主」、「先性而後心」。整菴認爲，天性正於受命之初，明覺發於既生之後，明覺是心而非性。如果是這樣的話，那麼，性是體，心是用，這不僅支離了心性，而且更主要地是這樣就落入了「理能生氣」之窠臼。這種「先性而後心」必然造成心、性之間有「罅隙」存在，這必然會使得人們捨明覺自然、自有條理之心，而別求所謂性，這就像捨屈伸往來之氣，而別求所謂理一樣。所以，黃宗羲評價整菴說：「先生之言理氣不同於朱熹，而言心性則於朱熹同，故不能自一其說矣。」黃宗羲最後也同情地說，「心性之難明，不自先生始也。」〔註18〕

〔註17〕黃宗羲：《明儒學案》卷50《諸儒學案中四》，第1173～1174頁。
〔註18〕以上引文均見黃宗羲著《明儒學案》卷47《諸儒學案中一》，第1107～1108頁。

　　由此看來，橫渠、浚川、巾石、晉庵、整菴等氣學一派人物，他們都有精確的理氣論，基本上都能從氣學出發，否定氣之外有理，反對程朱理學「理能生氣」、「理先氣後」的二元論。黃宗羲對此亦有充分之肯定。但是，他們的人性論雖然承認氣質之性，氣質之外無性，但是都出現了不同的錯誤，甚至重蹈程朱理學之窠臼。具體來看，這些氣學家的人性論出現錯誤的表現和原因各有不同。橫渠之失在於渾氣質於性，巾石之失在於離性於氣質，晉庵之失在於「性不皆善」，整菴之失在於先性後心，浚川之失在於「性有善有不善」。儘管他們失誤的表現和原因各有不同，但他們都堅持「性有善有不善」的人性論。

　　黃宗羲還分析了這些錯誤人性論的哲學原因。他認為，這是由於以往氣學家局限於「氣之雜糅處」去認識性，他們只見天地之氣一時有過不及，不見萬古長存之「中氣」，黃宗羲認為這才是「氣之本然者」，這才是人性。由於他們只是從「氣之雜糅處」去看人性，所以也就不能見到不易之「理」。雖然巾石看到「氣質雖偏，而中正者未嘗不在」，但是，他將「中正者」屬之（人）性，而不歸之於「氣之本然者」，這種「離性於氣質」，也是黃宗羲所不能贊成的。這樣看來，黃宗羲絕對不是簡單地承續橫渠以來氣學思想，而是有批判和超越。其超越之處就是：他不是從氣之雜糅處去看人性，而是從氣之本然者去看，而且認為氣之本然即為性，是至善。這無疑承認氣化流行本然為善，這是黃宗羲超越以往氣學家的地方。

　　但是，為什麼以往氣學家不能承認氣化流行本然為善呢？他們為什麼對氣質之性、氣化流行並不看高呢？不僅氣學家如此，程朱理學和陸王心學也都不能真正承認氣化流行的創造功能和超越價值，這將在後章加以重點論述。現在繼續圍繞前面的思路說下去。氣質既然是性，為何梨洲反對橫渠「變化氣質」之說呢？這是由於梨洲認為氣之本然者為善，所以氣質為善，人性也為善，因此也就無須變化氣質。先來看黃百家《橫渠學案》中又一條案語：

　　　　氣質之性與變化氣質之說，先遺獻辨之明矣。猶有疑，「氣質
　　即性，又不須變化，然則人皆聖人，無不善之人與？」百家曰：「惡！
　　是何言也！夫所謂氣質即性者，謂因氣質而有天命之性，離氣質
　　無所謂性也。性既在此氣質，性無二性，又安分為義理之性、氣
　　質之性乎？然氣質實有清濁厚薄之不同，而君子不以為性者，以
　　性是就氣質中之指其一定而有條不紊，乃天下古今之所同然無異

　　者而言，故別立一性之名。不然，只云氣質足矣，又何必添造，
　　別設一性之名乎？子劉子曰：『氣質還他是氣質，如何扯著性！性
　　是氣質中指點義理者，非氣質即爲性也。清濁厚薄不同，是氣質
　　一定之分，爲習所從出者。氣質就習上看，不從性上看。以氣質
　　言性，是以習言性也。』可謂明切矣！所謂氣質無待於變化者，
　　以氣質之本然者即人之恆性，無可變化。若氣質之雜糅偏勝者，
　　非氣質之本然矣。故曰，氣質無待變化。非謂高明可無柔克，沈
　　潛可無剛克也。」〔註19〕

這裡有兩點值得注意：其一，黃百家這裡把「氣質之本然者即人之恆性」又
名義爲「天命之性」，這樣看來，黃宗羲的「氣之本然即性」也可以作此理解。
這與橫渠之「天地之性」相似，因爲二者都是至善的，但他們並不相同。因
爲橫渠所說的「天地之性」是與「氣質之性」是相對而言的；黃百家的「天
命之性」是從「氣之本然者」而言的，並不是就氣質之外還有「天命之性」。
橫渠是「性二論」者。至於「氣質之雜糅偏勝者」，梨洲、百家不僅不承認它
是「性」，甚至不承認它爲「氣質」。百家在另一段案語中，非常清楚地說明
了這一點，他說：「氣質者，天地生人之本，宇宙聖愚之所同也。因氣質而指
其有性。是性者即從氣質之本然者而名之，非氣質之外別有性也。性既是氣
質，則氣質之偏者，非惟不可言性，並不可言氣質也，奈何將氣質之偏者混
擾于性中乎！」〔註20〕其二，百家這裡也點明了梨洲與蕺山氣質之性看法的
相通之處。不過，與蕺山還是有不同，這在前章已經有說明，此處不贅。

　　總之，黃宗羲以「氣之本然即是性」爲鮮明旗幟，對宋明儒學中的核心
概念「氣質之性」進行了梳理和批駁。不僅呈現了宋明儒學的氣學一派對程
朱理學和佛老二教的修正過程，而且還剖析了宋明氣學家的不足及其原因。
這讓我們看到黃宗羲在批判中其實已經超越了宋明儒學。從氣學思想傳統來
看，黃宗羲不僅承續了氣學家從氣質、氣化流行處去理解人性的優秀傳統，
而且還批判了以往從「氣之雜糅」處理解人性的失誤，認爲應該從「氣之本
然」處去理解，並指出「氣之本然即是性」。這無疑承認氣質之性本然爲善，
承認氣化流行自身即有超越性。這正是黃宗羲超越以往氣學家的地方。

〔註19〕黃宗羲原著、全祖望修補：《宋元學案》卷 17《橫渠學案上》，第 696～697
　　　　頁。
〔註20〕引自黃宗羲原著、全祖望修補：《宋元學案》卷17《橫渠學案上》，第 697 頁。

二、黃宗羲氣學思想的理論進步性

第一，黃宗羲「氣之本然者爲性」的觀點，這可以證明「氣化流行之體」自身即有超越義，而不是牟宗三說的「完全減煞」。這在上面已有清楚的論述，我們可以結合「浩然之氣」多說兩句。黃宗羲在《孟子師說》中批判了朱熹對「浩然之氣」的各種觀點，總結起來有三點：首先，朱熹認爲先知言，後養氣；黃宗羲認爲若先去知言，則是中無把柄，如何去知？故泛窮無理，不若反身修德；其次，朱熹認爲氣只是身中底氣，道義是眾人公共底。天地之氣到人身上有不全，所以須著將「道理」，養到浩然處。黃宗羲認爲天地之中氣萬古長存，豈有到人身上，便自不全？最後，朱熹認爲人生時無浩然之氣，只有氣質渾濁頹塌之氣，浩然之氣，那是養成得恁地；黃宗羲認爲如果浩然之氣不是固有的，那又如何養得？其實，渾濁頹塌之氣、浩然之氣總是一氣。養之則點鐵成金，不是將好氣換卻此氣去也。

朱熹將浩然之氣和氣質強分爲二，認爲氣質是人生而有之，浩然之氣是後天養成的。所以他不得不以超越性的道義、天理來主宰和規範氣質、氣化流行；又認爲理在氣先，所以他又說要「養氣」來助貼「道義」。顯然，朱熹爲了保持天理的超越性，不得不說低氣質，同時爲了實現浩然之氣，又不得不「變化氣質」，將好氣換卻此氣。朱熹的氣論所以出現這種自相矛盾，是因爲他認爲浩然之氣並非人生來即有的，人生來即有的是氣質渾濁頹塌之氣。黃宗羲對此有清楚的說明：「朱子主張理氣爲二，所以纍說有了道義，又要氣來幫貼，方行得去，與孔子『有能一日用其力於仁矣乎，吾未見力不足者』之言，似有徑庭。」〔註21〕這樣看來，朱熹所以堅持「理氣爲二」，所以認爲「道義是道義，氣是氣，終成兩樣」〔註22〕，這與他對氣、氣化流行看不高有著內在聯繫，歸根在於朱熹認爲氣本身沒有超越性。

第二，黃宗羲「氣質之外無性」、「氣質即性」的觀點，從氣質或者氣化流行處看性是氣學一派的優秀傳統，這使得「氣化流行之體」的超越性不但沒有減煞，而且得到發揚和落實，道德的超越義在氣化流行中得到現實性的表達和展開。將氣化流行的超越性並不是安置在理氣二分的「天理」上，也不是安置在良知心體上，而是在氣之本然之體上。這可以說徹底根治了程朱理學以及陸王心學的虛空流弊。

〔註21〕黃宗羲：《孟子師說》卷2，《黃宗羲全集》，第1冊，第65頁。
〔註22〕黃宗羲：《孟子師說》卷2，《黃宗羲全集》，第1冊，第62頁。

在程朱理學那裡，所謂的「天命於穆不已」的「流行之體」，是將氣化流行安置在「理生氣」的邏輯中，變化氣質不是別的，正是存天理、滅人欲的工夫。朱熹為了成就「天理」的超越性，不惜犧牲氣質、氣化流行的超越性。王廷相（浚川）對此看得透徹，講得明白，他在《雅述》中有言：「性生於氣，萬物皆然。宋儒只為強成孟子性善之說，故離氣而論性，使性之實不明於後世。明道曰：『性即氣，氣即性，生之謂也。』又曰：『論性不論氣不備，論氣不論性不明，二之便不是。』又曰：『惡亦不可以不謂之性。』此三言者，於性極為明盡，後之學者，梏於朱子『本然氣質』二性之說，而不致思，悲哉！」〔註23〕

因此，黃宗羲認為，朱熹的天命流行之體由於沒有落實於氣化流行，所以他的「天命流行之體」其實並不是真正地「於穆不已」。由於朱熹對氣、氣化流行看不高，所以他對心也看不高。朱熹也認為「心即氣之靈處」，所以他不會像陸王心學那樣直接說「心即理」。在黃宗羲看來，即便是程朱理學的旗幟理論「性即理」，其實也不能真正表達氣化流行之體的道理，因為他們沒有分清物理和性理。黃宗羲說：

> 程子「性即理也」之言，截得清楚，然極須理會，單為人性言之則可，欲以該萬物之性則不可。孟子之言性善，亦是據人性言之，不以此通之於物也，若謂人物皆稟天地之理以為性，人得其全，物得其偏，便不是。夫所謂理者，仁義禮智是也。禽獸何嘗有是？如虎狼之殘忍，牛馬之頑鈍，皆不可不謂之性，具此知覺，即具此性。晦翁言「人物氣猶相近，而理絕不同」，不知物之知覺，絕非人之知覺，其不同先在乎氣也。理者，純粹至善者也，安得有偏全！人雖桀紂之窮兇極惡，未嘗不知此事是惡，是陷溺之中，其理亦全，物之此心已絕，豈可謂偏者猶在乎？若論其統體，天以其氣之精者生人，麤者生物，雖一氣而有精麤之判。故氣質之性，但可言物不可言人，在人雖有昏明厚薄之異，總之是有理之氣，禽獸之所稟者，是無理之氣，非無理也，其不得與人同者，正是天之理也。〔註24〕

程朱認為，人和禽獸萬物在氣上相近，差別只在「天理」。與此不同，黃宗羲

〔註23〕 王廷相：《雅述》，引自黃宗羲著《明儒學案》卷47《諸儒學案中四》，第1176頁。

〔註24〕 黃宗羲：《孟子師說》卷2，《黃宗羲全集》，第1冊，第135頁。

認爲，人、物之別其實就在氣上，人乃氣之精者，有仁義禮智，這是理；物是氣之蠹者，沒有（性）理可言。這樣，在黃宗羲這裡，人、物之別不能從「天理」而應該從「氣」上去分判。從「物」上尋找「天理」，這無異於「沿門乞火，合眼見暗」。黃宗羲這裡其實批判了程朱「天命流行之體」的支離。

陸王心學爲了提升良知心體的超越性，也不得不降低天理的主宰和規範功能。失去天理的主宰和規範作用，良知心體的流行容易產生蕺山說的「玄虛而蕩」、「情識而肆」的流弊。黃宗羲認爲，只有氣化流行之體才可以救治此種流弊，良知心體的展開是一個工夫中逐漸呈現的過程。從氣質處、氣化流行來言性，這必然要求良知心體要在工夫中落實和實現。蕺山是宋明心學派的集大成者，按照黃宗羲的考察，他晚年的學問有一個特徵就是「本體只是這些子，工夫只是這些子。仍不分此爲本體，彼爲工夫」〔註25〕。這樣落實下來的氣化流行之體也就極大肯定和高揚人之氣質和情才的作用。黃宗羲繼承這個思路，提出「氣質即是情才」的嶄新命題。他說：「氣質即是情才，孟子曰：『乃若其情，則可以爲善矣。若夫爲不善，非才之罪也。』由情才之善，而見性善，不可言因性善而後有情才善也。若氣質不善，便是情才不善，情才不善，則荀子性惡不可謂非矣。」〔註26〕

總之，黃宗羲「氣之本然者爲性」的觀點，不僅是對宋明儒學尤其是橫渠以來氣學思想的承續和發展，主要學術意圖是爲提升氣化流行的超越義。這具有非常顯著的理論進步性，對程朱理學和陸王心學的「流行之體」都有重要的積極價值。這兩個方面也爲早期學術啓蒙提供了哲學基礎和發展方向。

第二節　黃宗羲以前的「實學」及其特徵

「實學」的本義爲通經、修德、時務、致用之學，其內涵的形成有一個歷史演變過程。東漢王充（27～約 97，字仲任，會稽上虞人）較早使用「實學」這個概念。他在《論衡・非韓》中說：「以儒名而俗行，以實學而僞說。」〔註27〕這裡以「實學」與「僞說」相對應，說明「實學」有眞實學問之義。總體上看，中國傳統學術都有「經世致用」、「黜虛崇實」的實學取向。中國

〔註25〕黃宗羲：《子劉子行狀》卷下，《黃宗羲全集》，第 1 冊，第 250 頁。
〔註26〕黃宗羲：《明儒學案》卷 41《甘泉學案中五》，第 982 頁。
〔註27〕王充：《論衡》卷 10《非韓》，上海：上海人民出版社 1974 年版，第 150 頁。

古代儒家學者在「立德、立功、立言」信念的感召下，積極入世，進而爲仕，退可爲師，爲「大同理想」而上下求索。

宋明時期的「實學」，以佛、道二教爲「虛學」，反對佛教與道教，他們不約而同地站在「儒學即實學」的立場上，不僅認定、批駁佛、道二教爲「虛學」，還認爲「吾儒自有異端」，認爲道學內部亦有「虛學」。尤其在明清之際，學者普遍反對理學、心學的「束書不觀、空談心性」，將理學、心學的末流學問認定爲「虛學」。「實學」與「虛學」的互相批判和不斷超越是宋明儒學發展史中的主要線索之一。

宋明儒家學者不約而同地「以實學自期許」，將自己的思想學說看作是「實學」。不過，由於他們對「實學」的內涵、實質以及實現方式上有不同的理解，所以他們對「虛學」之「虛」的理解也表現出各種差異。這些差異和不同，對於宋明儒家學者的思維方式、思想進展都有不同程度的影響。下面以橫渠、伊川和陽明爲中心對此稍作探討。

一、「至虛爲實」：氣學之實學

橫渠在宇宙本體的意義上使用「實」這個概念，認爲「至虛爲實」，這可以從兩個方面來理解。其一，太虛即氣。「太虛不能無氣，氣不能不聚而爲萬物，萬物不能不散而爲太虛。」又說：「太虛者，天之實也。」不僅萬物取足於「太虛」，人亦出於「太虛」，「太虛者，心之虛也」。所以，橫渠認爲，「與天同原謂之虛，須事實故謂之實。……天地之道無非以至虛爲實，須於虛中求出實。……惟太虛無動搖，故爲至實。」〔註 28〕其二，虛實貫通爲一。橫渠認爲，不僅可狀、可象者爲氣，而且鬼神、人性亦爲氣之所固有。他說：「凡可狀，皆有也；凡有，皆象也；凡象，皆氣也。氣之性本虛而神，則神與性乃氣所固有，此鬼神所以體物而不可遺也。」〔註 29〕正是在這個意義上，橫渠提出了「虛實貫通爲一」的觀點。他說：「有無虛實貫通爲一物者，性也；不能爲一，非盡性也。飲食男女皆性也，是烏可滅？然則有無皆性也，是豈無對？莊、老、浮屠爲此說久矣，果暢眞理乎？」〔註 30〕

〔註 28〕張載：《張子語錄》，《張載集》，章錫琛點校，北京：中華書局 1978 年版，第 325 頁。

〔註 29〕張載：《正蒙・乾稱》，《張載集》，章錫琛點校，北京：中華書局 1978 年版，第 63 頁。

〔註 30〕張載：《正蒙・乾稱》，《張載集》，章錫琛點校，北京：中華書局 1978 年版，

在橫渠看來，佛老二教因爲對氣的運動規律認識都有誤解，所以對眞理的認識也就發生了偏差。他說：

> 知虛空即氣，則有無、隱顯、神化、性命通一無二，顧聚散、出入、形不形，能推本所從來，則深於《易》者也。若謂虛能生氣，則虛無窮，氣有限，體用殊絕，入老氏「有生於無」自然之論，不識所謂有無混一之常；若謂萬象爲太虛中所見之物，則物與虛不相資，形自形，性自性，形性、天人不相待而有，陷於浮屠以山河大地爲見病之說。〔註31〕

在橫渠看來，佛老對氣的運動規律認識有誤解，而且它們所誤解的地方還有不同。老氏道教不知「虛空即氣」，故以爲「虛能生氣」；浮屠佛教不知「虛實貫通爲一」，故以爲「形自形，性自性，形性、天人不相待而有」。關於這一點，橫渠學生范育（生卒年不詳，字巽之，陝西旬邑人）在爲《正蒙》作序時說得很清楚。「浮屠以心爲法，以空爲眞，故《正蒙》闢之以天理之大，又曰『知虛空即氣，則有無、隱顯、神化、性命通一無二。』老子以無爲爲道，故《正蒙》闢之曰『不有兩則無一。』至於談死生之際，曰『輪轉不息，能脫是者則無生滅』，或曰『久生不死』，故《正蒙》闢之曰『太虛不能無氣，氣不能不聚而爲萬物，萬物不能不散而爲太虛。』夫爲是言者，豈得已哉！」〔註32〕

二、「天下無實於理者」：理學之實學

到了二程那裡，他們認爲，只有講天理（理）的學問才是「實學」。二程提出，「理者，實也，本也。」〔註33〕又說：「天下無實於理者。」〔註34〕這裡的「理」有兩個基本含義。

其一，天理（或理）主宰一切，也是最實在的。它既是萬物之本，又是

第 63 頁。

〔註31〕張載：《正蒙·太和篇》，《張載集》，章錫琛點校，北京：中華書局 1978 年版，第 8 頁。

〔註32〕范育：《正蒙·序》，引自《張載集》，章錫琛點校，北京：中華書局 1978 年版，第 5 頁。

〔註33〕程顥、程頤：《河南程氏遺書》卷 11，《二程集》，王孝魚點校，北京：中華書局 1981 年版，第 125 頁。

〔註34〕程顥、程頤：《河南程氏遺書》卷 3，《二程集》，王孝魚點校，北京：中華書局 1981 年版，第 66 頁。

人之本。有理才有氣，才有宇宙萬物。二程說：「萬物皆是一個天理，天下只有一個理。」又說：「不僅天地萬物皆是天理，人性亦如此。」二程所以提出「性即是理」〔註35〕的哲學命題，認爲仁義禮智等道德就是人之本性。不過，這個觀點引起時人的普遍質疑。因爲人之形體是有限量的，心亦有限量，所以有人懷疑人心是否能夠貫通性理。二程指出「心即性也」。「在天爲命，在人爲性，論其所主爲心，其實只是一個道。苟能通之以道，又豈有限量？天下更無性外之物。若云限量，除是性外有物始得。」〔註36〕

其二，但是，畢竟還有外在的物理，還存在「心外有物」的可能性。爲了化解這種矛盾，二程發揮《中庸》「誠者自成也」的意蘊。《中庸》有言：「誠者物之始終，不誠無物。是故君子誠之爲貴。誠者非自成己而已也，所以成物也。成己，仁也；成物，知也。性之德也，合內外之道也，故時措之宜也。」〔註37〕這句話突出強調「誠」在成己、成物上「合內外之道」的積極作用。二程繼承這個思路，明確將「誠」界定爲「實理」。如果沒有「理」這個前提，則「成己」和「成物」都是不可能的。如果人不去「實行」，則道就會成爲「虛行」。他們說：

> 誠不爲己，則誠爲外物；道不自道，而其道虛行。既曰誠矣，苟不自成就，如何致力？既曰道矣，非己所自行，將誰與行乎？實有是理，乃有是物。有所從來，有以致之，物之始也；有所從亡，有以喪之，物之終也。皆無是理，雖有物象接於耳目，耳目猶不可信，謂之非物可也。天大無外，造化發育，皆在其間，故有內外生焉。性生內外之別，故與天地不相似。若性命之德，自合乎內外，故具仁與知。無己無物，誠一以貫之，合大德而施化育，故能時措之宜也。〔註38〕

但是，僅僅有「理」還不行，必須將這些「理」變成人的「實有」，這樣的「理」才可能眞正成爲「實理」。

〔註35〕程顥、程頤：《河南程氏遺書》卷18，《二程集》，王孝魚點校，北京：中華書局1981年版，第204頁。

〔註36〕程顥、程頤：《河南程氏遺書》卷18，《二程集》，王孝魚點校，北京：中華書局1981年版，第204頁。

〔註37〕朱熹：《四書章句集注》，北京：中華書局1983年版，第34頁。

〔註38〕程顥、程頤：《河南程氏經說》卷8，《二程集》，王孝魚點校，北京：中華書局1981年版，第1160頁。

> 理義者，人心之所同然者也。吾信乎此，則吾德實矣，故曰「誠
> 者自成也。」吾用乎此，則吾道行矣，故曰「道自道也。」夫誠者，
> 實而已矣。實有是理，故實有是物；實有是物，故實有是用；實有
> 是用，故實有是心；實有是心，故實有是事。是皆原始要終而言也。
> 〔註39〕

由此，二程引出了「格物窮理」、「涵養用敬」等工夫論和「讀書以窮理，將
以致用也」的「明道致用」論。

　　二程不僅從理學立場闡發實學的內涵和價值，而且還認定和批判佛道二
教爲「虛學」。他們認爲佛道之所以是「虛學」，是因爲他們不能正確認識「天
理」。儒家「以理爲實」，而佛道二教「以理爲障」。二程也承認，「佛亦胡人
之賢智者」，但是，他們認爲「敬佛者必惑」〔註40〕，究其原因，釋氏有「理
障」之說。對此，二程有這樣說明：

> 釋氏有此説，謂既明此理，而又執持是理，故爲障。此錯看了
> 理字也。天下只有一個理，既明此理，夫復何障？若以理爲障，則
> 是己與理爲二。〔註41〕

在二程看來，佛學的「理」和人沒有什麼關係，所謂「己與理爲二」是也，
這與儒家「性即理」的觀點適成對反。二程以「天理」分判儒釋二教，認爲
「聖人本天，釋氏本心」，這句語錄爲宋明學者津津樂道。如何理解這句話？
且看下面一條材料：

> 道之外無物，物之外無道。是天地之間無適而非道也。即父子
> 而父子在所親，即君臣而君臣在所嚴（一作敬），以至爲夫婦、爲長
> 幼、爲朋友，無所爲而非道。此道所以不可須臾離也。然則毀人倫，
> 去四大者，其分於道也遠矣。故「君子之於天下也，無適也，無莫
> 也，義之於比」。若有適有莫，則於道爲有間，非天地之全也。彼釋
> 氏之學，於「敬以直内」則有之矣，「義以方外」則未之有也。故滯
> 固者入於枯槁，疏通者歸於肆恣（一作放肆）。此佛之教所以爲隘也。

〔註39〕 程顥、程頤：《河南程氏經說》卷8，《二程集》，王孝魚點校，北京：中華書
　　　　局1981年版，第1160頁。
〔註40〕 程顥、程頤：《河南程氏遺書》卷21，《二程集》，王孝魚校，北京：中華書局
　　　　1981年版，第216頁。
〔註41〕 程顥、程頤：《河南程氏遺書》卷18，《二程集》，王孝魚點校，北京：中華書
　　　　局1981年版，第196頁。

吾道則不然，率性而已。斯理也，聖人於《易》備言之。〔註42〕

儒者之道和天下萬物不可須臾相離，所謂「性即理」也，故「窮理」不僅可以「敬以直內」，還可以「義以方外」。不過，釋氏以理爲隘，「毀人倫，去四大」，使得天理不再與天地參，與上下同流，這樣的「理」要麼滯固，入於枯槁；要麼疏通，歸於肆恣。總之，釋氏以理爲隘，這與儒家「樂天知命」有明顯不同。儒家堅信，「天有是理，聖人循而行之，所謂道也。聖人本天，釋氏本心。」〔註43〕又說：「『樂天知命』，通上下之言也。聖人樂天，則不須言知命。知命者知有命而信之爾。『不知命無以爲君子』是矣。」〔註44〕所以，二程認爲窮理、明理即爲實學，否則就是虛學。

與橫渠一樣，二程也注意到釋氏以「生死輪迴」來恐怖、嚇唬人，二程對此亦有批判。不過，與橫渠相比，二程不是從「氣」而是從「理」的角度去批判。伊川說：「有恐懼心，亦是燭理不明，亦是養氣不足。須知『義理之悅我心，猶芻豢之悅我口』，玩理以養心如此。」〔註45〕認爲人之所以對生死產生恐懼之心，是由於對天理認識不足。因爲在他們看來，所謂死生存亡之根據就是「理」。他們說：「死生存亡皆知所從來，胸中瑩然無疑，止此理爾。孔子言『未知生，焉知死』，蓋略言之。死之事即生是也。更無別理。」二程還說：「今之人以恐懼而勝氣者多矣，而以義理勝氣者鮮也。」〔註46〕很顯然，二程要以「天理」來超越佛教極力渲染的生死輪迴之恐懼心理。

二程承認釋氏也說「理」，不過，釋氏的「理」其本質是「自私」。劉元承記錄下面一條材料。

> 問：「某嘗讀《華嚴經》，第一眞空絕相觀，第二事理無礙觀，第三事事無礙觀，譬如鏡燈之類，包含萬象，無有窮盡。此理如何？」
> 曰：「只爲釋氏要周遮，一言以蔽之，不過曰萬理歸於一理也。」又

〔註42〕程顥、程頤：《河南程氏遺書》卷4，《二程集》，王孝魚點校，北京：中華書局1981年版，第73～74頁。

〔註43〕程顥、程頤：《河南程氏遺書》卷21，《二程集》，王孝魚校，北京：中華書局1981年版，第274頁。

〔註44〕程顥、程頤：《河南程氏遺書》卷11，《二程集》，王孝魚點校，北京：中華書局1981年版，第125頁。

〔註45〕程顥、程頤：《河南程氏遺書》卷3，《二程集》，王孝魚點校，北京：中華書局1981年版，第66頁。

〔註46〕程顥、程頤：《河南程氏遺書》卷11，《二程集》，王孝魚點校，北京：中華書局1981年版，第125頁。

問：「未知所以破佗處。」曰：「亦未得道他不是。百家諸子箇箇談仁談義，只爲他歸宿處不是，只是箇自私。爲輪回生死，卻爲釋氏之辭善遁，才窮著他，便道我不爲這箇，到了寫在冊子上，怎生遁得？且指他淺近處，只燒一文香，便道我有無窮福利，懷卻這箇心，怎生事神明？」〔註47〕

在二程看來，釋氏的千理萬理其實只是一「理」，其歸宿處也只有一個，那就是「自私」。這與儒家「堯舜之事亦只是如太虛中一點浮雲過目」明顯不同。當時有人爲了調和儒家的「理」與釋氏的「理」，說釋氏的「理」是孔子之道的「徑理」。二程對此表示反對。他們說：「天下果有徑理，則仲尼豈欲使學者迂遠而難至乎？故外仲尼之道而由徑，則是冒險阻、犯荊棘而已。」〔註48〕

道之浩浩，何處下手？二程發揮了治經、經學的實學意蘊。他說：「治經，實學也。……道之在經，大小遠近，高下精粗，森列於其中。」〔註49〕又說：「經所以載道也。」〔註50〕《大學》、《中庸》本是《禮記》中的兩篇文章，二程從「實理」角度對這些著作重新加以詮釋，爲其「實學」提供了理論基礎。將《大學》中的「格物致知」創造性轉化爲「格物窮理」的經驗主義實學工夫論；反對漢唐的章句注疏之學和篤守師說的家法，而提倡「讀書以窮理，將以致用也」的「明道致用」論。二程提出，「『忠信所以進德』爲實下手處，『修辭立其誠』爲實修業處。」〔註51〕還直接闡明了《中庸》的實學意蘊，將實學內涵明確規定爲治經及其有關的時務、政事。「如《中庸》一卷書，自至理便推之於事。如國家有九經，及歷代聖人之迹，莫非實學也。……爲學，治經最好。苟不自得，則盡治《五經》，亦是空言。」〔註52〕在知行觀上，二程認爲孔子、孟子都是知行合一，實事實行的。孔子言語，句句是自然；

〔註47〕 程顥、程頤：《河南程氏遺書》卷18，《二程集》，王孝魚點校，北京：中華書局1981年版，第195頁。

〔註48〕 程顥、程頤：《河南程氏遺書》卷4，《二程集》，王孝魚點校，北京：中華書局1981年版，第71頁。

〔註49〕 程顥、程頤：《河南程氏遺書》卷1，《二程集》，王孝魚點校，北京：中華書局1981年版，第2頁。

〔註50〕 程顥、程頤：《河南程氏遺書》卷6，《二程集》，王孝魚點校，北京：中華書局1981年版，第95頁。

〔註51〕 程顥、程頤：《河南程氏遺書》卷4，《二程集》，王孝魚點校，北京：中華書局1981年版，第2頁。

〔註52〕 程顥、程頤：《河南程氏遺書》卷4，《二程集》，王孝魚點校，北京：中華書局1981年版，第2頁。

孟子言語，句句是實事。

南宋朱熹在與佛老對立的儒學意義上使用「實學」概念。他說：「嘗竊病近世學者不知聖門實學之根本次第，而溺於老、佛之說，無致知之功，無力行之實，而常妄意天地萬物、人倫日用之外別有一物空虛玄妙、不可測度，其心懸懸然惟徼幸於一見此物，以爲極致。」〔註53〕這裡朱熹明確將老、佛視爲空虛玄妙之學，其內容不可測度；將儒學視爲實學，其內容爲天地萬物、人倫日用之物。總之，朱熹把實學和老學、佛學對立起來。

三、「良知即實理」：心學之實學

陸王心學與程朱理學的本質區別在於：前者以爲世界是由主體自我的「良知」主宰著，後者只承認世界是由超自我的客觀的「理」主宰者。如果說，程朱理學認爲「天理」是最實在的話，那麼，陸王心學則認爲人的「良知」才是最實在的。「良知只是個是非之心，只是非就盡了萬事萬變。」〔註54〕又說：「爾那一點良知，是爾自家地準則。」〔註55〕陽明之所以認爲良知是最實在的，主要有兩個方面的原因。

其一，陽明在「竹子」上並沒有格出天理，從此他轉向象山心學。他說：「乃知天下之物，本無可格者。其格物之功，只在身心上做。」〔註56〕陽明承續了孟子「萬物皆備於我」、象山「宇宙便是吾心，吾心便是宇宙」的心學傳統，將人的主體意識與萬物打通，認爲格物不是格外部的客觀事物，而是格人心中的萬物影像。所以他說：「身之主宰便是心，心之所發便是意，意之本體便是知，意之所在便是物。如意在於事親，即事親便是一物。意在於事君，即事君便是一物。意在於仁民愛物，即仁民愛物便是一物。意在於視聽言動，即視聽言動便是一物。所以某說無心外之理，無心外之物。」〔註57〕

這樣看來，天理在陽明這裡並非是最實在的，良知爲心之本體是首要的、最主要的規定性內涵，也是最實在的。這不僅表現在陽明把自己的學說歸結到「致良知」上，更是因爲在陽明這裡，天理、性等內涵必須通過「良知」

〔註53〕朱熹：《晦庵先生朱文公文集》卷46。《答汪太初》，《朱子全書》，第22冊，上海：上海古籍出版社，合肥：安徽教育出版社，2002年版。第2118頁。

〔註54〕王守仁：《王陽明全集》卷3《傳習錄下》，吳光等編校，上海：上海古籍出版社1992年版，第111頁。

〔註55〕王守仁：《王陽明全集》卷3《傳習錄下》，第92頁。

〔註56〕王守仁：《王陽明全集》卷3《傳習錄下》，第120頁。

〔註57〕王守仁：《王陽明全集》卷1《傳習錄上》，第6頁。

才能得以呈現和實現。如有學生問他：「知如何是心之本體？」陽明說：「知是理之靈處。就其主宰處說，便謂之心。就其稟賦處說，便謂之性。孩提之童無不知愛其親，無不知敬其兄，只是這個靈。」〔註58〕知即是良知，在陽明看來，理、性、良知皆指心之本體，內容相同。不過，良知之所以是理、性的「靈處」，是因為良知有靈明主宰的功能，由此心的本體才能表現為愛親敬兄的道德倫理。換言之，如果沒有良知的靈明主宰功能，理、性的內涵就將無從表現和實現。所以，陽明又說：「心之體也，性即理也。故有孝親之心，即有孝之理，無孝親之心，即無孝之理矣。」〔註59〕正是在這個意義上，陽明認為良知足以涵括心的全部內涵，所謂心「只是一個靈明」是也〔註60〕。

其二，程朱理學在成為官方哲學、科舉教材之後，日益走上了凝固、僵化之路。陽明批判當時的社會風氣時說：「從冊子上鑽研，名物上考索，形跡上比擬，知識愈廣而人欲愈滋，才力愈多而天理愈蔽。」〔註61〕當時許多士人將程朱理學當成陞官發財的敲門磚，而忽視了程朱理學道德修養的意義，所以完全違背了程朱理學匡正人心、改良社會的初衷，反而導致理學的「虛偽化」。而陽明弘揚「知行合一」的心學旗幟，正是為恢復儒家經世致用的傳統。

正是由於上面兩個方面的原因，陽明認為，天地萬物運行的「實理」並不是外在於人的「天理」，而是「良知」、「吾心」。他說：「天地感而萬物化生，實理流行也。」〔註62〕他將宇宙萬物運行的規律稱為「實理」，而對「吾心」格致的過程，就是對這些規律的認識過程。他說：「遺物理而求吾心，吾心又何物也？心之體，性也；性即理也。」〔註63〕所以在陽明的心學體系中，心中之理，也是萬物之理，二者是完全等同的。他又說：「誠是實理，只是一個良知，實理之妙用，流行就是神。」〔註64〕格致心中良知，就可以獲得宇宙萬物的實理，除此之外，更無其他獲得實理的方法。

在獲得了「實理」之後，陽明主張還要將其推致於日用流行之中。他激烈反對佛老那種脫離修齊治平的修養路徑。他說：

〔註58〕王守仁：《王陽明全集》卷1《傳習錄上》，第34頁。
〔註59〕王守仁：《王陽明全集》卷2《傳習錄中》，第42頁。
〔註60〕王守仁：《王陽明全集》卷3《傳習錄下》，第107頁。
〔註61〕王守仁：《王陽明全集》卷1《傳習錄上》，第28頁。
〔註62〕王守仁：《王陽明全集》卷26《五經臆說十三條》，第978頁。
〔註63〕王守仁：《王陽明全集》卷2《傳習錄中》（答顧東橋書），第42頁。
〔註64〕王守仁：《王陽明全集》卷3《傳習錄下》，第109頁。

> 佛怕父子累，卻逃了父子，怕君臣累，卻逃了君臣，怕夫婦累，
> 卻逃了夫婦：都是為個君臣、父子、夫婦著了相，便須逃避。如吾
> 儒有個父子，還他以仁；有個君臣，還他以義；有個夫婦，還他個
> 別：何曾著父子、君臣、夫婦的相？〔註65〕

佛教將現實世界父子、君臣、夫婦的責任和義務都看成是人生的累贅，要「不
著相」，就是要逃避。而心學堅持儒家經世致用的傳統，強調一切學問都必須服
務於宗法家國的大事業。他努力劃清心學與佛學的界限，他說：「是故良知皆實
理，致知皆實學，固非墮於空靈，一與事物無干涉，如禪家者流也。」〔註66〕
凡是宣揚脫離倫常事功而進行的道德修養，都不是儒學。有一位官員對陽明說：
「此學甚好，只是簿書訟獄繁難，不得為學。」陽明回答他說：「我何嘗教爾離
了簿書訟獄，懸空講學？爾既有官司之事，便從官司的事上為學，纔是真格
物。……簿書訟獄之間，無非實學；若離了事物為學，卻是著空。」〔註67〕陽
明一直反對脫離現實的政治、經濟、社會事物來講學術，認為真正的心學、實
學一定能夠應用於「簿書訟獄」之類的社會實踐。所以他說：「使在我果無功利
之心，雖錢穀兵甲，搬柴運水，何往而非實學？何事而非天理？」〔註68〕

被黃宗羲極力批判的龍溪，也有經世致用的實學傾向。他說：「儒者之行，
務為經世。學不足以經世，非儒也。」〔註69〕又說，儒者「隨其力所及，在
家仁家，在國仁國，在天下仁天下，所謂格物致知，儒者之實學也。」〔註70〕

由此看來，陽明心學即實學，並為當時興起的實學提供了理論依據。余
敦康先生說：「這個思潮首先是在封建士大夫階層中醞釀形成的，王陽明毫無
疑問是個領袖人物，他的『致良知』的學說確實起了振聾發聵的作用，為這
個思潮提供了理論依據。」〔註71〕尤為重要的是，王陽明的實心實學，折射
了當時社會上的啟蒙意識，並為日後大批啟蒙思想家提供了思想武器。實心
實學因而成為中國17世紀啟蒙運動的重要思想形式〔註72〕。

〔註65〕王守仁：《王陽明全集》卷3，《傳習錄下》，第99頁。

〔註66〕王守仁：《王陽明全集‧補編》，《誥命祭文增補》，第1594頁。

〔註67〕王守仁：《王陽明全集》卷3，《傳習錄下》，第94～95頁。

〔註68〕王守仁：《王陽明全集》卷4，《與陸原靜》，第166頁。

〔註69〕王畿：《王畿集》卷13《王瑤湖文集序》，第350頁。

〔註70〕王畿：《王畿集》卷13《王瑤湖文集序》，第351頁。

〔註71〕陳鼓應、辛冠潔、葛榮晉主編：《明清實學思潮史》上卷，濟南：齊魯書社1988
年版，第144頁。

〔註72〕張踐：《實心實學與明清之際的啟蒙思潮》，載《寧波黨校學報》，2006年第6

　　總之，通過以上考察，我們可以看出宋明以來的實學有兩個基本特徵。

　　其一，宋明實學的內涵、實質有一個變化發展歷程。宋明諸儒往往將自己的思想、學說看作爲實學。橫渠從氣學立場，肯定「至虛爲實」，氣學就是實學；二程朱熹認爲天理就是實，理學、經學就是實學；陸王心學認爲最實在的不是天理，而是良知，提出致良知才是眞正的實學。由此我們不能簡單斷言明清實學是對宋明道學的反動，明清之際的實學社會思潮其實從宋明理學中獲得許多營養。這主要是因爲宋明理學具有二重性，它不僅具有「虛學」成分，還有「實學」因素。葛榮晉先生曾指出：「從本質上看，宋明理學思想體系既有虛學成分又有實學成分，是『虛』與『實』的有機統一。宋明理學既承認『虛理』，亦提倡『實理』；既承認天命之性是『懸空之物』，又肯定『吾儒以性爲實』；既鼓吹『發明本心』的頓悟之說，又主張『在事上磨練』的實修實功論；既提倡經國濟民，又留心『格物遊藝之學』。正因爲宋明理學具有『虛學』與『實學』的二重性，所以宋明時期實學家在排斥它的『虛學』的同時，也都盡量地吸取它含有的『實學』成分。在它們之間，既有繼承性又有排斥性。實學家認爲合於實學者，即『信而守之』，戾於實學者，即『辯而證之。』」〔註73〕

　　其二，宋明儒家的實學雖然有自己的概念範疇、現實主張，但是還沒有形成「社會思潮」。這個時期的實學還沒有完全從氣學、理學、心學的理論體系中獨立出來。在這個時期，實學把「實用」或「經世致用」視爲最基本的價值追求。「實用」或「經世致用」有多項內容、多種理解，橫渠提出的「爲天地立心，爲生民立命，爲往聖繼絕學，爲萬世開太平」成爲明清實學的最高理想、最高價值追求。此外，實學還主張「天人合德」、「天理寓於人欲」的倫理觀，而且還持有康濟群生、注重經制、厚生利民、呼喚改革的社會觀。實學在發展演變中已經形成了自己的範疇概念體系，如經世致用、開物成務、崇實黜虛、明體達用、實事求是、通經致用、明理實用等等。可以說，宋明實學不再停留於隋唐時期的「學術傾向」，而是逐漸昇華爲「理論形態」，這爲明清之際實學「社會思潮」的崛起準備了必要的理論條件〔註74〕。

　　　　期。

〔註73〕葛榮晉：《中國實學文化導論》，北京：中共中央黨校出版社2003年版，第413頁。

〔註74〕趙吉惠、吳興洲：《論明清實學是儒學發展的特殊理論形態》，載《齊魯學刊》，2004年第2期。

第三節　黃宗羲氣學之超越義與「實學」之演變

　　中國古代實學在明清之際發展成為「社會思潮」，離不開氣學思潮的崛起。黃宗羲對橫渠以來氣學的批判和超越，使得他的氣學具有顯著的進步性，這表現和融入到他的實學思想中，對中國古代學術思想史的轉折也起到了重大影響。其中最為重要方面就是將中國古代學術史推向了早期近代啟蒙的門檻。

一、黃宗羲早期實學及其理學、心學之批判

　　黃宗羲的早期實學，主要集中在《明夷待訪錄》一書中。他不僅激烈抨擊了中國實行兩千多年的封建君主專制制度，而且設計了符合近代資本主義精神的社會改造模型，被侯外廬先生稱為中國 17 世紀的「人權宣言」〔註 75〕。《明夷待訪錄》，既是對東南沿海發達地區資本主義經濟萌芽的反映，也是對明王朝亡國之痛的深刻反思，更是對明清儒學中實學思想的發揮。湯斌在給黃宗羲的信中指出：「得讀《待訪錄》，見先生經世實學。史局既開，四方藏書大至，獨先生著述宏富，一代理學之書，如大禹導山、導水，脈絡分明，事功文章，經緯燦然。」（《南雷文定》附錄）湯斌此論明確闡明了黃宗羲《待訪錄》的成因，就在於「經世實學」。那麼，這個時期的經世實學體現出什麼樣的特徵呢？又與黃宗羲的學術思想之間有何聯繫？

　　1.理學、心學的批判與省思。過去，學術界研究黃宗羲《明夷待訪錄》的早期啟蒙思想，只注意其政治啟蒙上的價值，對其中蘊含的學術啟蒙鮮有論及，更未對學術啟蒙和政治啟蒙間的內在聯繫進行必要的分析和研究。事實上，成於康熙二年（1663）的《明夷待訪錄》，就已經樹起了反對宋學的旗幟；稍晚於此書的《孟子師說》（成於康熙七年（1668）前後），雖然是為闡發乃師蕺山學術宗旨的著作，但是，此書對宋明道學也開始了初步的批判。這兩部書不僅有相同的寫作時間，還有共同關注的話題那就是「實學」。儘管《明夷待訪錄》重在制度上的反思，但是對當時的學術思想有充分的回應。侯外廬先生曾明睿地指出，黃宗羲在《明夷待訪錄》中開始逐漸揚棄陽明的玄學，「他在許多方面已經是反宋明理學的導源人」〔註 76〕。

〔註 75〕侯外廬：《中國思想通史》第 5 卷（《中國早期啟蒙思想史》），北京：人民出版社 1956 年版，第 155 頁。

〔註 76〕侯外廬：《中國思想通史》第 5 卷（《中國早期啟蒙思想史》），北京：人民出版社 1956 年版，第 178 頁。

　　黃宗羲的《明夷待訪錄》一書是對東林、復社的自我批判。東林黨爭雖然具有市民的自由思想，但其思想方法只限於君子、小人的分類，其黨爭方法是清議。對於前者，東林黨人改良社會、經世致用的最後武器，一是單恃主觀的「仁人君子心力之爲」（顧炎武對東漢黨錮之流的讚語）〔註77〕；二是做臣的氣節。黃宗羲對此有批判，顯示出他對心學和理學的反動。

　　關於前者，黃宗羲揭示了人心對於社會發展的消極面相，認爲仁人君子心力不足恃。黃宗羲在《孟子師說》中首先肯定了「人心無不仁」，指出「王霸之分不在事功而在心術」。但是，他大膽地揭示了人心的主觀偶然性對於社會風俗、政治制度等的破壞性。他說：

　　　　人心無不仁，一念之差，惟欲獨樂，故白起發一疑心，坑四十
　　萬人如蟻虱；石崇發一快心，截蛾眉如芻俑；李斯發一饕心，橫屍
　　四海；楊國忠發一疾心，激禍百年。戰國之君，殺人盈城盈野，只
　　是欲獨樂耳。〔註78〕

在黃宗羲生活的明代後期，「良知之說盈天下」，而黃宗羲如此大膽對人心的消極因素、主觀隨意性進行不遺餘力地揭露，這不能不說是對時風眾勢針鋒相對的批判。正是這種理性沉思和正面批判，才使得黃宗羲開始反思陽明心學的禪學化、玄虛化問題。黃宗羲在上面材料中指出，戰國時期的君主爲了「獨樂」，人心一念之差，「殺人盈野」。這不僅是對明朝一代皇帝專橫獨權、肆意廷杖臣民的批判，也是對主觀的「仁人君子心力之爲」的一種反思。同樣是個體存在的人，君主擁有專制之集權，而臣民只能匍匐於集權之下，成爲跪下的臣民。這種不平等的歷史事實絕對不能依靠「心力」實現根本改變。

　　與此相關的是，梨洲對龍溪、泰州一派的晚明王學從「心上立根」進行激烈地批判。龍溪致力於闡揚「一念之微」。他說：「千古學術，只在一念之微上求。生死不違，不違此也；日月至，至此也。一念之微，只在慎獨。」〔註79〕梨洲承續其師蕺山的思路，認爲人心不足恃，需要「意根」作爲心之定盤針。他說：「《大學》正心之功從誠意入手，今日從心上立根，是可以無事乎意矣！」〔註80〕從「心上立根」，往往會出現「師心自用」的現象，對是

〔註77〕顧炎武：《日知錄》卷13「兩漢風俗」條，黃汝成集釋，石家莊：花山文藝出
　　　　版社1990年版，第587頁。
〔註78〕黃宗羲：《孟子師說》卷2，《黃宗羲全集》，第1冊，第52頁。
〔註79〕引自黃宗羲：《明儒學案》卷12《浙中王門學案二》，第242頁。
〔註80〕黃宗羲：《明儒學案》卷12《浙中王門學案二》，第238頁。

非、世變不能有一貫的立場和理性的看法，對事物缺乏理性的分析和現實的致用，甚至會出現對積極價值的東西都予以一概批判和否定。黃宗羲對此也有清醒地認識。他指出這些人不僅視「氣節」為標榜，而且罵「經世」為功利。

> 昔之學者，學道者也，今之學者，學罵者也。矜氣節者則罵為標榜，志經世者則罵為功利，讀書作為者則罵為玩物喪志，留心政事者則罵為俗吏。〔註81〕

這樣，清議之風完全走向其對立面，出現了清談、遊談、空談，誠為家國大計之禍端，而其學術原因就是過於信任「心力」之功能和價值。

關於做臣的氣節問題，明末高攀龍有言：「若學問不問氣節，這一種人為世教之害不淺」。他在死節時猶疏曰「臣雖削奪，舊係大臣，大臣受辱，則辱國。故北向叩頭，從屈平之遺則。君恩未報，結願來生」〔註82〕。黃宗羲對此有不同看法：

> 古者天下之人愛戴其君，比之如父，擬之如天，誠不為過也；今也天下之人怨惡其君，視之如寇讎，名之為獨夫，固其所也。而小儒規規焉以君臣之義無所逃於天地之間，至桀、紂之暴，猶謂湯、武不當誅之，而妄傳伯夷、叔齊無稽之事，使兆人萬姓崩潰之血肉，曾不異夫腐鼠。豈天地之大，於兆人萬姓之中，獨私一人一姓乎？是故武王聖人也，孟子之言，聖人之言也。後世之君，欲以如父如天之空名禁人之窺伺者，皆不便於其言，至廢孟子而不立，非導源於小儒乎！〔註83〕

黃宗羲這裡不是重複孟子之舊義，而是突破了「小儒規規焉，以君臣之義無所逃於天地之間」的思想傳統。黃宗羲極力反對做臣子的為了君主一身一姓報以死節，以為這種小節是「私暱者之事」〔註84〕。孟子說「惟仁人宜在高位」，不仁之人高居君位，塗炭生靈，則這樣的君主只是獨夫民賊而已。儘管有孟子這樣清楚和理性的提醒，但是後世儒者仍有忠於君臣大義，而不先識別君主是否站在天下萬姓的對立面。

〔註81〕黃宗羲：《南雷詩文集》（上），《七怪》，《黃宗羲全集》，第 10 冊，第 650 頁。
〔註82〕黃宗羲：《明儒學案》卷 58《東林學案一》，第 1399 頁。
〔註83〕黃宗羲：《孟子師說》卷 2，《黃宗羲全集》，第 1 冊，第 3 頁。
〔註84〕黃宗羲：《明夷待訪錄‧原臣》，《黃宗羲全集》，第 1 冊，第 4 頁。

不僅惟是，北宋以來的儒者有意識、無意識地在推波助瀾此種「愚忠」行為。北宋二程曾有句名言說：「父子君臣，天下之定理，無所逃乎天地之間。安得天分不有私心，則行一不義，殺一不辜，有所不為。有分毫私，便不是王者事。」〔註85〕到了明初方孝孺，忠於君臣大義，面斥朱棣「篡國」，致被磔死，以身殉道，株連十族，實在是一個崇信理學而又被理學扼殺的人物。劉蕺山最為欣賞此人，稱之為「千秋正學」、「明之學祖」。而且明亡之際，他也選擇了「方孝孺式」的殉道行為，絕食二十日卒。黃宗羲在《蕺山學案》中記錄了蕺山臨終遺言：

> 北都之變，可以死，可以無死，以身在削籍也。南都之變，主上自棄其社稷，僕在懸車，尚曰可以死，可以無死。今吾越又降，區區老臣，尚何之乎？若曰身不在位，不當與城為存亡，獨不當與土為存亡乎？故相江萬里所以死也。世無逃死之宰相，亦豈有逃死之御史大夫乎？君臣之義，本以情決，舍情而言義，非義也。父子之親，固不可解於心，君臣之義，亦不可解於心。今謂可以不死而死，可以有待而死，死為近名，則隨地出脫，終成一貪生畏死之徒而已矣。〔註86〕

蕺山這裡顯然比方孝孺要理性清醒地多：主上自棄社稷，他選擇了不死。但是，當清人攻克浙東，蕺山還是選擇了「與土存亡」。蕺山提出君臣之義、父子之親皆「不可解於心」。蕺山此種氣節對其門人產生了直接影響，其門下高弟多歸忠節，身殉國難〔註87〕。黃宗羲對此忠義、豪傑精神予以表彰，但是，他也批判蕺山門下的「狂狷」之風。他曾對陽明、蕺山門下弟子有此總評：「陽明當建安格物之學大壞，無以救章句訓詁之支離，故以良知之說，倡率一時；乃曾未百年，陽明之學亦復大壞，無以絕蔥嶺異端之夾雜，故蕺山證人之教出焉。陽明聖門之狂，蕺山聖門之狷。」末二句，全祖望贊為「其評至允，百世不可易」〔註88〕。黃宗羲有此評論，究其原委，在於他認為君臣之義、

〔註85〕程顥、程頤：《河南程氏遺書》卷5，《二程集》，王孝魚點校，北京：中華書局1981年版，第77頁。

〔註86〕黃宗羲：《明儒學案》卷62《蕺山學案》，第1513～1514頁。

〔註87〕按：梨洲在為《劉子全書》作《序》時提到：「先師（指蕺山）丁改革之際，其高第弟子如金伯玉、吳磊齋、祁世培、章格庵、葉潤山、彭期生、王玄趾、祝開美一輩，既已身殉國難，皋比凝塵。」引自《劉宗周全集》第6冊《劉子全書·序》，吳光編校，上海：上海古籍出版社2007年版，第153～154頁。

〔註88〕全祖望：《鮚埼亭集外編》卷16《甬上證人書院記》，上海：商務印書館1936

父子之親不能相提並論。他說：

> 父子之氣，子分父之身而爲身。故孝子雖異身，而能日近其氣，
> 久之無不通矣；不孝之子，分身而後，日遠日疏，久之而氣不相似
> 矣。君臣之名，從天下而有之者也。吾無天下之責，則吾在君爲路
> 人。出而仕於君也，不以天下爲事，則君之僕妾也；以天下爲事，
> 則君之師友也。夫然，謂之臣，其名累變。夫父子固不可變者也。

〔註 89〕

黃宗羲這裡從氣學角度分疏君臣之義和父子之親，這是對蕺山「君臣之義，
本以情決」的重新詮釋和哲學論證。他這裡從氣的角度界定君臣關係，宣揚
君臣人格平等觀。以此爲前提，黃宗羲認爲「君與臣，共曳木之人」〔註 90〕
因爲專制君主「以爲天下利害之權皆出於我，我以天下之利盡歸於己。……
以我之大私爲天下之大公。」〔註 91〕這些言論，即使是陽明後學中最激進的
人物如何心隱（1517～1579，字柱乾，號夫山）、李贄（1527～1602，字宏甫，
號卓吾）等都是望塵莫及的，它確實像閃電一般劃破黑暗的天空，預示著一
個新的時代即將到來。

由於中國古代政治與道德有很強的不可分割性，因而對封建道德的修正
和改造，實際上就是對封建政治制度的修正和改造。黃宗羲通過改造氣節、
君臣之義，的確起到了改造中國古代政治制度的目的。

總之，《明夷待訪錄》中的政治啓蒙、學術啓蒙有著緊密聯繫。由於篇幅
所限，我們只從兩個角度考察二者關係。但是，僅從這兩個角度我們可以清
楚地看出，學術啓蒙是政治啓蒙的理論基礎，政治啓蒙是其重要表現形式。
黃宗羲通過心之負面、消極因素的揭露，無疑修正了當時崇信良知之說的「時
風眾勢」；通過氣節、君臣觀的探討，批判了程朱理學將天理超離於個體自然
生命之上的弊病，認爲這是「以理殺人」的社會陋習。這些都是《明夷待訪
錄》中反映的實學思想，儘管還沒有形成完整的實學理論體系，但是，也可
以看出黃宗羲此時開始從氣學立場來修正和改造宋明儒學的致思取向。

2.「儒者之學，經緯天地」。「經世致用」是性命之學轉向實學的重要標

年版。

〔註 89〕黃宗羲：《明夷待訪錄‧原臣》，《黃宗羲全集》，第 1 冊，第 5～6 頁。

〔註 90〕黃宗羲：《明夷待訪錄‧原臣》，《黃宗羲全集》，第 1 冊，第 5 頁。

〔註 91〕黃宗羲：《明夷待訪錄‧原君》，《黃宗羲全集》，第 1 冊，第 2 頁。

誌。康熙三年（1664），黃宗羲在《今水經》的《序》中說：「古者儒墨諸家，其所著書，大者以治天下，小者以爲民用，蓋未有空言無事實者也。」〔註92〕康熙七年（1668）前後的《孟子師說》中黃宗羲指出，「自後世儒者，事功與仁義分途，於是當變亂之時，力量不足以支持，聽其陸沉魚爛，全身遠害，是乃遺親後君者也。」〔註93〕康熙十五年（1676），黃宗羲在《留別海昌同學序》中指出：

> 嘗謂學問之事，析之者愈精，逃之者愈巧。三代以上，祗有儒之名而已，司馬子長因之而傳儒林；漢之衰也，始有雕蟲壯夫不爲之技，於是分爲文苑於外，不以亂儒；宋之爲儒者，有事功經制改頭換面之異，《宋史》立道學一門以別之，所以坊其流也；蓋未幾而道學之中又有異同，鄧潛谷又分理學、心學爲二。夫一儒也，裂而爲文苑、爲儒林、爲理學、爲心學，豈非析之欲其極精乎？奈何今之言心學者，則無事乎讀書窮理；言理學者，其所讀之書不過經生之章句，其所窮之理不過字義之從違。薄文苑爲詞章，惜儒林於皓首，封己守殘，摘索不出一卷之內。其規爲措注，與纖兒細士不見長短！天崩地解，落然無與吾事，猶且說同道異，自附於所謂道學者，豈非逃之者之愈巧乎？〔註94〕

此序寫於《明儒學案》成書之年，此時黃宗羲對明代理學、心學已經有了全面、深入的瞭解，所以，黃宗羲此論絕非泛泛而談。在黃宗羲看來，心學家束書不觀，理學家專事辭章，總之都不能經世致用。這種學風的形成是由儒學之「道」的分裂引起的，所謂「析之愈精，逃之愈巧」是也。學術分裂的直接後果是導致知識分子不能經世致用。黃宗羲說：

> 治財賦者則目爲聚斂，開閫扞邊者則目爲粗材，讀書作文者則目爲玩物喪志，留心政事者則目爲俗吏，徒以「生民立極，天地立心，萬世開太平」之闊論鈐束天下。一旦有大夫之憂，當報國之日，則蒙然張口，如坐雲霧。世道以是潦倒泥腐，遂使尚論者以爲立功建業別是法門，而非儒者之所與也。〔註95〕

〔註92〕黃宗羲：《今水經》，《序》，《黃宗羲全集》，第 2 冊，第 502 頁。
〔註93〕黃宗羲：《孟子師說》卷 1，《黃宗羲全集》，第 1 冊，第 49 頁。
〔註94〕黃宗羲：《留別海昌同學序》，《黃宗羲全集》，第 10 冊，第 645～646 頁。
〔註95〕黃宗羲：《贈編修弁玉吳君墓誌銘》，《黃宗羲全集》，第 10 冊，第 433 頁。

　　與黃宗羲同時的唐甄、焦竑他們也都指出宋明以來學術分裂只會造成學術的虛假繁榮，其實都不足以經世致用。唐甄說：「至於宋則儒大興而實大裂，文學爲一途，事功爲一途，有能誦法孔孟之言者，別爲一途，號之曰道學。人之生於道，如在天覆之下，地載之上，孰能外之！而讀書聰明之士別爲一途，或爲文章，或爲事功，其愚亦已甚矣。」〔註96〕焦竑論明代學術分裂時說：「其流有四：離性則一，故有清虛之學焉，有義理之學焉，有名節之學、有詞章之學焉。其弊也，日疲於學而不知所學爲何事，此豈學之罪哉，知學而不知所以學故耳。」〔註97〕這些學者對當時學風的批評多指向其虛華不切時用。

　　那麼，黃宗羲是如何化解這個弊病呢？黃宗羲走的是「經術經世」的實學路向。據全祖望說：「自明中葉之後，講學之風，已爲極弊，高談性命，束書不觀，其稍平者則爲學究，皆無根之徒耳。先生（指梨洲）始謂學必源本於經術，而後不爲蹈虛；必證明於書籍，而後足以應務。原原本本，可據可依。前此講堂痼疾，爲之一變。」〔註98〕又說：「公（指梨洲）謂明人講學，襲語錄之糟粕，不以六經爲根柢，束書而從事於游談，故受業者必先窮經；經術所以經世，方不爲迂儒之學，故兼令讀史。……故凡受公之教者，不墜講學之流弊。」〔註99〕黃宗羲是通過經史之學來糾正學風之時弊的，以六經爲根柢，以經史爲經世。

　　如何做到這兩點呢？黃宗羲提出：「讀書不多，無以證斯理之變化；多而不求於心，則爲俗學。」〔註100〕錢穆先生對此有精闢論述，他說：「其前一語，所以開時代之新趨，後一語則仍歸宿於傳統之舊貫，是爲梨洲論學之兩面。故梨洲爲學，門路雖廣，而精神所注，則凝聚歸一。蓋欲以博雜多方之學，融成精潔純粹之知。以廣泛之智識，造完整之人格。內外交養，一多並濟。仍自與後之專尚博雅者不同也。」〔註101〕全祖望也說：「公（指梨洲）以濂、洛之統，綜會諸家，橫渠之禮教，康節之數學，東萊之文獻，艮齋、止齋之經制，水心

〔註96〕唐甄：《潛書》上篇《勸學》，北京：中華書局1963年版，第46頁。
〔註97〕焦竑：《澹園集》卷4《論‧原學》，北京：中華書局1999年版。
〔註98〕全祖望：《鮚埼亭集外編》卷16《甬上證人書院記》，上海：商務印書館1936年版。
〔註99〕全祖望：《梨洲先生神道碑文》，引自《黃宗羲全集》，第12冊，第8頁。
〔註100〕全祖望：《梨洲先生神道碑文》，引自《黃宗羲全集》，第12冊，第8頁。
〔註101〕錢穆：《中國近三百年學術史》（上冊），北京：商務印書館1997年版，第32頁。

之文章，莫不旁推交通，連珠合璧，自來儒林所未有也。」〔註 102〕全祖望看到梨洲經史之學在明末學風轉變中的積極作用，錢氏指出黃宗羲的讀書窮理對於完整人格塑造的內在聯繫。總之，黃宗羲的實學的確具有前所未有的規模，所以黃宗羲提出「儒者之學，經緯天地」的實學口號〔註 103〕。

不僅梨洲如此，亭林亦如此。亭林有言：「愚所謂聖人之道者如之何？曰博學於文，曰行己有恥。自一身以至於天下國家，皆學之事也；自子臣弟友以至出入、往來、辭受、取與之間，皆有恥之事也。」〔註 104〕這裡所說的「文」，絕不僅僅限於文字、文章之文，而是人文，是包含著廣泛內容的社會知識。誠如亭林所言：「君子博學於文，自身而至於家、國、天下，制之爲度數，發之爲音容，莫非文也。」〔註 105〕所以他主張「士當求實學，凡天文、地理、兵農、水火及一代典章之故，不可不熟究。」〔註 106〕由此看來，清初學者誠有「國初之學大」的特點〔註 107〕。

不過，黃宗羲早期的實學思想尚未形成系統的理論體系，他關注的社會現實問題，提出的實行、實功、實修等口號，主要源於宋明儒學中孕育的傳統經世致用的觀念。黃宗羲實學思想最終形成理論體系，是在其晚年氣學基礎上建構起來的，這使得黃宗羲在中國實學思想史上具有重要地位。

二、黃宗羲晚年的實學與其氣學之超越義

黃宗羲早年就已經注意到政治啓蒙離不開學術啓蒙。他在《明儒學案發凡》中敏銳地發現明代理學超邁前代，而文章事功反不及前代的社會現象，這恰恰說明「實學」是黃宗羲兩《學案》中主要學術視野之一。黃宗羲對宋明儒學的禪學化的批判和總結，也是其實學思想應有之邏輯。不過，據黃宗羲七世孫黃炳垕所編的《黃梨洲先生年譜》稱，清康熙十五年（1676）《明儒學案》編成，共六十二卷。後又輯《宋元儒學案》，尚未成編〔註 108〕。自康熙

〔註 102〕全祖望：《梨洲先生神道碑文》，引自《黃宗羲全集》，第 12 冊，第 8 頁。
〔註 103〕黃宗羲：《贈編修弁玉吳君墓誌銘》，《黃宗羲全集》，第 10 冊，第 433 頁。
〔註 104〕顧炎武：《亭林文集》卷 3《與友人論學書》。
〔註 105〕顧炎武：《日知錄》卷 7「博學於文」條，黃汝成集釋，石家莊：華山文藝出版社 1990 年版，第 311 頁。
〔註 106〕顧炎武：《亭林餘集・三朝紀事闕文序》。
〔註 107〕王國維：《沈乙庵先生七十壽序》，《觀堂集林》卷 23，《王國維遺書》第 2 冊，上海：上海書店出版社 1983 年版，第 582～583 頁。
〔註 108〕黃炳垕：《黃梨洲先生年譜》，引自《黃宗羲全集》，第 12 冊，第 46 頁。

十五年（1676）到康熙十五年（1695）梨洲「考終正寢」，這二十年時間裏，梨洲的學術思想、實學思想是否還有變化，這種變化具有怎樣的學術史意義，這是當今學術界關注的問題之一。黃宗羲的兩《學案》不僅批判總結了宋明理學心學，還超越了橫渠以來的氣學，由此形成了別具特色的氣學思想。他對氣學之超越義的建構和闡發尤為值得注意。那麼，氣學之超越義對其晚年實學思想又有何影響，這也是我們所要關注的問題。

1. 事功之學超越義的建構與落實

黃宗羲認為，「有明文章事功皆不及前代」，固然與宋明儒學中的禪學化有關，但是，這與事功學派沒有超越價值取向也不無關係。先來看黃宗羲對朱熹和陳亮關於「義利王霸之辨」的考察。

「義利王霸」之辨是宋代理學史上的重要問題之一。陳亮〔註109〕不同意理學家所謂「三代專以天理行，漢唐專以人欲行」的說法，認為功成便是有德，事濟便是有理，漢唐之君能治國安邦，使其國與天地並立而人物賴以生息，便是有德有理。所以，漢唐之世並非「專以人欲行」。朱熹譏其為「事功」，目為「異端」，然不為陳亮所心服。這就是理學史上有名的「義利王霸」之辨。

總的來說，黃宗羲對於朱陳的這場辯論所持的態度是力圖調和朱陳的對立，而又偏於右陳的。黃宗羲在《宋元學案》中對陳亮與朱熹論辯「義利王霸」的書信所加的案語是：

> 止齋謂：「功到成處，便是有德；事到濟處，便是有理。」此同甫之說也。如此則三代聖賢枉作工夫。「功有適成，何必有德？事有偶濟，何必有理。」此晦庵之說也。如此則漢祖、唐宗賢於僕區不遠。蓋謂二家之說，皆未得當。然止齋之意，畢竟主張龍川一邊過多。

> 夫朱子以事功卑龍川，龍川正不諱言事功，所以終不能服龍川之心。不知三代以上之事功，與漢、唐之事功迥乎不同。當漢、唐極盛之時，海內兵刑之氣，必不能免，即免兵刑，而禮樂之風不能

〔註109〕按：（1143～1194）南宋思想家、文學家。字同甫，原名汝能，後改名陳亮，人稱龍川先生。婺州永康（今屬浙江）人。著錄《龍川文集》40卷，今不見傳本。有明成化刻本30卷，明萬曆、崇禎刻本，史朝富刻本，均為30卷。通行本有《國學基本叢書》本、《四部備要》排印本。1974年中華書局出版校點本《陳亮集》。

渾同。勝殘去殺，三代之事功也，漢、唐而有此乎？其所謂「功有
適成，事有偶濟」者，亦只漢祖、唐宗一身一家之事功耳！統天下
而言之，固未見其成且濟也。以是而論，則言漢祖、唐宗不遠於僕
區，亦未始不可！〔註110〕

黃宗羲這裡提出了一個重要觀點，認爲時代不同，事功也不同：三代的事功
是「勝殘去殺」，漢唐的事功則是用「兵刑」，因此，評判事功之是非、優劣，
其標準應因時代而異，而不能離開具體的歷史條件去論事功的是非、優劣。
朱熹則與此相反，他堅持以三代的是非爲是非去評判漢唐，因此得出漢唐不
如三代的結論。顯然，黃宗羲的上述觀點是以陳說爲是，而以朱說爲非。然
而，他又認爲，由朱說而引出「漢祖、唐宗不遠於僕區」的結論「亦未始不
可」，對朱說也有肯定。總體上看，他是試圖調和朱、陳二說的對立。

　　不過，黃宗羲和會朱陳而又偏於右陳，這與黃宗羲對於南宋的事功之學
持肯定的態度是分不開的。黃宗羲在《宋元學案》的案語中指出：

永嘉之學，教人就事上理會，步步著實，言之必使可行，足以
開物成務。蓋亦鑒一種閉眉合眼、矇瞳精神，自附道學者，于古今
事物之變，不知爲何等也。〔註111〕

黃宗羲所說的永嘉之學，是指自薛季宣（1134～1173，字士龍，號艮齋）、陳
傅良（1137～1203，字君舉，號止齋）以至葉適一派的功利之學，他們爲學「主
禮制」、「講事功」。黃宗羲對此派學術基本上持肯定態度。這與他對那些不知
「古今事物之變」的「自附道學者」的譏評，適成鮮明對照。必須指出的是，
南宋的功利學派無論其學術宗旨或治學路徑與黃宗羲均有相似之處。例如：
前者爲學主經制，後者爲學重經史；前者講事功，後者講經世致用。而且他
們都反對空談性命。正是這些學術上的共同點和相似點，決定了黃宗羲對功
利之學持肯定的態度，而這也是黃宗羲在朱陳「義利王霸」之辯中偏於右陳
的原因所在。

　　雖然黃宗羲對於永嘉永康的事功之學激賞有加，但也有批判。比如他評
價葉適（水心）時指出：

水心異識超曠，不假梯級，謂「洙泗所講，前世帝王之典籍賴

〔註110〕黃宗羲原著、全祖望修補：《宋元學案》卷 56《龍川學案》，第 1839～1840
　　　　頁。
〔註111〕黃宗羲原著、全祖望修補：《宋元學案》卷 52《艮齋學案》，第 1696 頁。

以存，開物成務之倫紀賴以著」；……其意欲廢後儒之浮論，所言
不無過高，以言乎疵則有之，若云其概無所聞，則亦墮於浮論矣。
〔註112〕

黃宗羲此處肯定了水心廢除浮論之功，同時承認其學也有瑕疵，認爲其學也
有「過高」之處。至於「高」在何處，黃宗羲這裡尚未明論。他在《艮齋學
案》的案語中評論永嘉之學時有所指明。他說：

　　夫豈不自然而馴致其道，以計較億度之私，弊其大中至正之則，
　　進利害而退是非，與刑名之學殊途而同歸矣。此在心術，輕重不過
　　一銖，茫乎其難辨也。〔註113〕

黃宗羲這裡含蓄地指出永嘉永康的事功之學沒有「大中至正」的超越價值追
求，這會造成「進功利而退是非」的危險，黃宗羲甚至說這與「刑名之學」
殊途而同歸。所以，黃宗羲在爲時人倪功（1620～1688，字國勳）撰寫墓誌
銘時重申「事功本於仁義」的重要性和現實性，表現出對朱熹觀點的認同和
肯定。

　　自仁義與事功分途，於是言仁義者陸沉泥腐，天下無可通之
　　志；矜事功者縱橫捭闔，齗舌忠孝之言；兩者交譏，豈知古今無
　　事事功之仁義，亦無不本仁義之事功。四民之業，各事其事，出
　　於公者，即謂之義；出於私者，即謂之利；故不必違才易務也。
　　此其大道大顯於朱子，再傳爲饒雙峰，三傳爲陳定宇，四傳爲仲
　　弘倪氏。倪氏家徽州之休寧，十三傳而至府君，其遺風餘烈，猶
　　有存者。〔註114〕

倪功的祖父兩輩皆爲國老，家道殷實，其父結納賢豪長者，不失爲秦川貴公
子。後家業中衰，於是易士爲商，發憤經營商業，浮吳泛楚，不數年而至千
金。黃宗羲認爲，倪功易士爲商，事功本於仁義，此乃南宋考亭之風。故他
在銘文中對倪功有這樣評價：「諸儒大成，厥惟考亭。雙峰定宇，煥如日星；
四書輯釋，成於仲弘；爲世津梁，《大全》所憑；十有三傳，風烈猶承。易士
爲商，業雖異名；其道則一，孝友共稱。」〔註115〕朱熹當年的主張在明末清

〔註112〕黃宗羲原著、全祖望修補：《宋元學案》卷54《水心學案》上，第1794頁。
〔註113〕黃宗羲原著、全祖望修補：《宋元學案》卷54《水心學案》上，第1696頁。
〔註114〕黃宗羲：《國勳倪君墓誌銘》，《黃宗羲全集》，第10冊，第498～499頁。
〔註115〕黃宗羲：《國勳倪君墓誌銘》，《黃宗羲全集》，第10冊，第500頁。

初士人中猶有承續，且能夠適應當時的社會發展。黃宗羲在此不是重複朱熹舊義，而是強調仁義之道並非懸空一物，四民之業皆爲有道。

　　對於學道和事功之間的關係，黃宗羲晚年有新的認識。他明確提出「道無定體，學貴適用」。在《姜定庵先生小傳》中有言：

　　　　道無定體，學貴適用。奈何今之人執一以爲道，使學道與事功
　　判爲兩途。事功而不出於道，則機智用事而流於僞；道不能達之事
　　功，論其學則有，適於用則無，講一身之行爲則似是，救國家之急
　　難則非也；豈眞儒哉！〔註116〕

姜定庵，名希轍，字二濱，定庵其號也，黃宗羲同門好友。1667 年，兩人約其他同門在越中復舉證人書院，以申蕺山餘緒。小傳中有「病榻之中，此心耿然，故以平生所見聞者眞實書之」一語，足見其爲黃宗羲晚年之作。黃宗羲提出「道無定體，學貴適用」，認爲「道」不是別的，其本質就是「適用」。如果違背「適用」的原則，必然會導致虛僞、無用之學。事功不出於道，就會機智用事而流於僞；道不能達之事功，則不能適用。修身勉強可行，但匡救國難則不可行也。

　　這樣看來，在黃宗羲那裡，天理（或道）並不是虛空之物，而是有內容的，道的內容及其實現不在事功之外，正是從事功中體現出來。這與以往的宋明儒學有明顯不同，他不僅批判了理學家懸置空無之「道」於事功之先，更反對心學家那種「明體」自然「達用」的主張，同時還批判了永嘉永康的功利之學，認爲功利之學只是側重於田制、水利、賦稅、兵制等「治法」，他認爲這是遠遠不夠的，必須要有道德性命的實學。

　　由此看來，黃宗羲通過「道無定體，學貴適用」，將經世與學道、事功與仁義有機結合起來，既超越了宋明理學心學，而且還超越了南宋的功利之學，從而將明清之際的實學推向新的高峰。

　　2.「格物」超越義之建構與落實

　　「格物」源於《大學》，《大學》是儒家經書《禮記》中一篇文章，該文提出三綱領、八條目，爲個人修身以及治國平天下提供了一套系統理論和實踐方法。唐代韓愈、李翱首先強調《大學》的重要性，把它與《周易》、《孟子》並列爲儒家經典。宋明儒家高度重視《大學》，並將「格物」作爲「實學」

〔註116〕黃宗羲：《姜定庵先生小傳》，《黃宗羲全集》，第 10 冊，第 623～624 頁。

的主要途徑。二程推尊《大學》，認爲此書是「孔氏之遺書，而初學入德之門也」。二程高度重視「格物」的重要性，他們說：「格物，適道之始，思所以格物而已近道。」〔註117〕南宋朱熹尤爲尊崇《大學》，並取程子之意，補進一百三十四字，解說「格物以窮理」之義，足見他對「格物」的重視程度：將「格物窮理」看作是「人人入聖之階梯」。陽明恢復《大學》古本，並在其《序》中指出：「《大學》之要，誠意而已矣。誠意之功，格物而已矣。……致知者，誠意之本也。格物者，致知之實也。」〔註118〕其弟子龍溪也明確指出：「古人格物之說，是千聖經綸之實學。」〔註119〕在黃宗羲看來，雖然宋明理學心學高度重視「格物」工夫的實學價值，但是他們的物論和格物工夫論都不足以體現儒家的實學精神。

其一，黃宗羲對程朱理學「格物」論的評價。他認爲，程朱的「格物致知」其實就是一種「即物以求理」、「即物以證理」的治學路徑。二程說：「學莫大於知本末終始。致知格物，所謂本也，始也；治天下國家，所謂末也，終也。治天下國家，必本諸身。其身不正，而能治天下國家者，無之。格猶窮也，物猶理也，若曰窮其理云爾。窮理然後足以致知，不窮則不能致也。」〔註120〕黃宗羲對程朱「格物窮理」的治學路徑頗爲不滿，認爲這是「以知識爲知」。他說：

> 宋儒之後學者以知識爲知，謂「人心之所有者不過明覺，而理爲天地萬物之所公共，故必窮盡天地萬物之理，然後吾心之明覺與之渾合而無間」。說是無內外，其實全靠外來聞見以填補其靈明者也。〔註121〕

前面提到，人心是氣之靈明者，這是宋明儒者幾乎都認同的說法，但是，由於程朱理學將氣看不高，分理氣爲二，所以他們對心也看不高，不相信人心有知，認爲人心不過是明覺，而不是公共的理。所以，「格物窮理」就是「向天地萬物上求」，也就是「以知識爲知」。黃宗羲認爲這嚴重違背了孟子的聖

〔註117〕程顥、程頤：《河南程氏粹言》卷1，《二程集》，王孝魚點校，北京：中華書局1981年版，第1197頁。

〔註118〕王守仁：《王陽明全集》卷7《大學古本序》，吳光等編校，上海：上海古籍出版社1992年版，第242～243頁。

〔註119〕黃宗羲：《明儒學案》卷15《浙中王門學案五》，第311頁。

〔註120〕程顥、程頤：《河南程氏粹言》卷1，《二程集》，王孝魚點校，北京：中華書局1981年版，第1197頁。

〔註121〕黃宗羲：《明儒學案》卷10《姚江學集》，《黃宗羲全集》，第7冊，第202頁。

人之論。他說：

> 綱常倫物之則，世人以此爲天地萬物公共之理，用之範圍世教，
> 故曰命也。所以後之儒者窮理之學，必從公共處窮之。而君之所有
> 者唯知覺耳。孟子言此理是人所固有，指出性眞，不向天地萬物上
> 求，故不謂之命也。宋儒以上段是氣質之性，下段是義理之性，性
> 有二乎？〔註122〕

程朱的「格物致知」論之所以出現問題，關鍵在於他們對「物」有誤解。二程迴避對「物」下確切的定義。當有人問二程：你們說的「格物」，「是外物，是性中物」，它是客觀的物質存在，還是人的主觀內心產物？二程這樣回答：「不拘。凡眼前無非是物，物物皆有理。如火之所以熱，水之所以寒，至於君臣父子間皆是理。又問：只窮一物，見此一物，還便見諸理否？曰：須是徧求。雖顏子亦只能聞一知十，若到後來達理了，雖億萬亦可通。」〔註123〕可以看出，二程並不給「物」劃定明確範圍，其所講的「物」不是客觀存在的物。所謂草木水火、父子君臣等等皆是理，都是天理的反映。所以，在二程這裡，「格物」就是「窮理」，是要認識事物本身中的天理，而不是事物本身。從這個角度上看，其所謂「格物」也就是「接物」，其所謂的「物」其實就是「外物」。

　　黃宗羲認爲此種物論及其格物論都是錯誤的。因爲現實社會中感覺所接觸的事物是紛紜複雜、變幻莫測的，而人的認識能力有限，因此人不可能窮盡外物之理。而且，程朱理學一再告誡學人：「苟一事一物精神不到」，就會導致「此心危殆，不能自安」。因此，程朱理學的這條繁瑣的治學路徑，不僅會讓士人學之致病，甚至學之而致死。黃宗羲的一位朋友名叫陳怡庭，此人從事於程朱格物致知之學，在人情事勢物理上勤下工夫，不敢有絲毫懈怠，結果導致積勞成疾，不幸而終。黃宗羲在爲此友撰寫墓誌銘時說：

> 凡君之所以病，病之所以不起者，雖其天性，亦其爲學有以致
> 之也。夫格物者，格其皆備之物，則沓來之物，不足以掩湛定之知，
> 而百官萬務，行所無事。若待夫物來而後格之，一物有一物之理，

〔註122〕黃宗羲：《孟子師說》，第 7 卷「口之於味」章，《黃宗羲全集》，第 1 冊，第
　　　　161 頁。
〔註123〕程顥、程頤：《河南程氏遺書》卷 19，《二程集》，王孝魚校，北京：中華書
　　　　局 1981 年版，第 247 頁。

未免安排思索，物理、吾心，終判爲二。故陽明學之而致病，君學之而致死，皆爲格物之說所誤也。〔註124〕

其二，黃宗羲對陸王心學「格物」論的評價。黃宗羲反對程朱理學將「物」理解爲「外物」，反對將「格物」解爲「格外物」。他將「物」理解爲「吾心之物」，認爲此「物」爲「本體之物」，爲吾心本來具足。黃宗羲對錢德洪的弟子萬表的「格物」極其欣賞，原因在於萬表將「物」理解爲「吾心之物」、「本體之物」。萬表（1497～1556），字民望，號鹿園。著有《玩鹿亭稿》八卷、《灼艾集》十卷、《道德經贅言》一卷等。萬鹿園說：

> 聖賢切要工夫，莫先於格物，蓋吾心本來具足，格物者，格吾
> 心之物也，爲情慾意見所弊，本體始晦，必掃蕩一切，獨觀吾心，
> 格之又格，愈研愈精，本體之物，始得呈露，是爲格物。格物則知
> 自致也。〔註125〕

黃宗羲認爲鹿園之論格物最爲諦當，格之又格，而後本體之物呈露，這是白沙「養出端倪」，也是宋儒所謂未發氣象〔註126〕。萬鹿園認爲「物」爲吾心之物，是人心中本來具足的，因此格物也就是格吾心中之物。既然如此，爲什麼還要格物呢？這是因爲本體之物爲情慾意見所弊，本體始晦，只有掃蕩一切、獨格吾心，才能使得本體之物呈露。鹿園此論與龍溪的「格物」論有很大不同。龍溪說：

> 古人格物之說，是千聖經綸之實學。良知之感應謂之物，是從
> 良知凝聚出來。格物是致知實下手處，不離倫物感應而證真修。離
> 格物則知無從而致矣。吾儒與二氏毫釐不同，正在於此。〔註127〕

龍溪在《答聶雙江》中說：

> 所謂「致知在格物」，格物正是致知實用力之地，不可以內外分
> 者也。若謂「工夫只是致知」，而謂「格物無工夫」，其流之弊，便
> 至於絕物，便是仙佛之學。徒知致知在格物，而不悟格物正是致其

〔註124〕黃宗羲：《翰林院編修怡庭陳君墓誌銘》，《黃宗羲全集》，第 10 冊，第 446 頁。

〔註125〕黃宗羲：《明儒學案》卷 15《浙中王門學案五》，第 311 頁。

〔註126〕顯然，梨洲這裡對宋儒體驗未發氣象的理解不同。在朱熹那裡，「涵養須用敬，進學則在致知」。體驗未發氣象的工夫是「涵養用敬」；而梨洲這裡釋之以「格物」。這個轉變正是由於他徹底否定在氣化流行之前另有天命流行之體。

〔註127〕黃宗羲：《明儒學案》卷 15《浙中王門學案五》，第 311 頁。

未發之知，其流之弊，便至於逐物，便是支離之學。爭若毫釐，然千里之謬實始於此，不可不察也。〔註128〕

黃宗羲剖析了兩人「物」論的差異，認爲兩人各有所得，亦各有所失。他說：

龍溪指物爲實，先生（指萬鹿園）指物爲虛。凡天下之物攝於本體之物，本體之物又何嘗離倫物哉！然兩家皆精禪學，先生所謂本體呈露者，眞空也；龍溪離物無知者，妙有也，與宋儒、白沙之論，雖似而有差別，學者又當有辨矣。〔註129〕

黃宗羲的觀點很明確，「物」並不是龍溪說的「倫物感應」，也不是鹿園說的「本體之物」。鹿園的「本體之物」須待格致工夫才能呈露，這樣的「物」其實是「眞空」。這說明鹿園不知「凡天下之物攝於本體之物」。龍溪的「倫物感應」固然是「實」，但他認爲「離物無知」方可成爲「妙有」。這說明龍溪不知「本體之物又何嘗離倫物哉？」總之，龍溪的「格物」工夫也不能眞正發揮實學功能、體現實學精神。

但是，爲什麼陽明龍溪蕺山他們的「格物」工夫不能眞正體現實學精神呢？這裡面是否反映了心學體系的內在缺陷呢？前面提到，陽明蕺山爲了避免良知、意根淪爲「空寂本體」，他們都提出了「知無體，以物爲體」的命題。但是，他們爲了保證良知、意根自主自裁的地位，尤其是蕺山「歸顯於密」的致思取向，使得良知、意根始終有歸趨於人心內部的傾向，他們不敢承認氣化流行有積極價值。到龍溪海門那裡，他們徹底「空守寂體」，即便承認有氣化流行，也只是「玩弄光景」而已，並不承認氣化流行自身具有超越性價值。黃宗羲對此有完全說破：

夫心以意爲體，意以知爲體，知以物爲體，意之爲心體，知之爲意體，易知也。至於物之爲知體，則難知矣。家國天下固物也，吾知亦有離於家國天下之時，知不可離，物有時離，如之何物爲知體乎？人自形生神發之後，方有此知。此知寄於喜怒哀樂之流行，是即所謂物也。仁義禮智，後起之名，故不日理而日物。格有通之義，證得此體分明，則四氣之流行，誠通誠復，不失其序，依然造

〔註128〕王畿：《王畿集》卷9《答聶雙江》，吳震編校，南京：鳳凰出版社2007年版，第199頁。

〔註129〕黃宗羲：《明儒學案》卷15《浙中王門學案五》，第311頁。

化，謂之格物。未格之物，四氣錯行，溢而為七情之喜怒哀樂，此

知之所以貿亂也。故致知之在格物，確乎不易。〔註130〕

這裡有兩點值得注意：一是提出「物為知體」的理論。黃宗羲認為，意為心體、知為意體，這都好理解，但是，物為知體則不好理解。其實，人的知是在「形生神發」之後，此知就在喜怒哀樂氣化流行之中，至於仁義禮智則是後起之名，黃宗羲甚至說這不是理，其實際上就是物，顯然，黃宗羲此論與程朱理學理在氣先、知先行後的觀點適成對反；二是訓「格」為「通」，本體並不是心體良知之流行，而是在氣化流行中證得本體。氣化流行不失其序而且造化不息即是格物。對於那些未格之物，是四氣錯行所致，這是人的認識發生錯亂的原因。黃宗羲這個觀點與陽明、蕺山有很大不同，黃宗羲說的「本體之物」不再局限於身心之中，而是在氣化流行中證成和造化。

這樣看來，黃宗羲的「物論」和「格物」的超越性並沒有「減煞」，相反，由於黃宗羲認為天下之物皆「攝於」本體之物，所以，這種超越性具有很強的現實性特徵。這和黃宗羲的「氣」論是一致的，一方面具有超越性價值取向，另一方面此種超越性取向並不是外在於天下之物，並不離卻人倫感應實事。所以說，黃宗羲是在氣學的基礎上重新建構起超越的價值理想。

總之，黃宗羲從氣學的角度重新詮釋了宋明以來聚訟不已的「格物」論，不僅批判了理學心學的格物論，而且從氣學之超越義出發，建構起全新的氣學超越價值的實現方式。黃宗羲認為氣學的「格物即在工夫之中，更不必另起爐灶也」〔註131〕。這的確是黃宗羲工夫論的特色，可以說是黃宗羲「心無本體，功夫所致，即其本體」的另一種表述。這種別具特色的工夫論充分體現在其史學和實學的學術啟蒙形態中。黃宗羲為了落實其學術啟蒙精神，充分肯定和發揮氣化流行的創造功能和超越價值取向，從而促進了宋明以來史學和實學傳統的近代轉型。

〔註130〕黃宗羲：《答萬充宗論格物書》，《黃宗羲全集》，第 10 冊，第 201～202 頁。
〔註131〕黃宗羲：《答萬充宗論格物書》，《黃宗羲全集》，第 10 冊，第 201 頁。

第五章　黃宗羲的氣學與史學的新轉向

　　史學是實學的具體落實，黃宗羲的學問具有「以史證學」的特徵，通過史學來批判和超越程朱陸王的性命之學。黃宗羲以史學著稱，梁啓超曾有準確評價：「梨洲學問影響後來最大者，在他的史學」，「中國有完善的學術史，自梨洲之著學案始」，又說黃梨洲創立了浙東史學派，是「清代史學開山之祖」〔註1〕。關於黃宗羲史學的學術淵源及其特徵，章學誠〔註2〕有詳細說明〔註3〕，他把黃宗羲放在浙東學派中加以考察：黃宗羲開創浙東經史學派，

〔註1〕梁啓超：《中國近三百年學術史》，北京：東方出版社1996年版，第54、55、98頁。

〔註2〕章學誠（1738～1801）清代史學家、目錄學家。原名文鑣，字實齋，號少岩。浙江會稽（今紹興）人。其著作《校讎通義》是目錄學理論專著。曾編修《和州志》、《永清縣志》、《亳州志》、《湖北通志》等多種志書，並著有《修志十議》、《方志立三書義》等文，爲方志學奠定了基礎。1922年，吳興嘉業堂搜集章學誠的書稿，刊行《章氏遺書》51卷，包括：《文史通義》、《校讎通義》、《方志略例》、《章氏文集》、《章氏外集》、《湖北通志檢存稿》、《湖北通志未成稿》、《信摭》、《乙卯札記》、《丙辰札記》、《知非日箚》、《閱書隨箚》、《永清縣志》、《和州志》，附《補遺》、《附錄》及《校記》，有1936年排印本和1985年影印本《章學誠遺書》。

〔註3〕章實齋對梨洲爲代表的浙東之學有此總評：「浙東之學，雖出婺源，然自三袁之流，多宗江西陸氏，而通經服古，絕不空言德性，故不悖於朱子之教。至陽明王子，揭孟子之良知，復與朱子牴牾。蕺山劉氏，本良知而發明慎獨，與朱子不合，亦不相詆也。梨洲黃氏，出蕺山劉氏之門，而開萬氏經史之學；以至全氏祖望輩尚存其意，宗陸而不悖朱者也。」章實齋還將梨洲與亭林的浙西之學比較：「世推顧亭林氏爲開國儒宗，然自是浙西之學。不知同時有黃梨洲氏，出於浙東，雖與顧氏並峙，而上宗王、劉，下開二萬，較之顧氏，淵源而流長矣。」詳見章學誠著《文史通義校注·浙東學術》，葉瑛校注，北京：中華書局1985年版，第523～524頁。

對宋明以來的程朱、陸王的性命之學兼收並蓄，所謂「宗陸而不悖朱者也」。雖然黃宗羲上宗陽明蕺山心學傳統，但是通經服古，絕不空言性命，「言性命者必究於史」，黃宗羲遂能「下開二萬經史之學」。

　　黃宗羲史學受到其學術思想的深刻影響，對此，華裔學者成中英先生說：「宗羲之史學實發軔於理學與心學，因其理學與心學而致力於史學，故其史學可說為理學與心學之用。因理學與心學的用心而致力於時代巨變的啟示，再推引於學術史的研究，這才是他學術思想發展的真正軌迹。我們可稱此一轉變為趨向『批判的或反省的理學』與『批判的或反省的心學』的轉變」。〔註4〕過去我們研究黃宗羲，主要精力集中於黃宗羲之學與經史、宋明儒學之間的聯繫上，對黃宗羲的史學與宋明儒學間的內在聯繫闡述不夠。成中英先生的研究思路及其結論的確刊落聲華，啟人心智。他還指出，這種史學上的轉變對黃宗羲來說主要有兩個方面的影響。「在於宗羲，史學也不只限於改朝換代事實之陳述和一般性的評論。相反的，史學當對國家所以為治亂存亡的各種制度的檢討，以明治亂存亡之因果，同時在史學也在瞭解及掌握學術思想變遷之軌迹以及所以為正為失為偏為全的思想原因。前者是制度史，後者是哲學學術史。宗羲史學的特點，為史學帶來了新面貌、新精神，吾人可名之為批評的史學。」〔註5〕成中英先生認為，黃宗羲最為重要的兩本著作都是在這種批評的史學觀點影響下產生的：《明夷待訪錄》是對明代制度史的反思，《明儒學案》則是對明代學術思想學術的檢省。

　　成中英先生的這些論斷主要是從黃宗羲本人的「生平與著述」中得到的，這是公允而準確的。其實，黃宗羲之前的學者有精於理學的，有深於心學的，兼通兩者的亦有之，但為何沒有發展出「批評的史學」呢？或者說，為什麼只是到了黃宗羲這裡才出現「批評的史學」？黃宗羲的史學特徵是否只是「批評的」，有沒有「建設性」的？這些疑問，不能不迫使我們進一步去考察黃宗羲的學術思想與其史學間的內在聯繫。

第一節　宋明以來史學地位的低落及其原因

　　甲骨文中已有「史」字，說明「史」字產生於上古時代。《說文解字》中

〔註4〕成中英：《理學與心學的批評的省思》，載《浙江學刊》，1987年第1期。
〔註5〕成中英：《理學與心學的批評的省思》，載《浙江學刊》，1987年第1期。

說：「『史』，記事者也。從又持中。中，正也。」「史」字的本義是從史官的
職業中引申而來。王國維《釋史》：「史字從又持中，義爲持書之人。」〔註6〕
早期的史官主要承擔祭祀事務。陳夢家說，「史、卿史、御史似皆主祭祀之事。」
〔註7〕後來，周代一改商人「尊神」舊傳統，開始建立起「尊禮」的禮樂文明
〔註8〕，周代的史官不再像商代那時顯赫尊崇，原有的社會功能也漸趨衰落，
開始轉向道德理性精神的追求〔註9〕。孔子的史學觀念就誕生於這個時代背景
中。孔子時代各國多有史書，晉有《乘》，楚有《檮杌》，魯有《春秋》，其名
雖異，而實則皆爲史書。按孟子的說法，孔子筆削《春秋》，所重者「其義則
竊取之」，此乃後人所謂「春秋微言大義」也。孔子試圖追尋潛隱在史實背後
的「義理」，對他來說，「義理」具有比史實更爲優先的社會價值。至於孔子
的「春秋筆法」，究竟何意，眾說紛紜，章學誠庶幾得之。他說：「史之大原，
本乎《春秋》。《春秋》之義，昭乎筆削。筆削之義，不僅事具始末，文成規
矩已也。以夫子『義則竊取』之旨觀之，固將綱紀天人，推明大道。」〔註10〕
孔子將「仁義」道德精神作爲歷史研究、歷史評判的終極標準，從而「建立
了世界上第一個思辨的歷史哲學體系」〔註11〕。從歷史哲學觀念形態上看，
儒家倫理綱常作爲歷史學主導思想，幾乎貫穿於傳統史學發展演化的全過
程，構成了中國傳統史學的靈魂和核心〔註12〕。

　　宋代儒學承續孔孟的歷史哲學傳統，對漢唐以來的詞章考據史學頗爲不
滿，「從天理的角度對歷史重新進行深邃的思考，他們把歷史學作爲『格物致
知』──求理的途徑，通過對歷史興衰事實的審視去尋求支配天下萬物的
『理』，他們將一種本位價值──道德價值置於一切人類價值之上，把一切歷

〔註6〕王國維：《觀堂集林》卷6《釋史》，北京：中華書局1959年版，第263頁。
〔註7〕陳夢家：《殷虛卜辭綜述》，北京：中華書局1988年版，第520頁。
〔註8〕《禮記・表記》，引自（清）阮元校刻：《十三經注疏》，北京：中華書局1980
　　　年版，第1642頁。
〔註9〕按：王國維在《釋史》中提到：「史爲掌書之官，自古爲要職業，殷商以前，
　　　其官尊卑雖不可知，然大小官名及職事之名多由史出，則史之位尊地要可知
　　　矣。」參見王國維著《觀堂集林》卷6《釋史》，北京：中華書局1959年版，
　　　第269頁。
〔註10〕章學誠：《文史通義校注》卷5《內篇五》，《答客問上》，葉瑛校注，北京：中
　　　華書局1985年版，第470頁。
〔註11〕朱本源：《孔子歷史哲學發微》（續），載《史學理論研究》，1996年第2期。
〔註12〕范立舟：《宋代理學與中國傳統歷史觀念・前言》，西安：陝西人民出版社2004
　　　年版，第1頁。

史活動都放到道義的審判臺上重新加以考察，目的就是要通過對中國歷史的再解釋說明倫理價值的普遍性、絕對性和至上性」〔註13〕。宋代理學以天理爲本位價值，將史學納入到理學體系之中，成爲格物窮理的途徑，這是宋代時期歷史哲學的核心內涵。它對史學地位、社會功能都有明確的建構和定位，並對宋明時期史學的發展產生了深遠影響。

一、天理史觀的社會功能及其特徵

二程是宋明理學的開創者，在他們理學體系中，天理是實理，是天地萬物以及人類歷史的普遍原理和內在規律，同時，天理可以從人類自身的歷史活動、歷史研究中探尋出來。「或問：學必窮理，物散萬殊，何由而盡窮其理？子曰：誦《詩》、《書》，考古今，察物情，揆人事，反覆研究而思索之，求止於至善，蓋非一端而已也。」〔註14〕格物窮理的途徑主要有三：考古今，察物情，揆人事。考古今就是指對歷史事實的反思，其目的並非探求歷史事實本身的內在規律，而是對儒家倫理道德的深切體會，也即「求止於至善」而已。二程還說：

> 讀史須見聖賢所存治亂之機，賢人君子出處進退，便是格物。
> 〔註15〕

> 凡讀史，不徒要記事迹，須要識治亂安危興衰存亡之理，且如讀《高帝》一紀，便須識得漢家四百年終始治亂當如何，是亦學也。
> 〔註16〕

> 每讀史到一半，便掩卷思量，料其成敗，然後卻看有不合處，又更精思，其間多有幸而成，不幸而敗。今人只見成者便以爲是，敗者便以爲非。不知成者煞有不是，敗者煞有是底。〔註17〕

〔註13〕 范立舟：《宋代理學與中國傳統歷史觀念‧前言》，西安：陝西人民出版社2004年版，第2頁。

〔註14〕 程顥、程頤：《河南程氏粹言》卷1，《二程集》，王孝魚點校，北京：中華書局1981年版，第1191頁。

〔註15〕 程顥、程頤：《河南程氏遺書》卷19，《二程集》，王孝魚校，北京：中華書局1981年版，第258頁。

〔註16〕 程顥、程頤：《河南程氏遺書》卷18，《二程集》，王孝魚校，北京：中華書局1981年版，第232頁。

〔註17〕 程顥、程頤：《河南程氏遺書》卷19，《二程集》，王孝魚校，北京：中華書局1981年版，第258頁。

他們將史學研究簡單歸結爲「格物」的一種手段，而「格物」本身也不過是「窮理」的一條途徑而已。「天理」是判斷是非的唯一標準。「二程正是以存在於歷史之先、歷史之外的永恒、絕對、至善的『天理』的高度來審視人類歷史，以天理爲最高原則去裁定人類歷史，歷史的意義絕不在歷史發展過程本身，而是在天理的顯隱和升沉。」〔註18〕「不知成者煞有不是，敗者煞有是底」一語，說明二程是決不以歷史事實爲據，而要以超越於歷史事實的天理來認識歷史、理解歷史，這充分反映出他們倫理本位主義的價值取向。

由此可見，在二程這裡，史學的價值和性質終究從屬於天理。史學就其本質而言不過是儒者從事「格物致知」以探尋終極性眞理的一門學問。

總體上看，史學在南宋朱熹的理學體系中也處於從屬地位，他試圖建立一種「天理」與「史事」相互發明、相互支持的史學體系。他將「理」納入到歷史學領域，賦予史學以強烈的哲學思辨性，把歷史改造成理學體系的有機組成部分。天理是史學研究的最高指導原則，究心歷史，無非是要對「天下之理」求得「盡其纖悉」。他認爲，讀史當觀大倫理、大機會、大治亂得失。

> 如讀書以講明道義，則是理存於書；如論古今人物以別其是非邪正，則理存於古今人物；如應接事物而審處其當否，則是理存於應接事物。所存既非一物能專，則所格亦非一端而盡。〔註19〕

> 凡觀書史，只有箇是與不是。觀其是，求其不是；觀其不是，求其是，然後便見得義理。〔註20〕

歷史研究的對象就是存在於史書、古今人物中的「理」，以此來辨別是非、應接事物。這是朱熹對於史學研究價值的肯定。但是，很顯然，歷史事實本身的價值和規律，只有在融攝著倫理綱常的形上本體的天理那裡才能得到彰顯和呈現，否則就沒有存在價值。從這個意義上看，理解和掌握天理是史學研究的目的和歸宿，史學本身沒有獨立的價值。

> 讀書須是以經爲本，而後讀史。〔註21〕

〔註18〕范立舟：《宋儒對歷史學價值的探求》，載《漳州師院學報》，1999年第1期。

〔註19〕黎靖德：《朱子語類》卷18「大學或問下」，第2冊，北京：中華書局1986年版，第391頁。

〔註20〕黎靖德：《朱子語類》卷11「讀書法下」，第1冊，北京：中華書局1986年版，第196頁。

〔註21〕黎靖德：《朱子語類》卷122「呂伯恭」，第8冊，北京：中華書局1986年版，第2950頁。

　　　　凡讀書，先讀《語》《孟》，然後觀史，則如明鑒在此，而妍醜
　　不可逃。若未讀徹《語》《孟》《中庸》《大學》便去讀史，胸中無一
　　箇權衡，多爲所惑。〔註22〕

朱熹認爲，深切體會天理是從事史學的目的所在，而史學如果不能體現天理，
則只是「閒是非」、「閒議論」而已。這是「經本史末」論。朱熹與二程一樣
都推尊儒家經籍之學，注重經書中的道德價值。立人要以正心爲先，讀書要
以經書爲本。先讀《論》《孟》，次及諸經，然後看史，其順序是不可以顛亂
的。只有對儒家經典有過一番深入透徹的研究，獲得深刻的領悟，能夠對史
實「以自家義理斷之」。這是「經先史後」論。

　　顯然，朱熹的史學研究方法與一般的史學家是不同的。史學家搜集史料，
辨別眞僞，重新建構以往歷史的圖象，朱熹則不甚注重史料的搜集工作，他
注重的是以預定的概念反思歷史的意義，建構一個歷史哲學體系。讀史窮理，
以歷史實驗證明先驗的天理，這就是朱熹對史學性質的界定。

　　基於這種認識，朱熹對呂祖謙、陳亮的史學都提出了批判。他批判呂祖
謙說：「東萊聰明，看文理卻不子細。……緣他先讀史多，所以看粗著眼。」
〔註23〕又說：「伯恭於史分外子細，於經卻不甚理會。」並認爲「史甚麼學，
只是見得淺」〔註24〕。批判東萊說義理，太多傷巧，未免杜撰，「博學多識則
有之矣，守約恐未也」〔註25〕。朱熹還批判陳亮的史學，他說：「看史只如看
人相打，相打有甚好看處？陳同父一生被史壞了。」〔註26〕其實，朱熹並非
不注重讀史、看史，而是覺得「史」只是些「閒是閒非」、「沒甚要緊」。其輕
史貶史的意味十分明顯。

　　朱熹和呂祖謙、陳亮兩人對史學態度上的不同，並非只是某種知識偏好
的差別，而是有其深層的學術史觀上的分歧和衝突。試以朱熹、陳亮爲中心

〔註22〕　黎靖德：《朱子語類》卷11「讀書法下」，第 1 冊，北京：中華書局 1986 年版，
　　　　　第 195 頁。

〔註23〕　黎靖德：《朱子語類》卷 122「呂伯恭」，第 8 冊，北京：中華書局 1986 年版，
　　　　　第 2950 頁。

〔註24〕　黎靖德：《朱子語類》卷 122「呂伯恭」，第 8 冊，北京：中華書局 1986 年版，
　　　　　第 2951 頁。

〔註25〕　黎靖德：《朱子語類》卷 122「呂伯恭」，第 8 冊，北京：中華書局 1986 年版，
　　　　　第 2949 頁。

〔註26〕　黎靖德：《朱子語類》卷 123「陳君舉」，第 8 冊，北京：中華書局 1986 年版，
　　　　　第 2965 頁。

來稍加疏通和探討。

首先，由於對理氣、道物關係的不同解讀，使得陳、朱二人對「歷史之道」有不同理解。前面說到，朱熹認為理在氣先，天理是永恆、絕對、至善的，而氣質之性有善有惡，在天理規範和引導下浩然之氣才能充塞天下，因此氣化流行的世界是須待變化的。與之相應，天理與氣化流行分別對應於不同的世界。天理的世界是一個「潔淨空闊底世界」，也就是朱熹說的三代時期的理想世界。與天理的先驗世界相比，人類的歷史世界是污濁的、殘缺不全和善惡無定的。人類歷史的污濁、殘缺不全以及善惡無定，這使得「歷史之道」不能存在於歷史過程之中，而應該來自於歷史過程之先、之外的「天理」。所以，朱熹認為，必須用天理去裁定一切人類歷史。「理即禮也」，其實質是對現實的封建綱常倫理關係的哲學抽象。以天理來裁定人類歷史其實就是以封建綱常作為歷史發展的內在規律和歷史發展的評價標準。總之，朱熹理氣關係的對立，使得其歷史之「道」其實就是天理之「道」，天理是絕對的歷史本體。歷史的意義絕不在歷史發展過程本身，而在於天理歷史本體的隱顯與浮沉。

與朱熹的理氣關係不同，陳亮主張道與物的合一。他說：「天下豈有道外之事哉！」「夫道非出於形氣之表，而常行於事物之間也。」〔註27〕道貫穿於形氣、萬事萬物之中，道外無事，道外無物，道與物融為一體，不可分離。這與朱熹理在氣先的理論有很大差異。這種差異也使得陳亮對「歷史之道」有與朱熹完全不同的看法。陳亮反對朱熹從「天理」的角度來裁定歷史，他是從歷史本身去理解、探尋歷史之道。他認為，歷史之道不在歷史之外，而是貫穿於人類歷史演變過程之中。他把古今人物、典章制度中作為歷史思考和哲學分析的認識對象。陳亮的「歷史之道」不是懸空於歷史過程之先、之外，而是在人類歷史事實過程中去探尋「道」。這樣，就否定了朱熹那種「潔淨空闊底世界」，也就不存在向人類歷史進程之外、之先探尋「歷史之道」的必要。相對地看，陳亮的歷史之道就融攝了人類歷史更多的事實內涵。總之，陳亮的「道物合一」理論，使得其歷史之道能夠從歷史本身尋找規律和方向，這種歷史哲學具有很強的整體性和統一性，具有人類歷史事實的真實內涵。

其次，由於陳、朱對「歷史之道」的理解有差異，使得他們對歷史價值、

〔註27〕陳亮：《勉強行道大有功論》，《陳亮集》，北京：中華書局 1974 年版，第 97 頁。

歷史人物的評判上也有分歧。以他們對「三代」、「漢唐」關係的論爭為例，朱熹認為，天理可以獨立於歷史發展過程之外，它在歷史中有隱顯和浮沉。表現在歷史階段上，並非每一個歷史時期都存在天理。由此，朱熹提出「三代」與「漢唐」有本質的差別，三代是「以道治天下」的社會，是專以天理行；而「漢唐」則是以利欲宰制天下的社會，是專以人欲行。在朱熹看來，三代有聖人之道、天理之道，而漢唐之君雖時有暗合「天理」，但全體卻在「利欲」上。漢祖、唐宗固然因其才智而能成就豐功偉業，但是，他們因為沒有對聖人之道、天理之道有深切體會和篤實力行，所以也只是「暗合天理」罷了。雖然漢唐之世時有小康，但天理之道未嘗行於天地間。所以，朱熹說：「千五百年之間，正坐如此，所以只是架漏牽補，過了時日。其間雖或不無小康，而堯、舜、三王、周公、孔子所傳之道，未嘗一日得行於天地之間也。」〔註28〕

陳亮對此堅決反對。他說：「信如斯言，千五百年間，天地亦是架漏過時，而人心亦是牽補度日，萬物何以阜藩而道何以常存乎！」〔註29〕陳亮認為，三代、漢唐只是歷史時間序列的不同階段，並沒有本質的區別。天下只有一個道，僅僅由於世變事異，其表現形態有所區別罷了。「道」既存在於三代之中，也存在於漢唐之中，歷史的不同階段都合於歷史之道。所以，三代、漢唐皆合於「歷史之道」。陳亮舉證說明此意：日月經天、萬物繁衍，三代如此，漢唐亦如此，不能說漢唐時期專以人欲行，而沒有天理。

不僅對歷史價值有不同的標準，對歷史人物的評判標準也有很大差異。朱熹認為，歷史的價值、人物的成敗，都應該以天理為依據。天理的世界與人欲世界始終存在著緊張和衝突。由於天理的超越至善本性，使得天理對於人欲、氣化世界有優越地位，這也是朱熹「會歸一理」的史學觀具有很強的社會批判功能的原因所在。出於仁義，合於天理的即是王道政治、聖人治世，否則，即便有漢祖、唐宗之豐功偉績，亦只是「全體卻在利欲上」。 朱熹強調「天理」對於歷史過程的規範和引導作用，發揮天理的社會批判功能。將「天理」置於一切人類歷史價值之上，把一切歷史活動都放到道義的審判臺上重新加以考察，對中國歷史的解釋也是為了論證和說明倫理價值的普遍

〔註28〕 朱熹撰，劉永翔、朱幼文點校：《朱子全書》第 21 冊，《晦庵先生朱文公文集》卷 36《答陳同甫》，上海：上海古籍出版社，合肥：安徽教育出版社 2002 年版，第 1583 頁。

〔註29〕 陳亮：《答朱元晦秘書又甲辰秋書》，《陳亮集》，北京：中華書局 1974 年版，第 281 頁。

性、至上性和絕對性。由此，朱熹猛烈地指責、批判漢祖唐宗為一己利欲而殘暴無度。然而，陳亮對漢祖唐宗卻給予了很高評價，認為他們本領宏大，可以震動一世。他說：「高祖、太宗……禁暴戡亂，愛人利物而不可掩者，其本領宏大開廓故也。……此儒者之所謂見赤子入井之心也。其本領開廓，故其發處，便可以震動一世，不止赤子入井時微不易擴耳。」〔註30〕陳亮如此評價，朱熹十分不滿，他說：「同甫在利欲膠漆盆中。」〔註31〕

不同的歷史人物評判標準，使得他們的人生理想呈現出不同的風格類型。聖人在中國文化價值坐標上佔有最為醒目的位置，成為人們景仰和學習的楷模。孟子說：「聖人，百世之師也。」〔註32〕從理想人格類型來看，陳亮推崇那些在社會歷史中建立豐功偉業的「英豪」，而朱熹則敬仰以道德自律、以道治理天下的「醇儒」。陳亮一生嚮往的是開疆拓土、致君堯舜、使民小康。為此他俯視一世，常以經綸天下自任，研習歷史，考察邊防，力主恢復中原。他的座右銘是：為人要作「人中之龍」，為文要作「文中之虎」。朱熹勸說陳亮改弦更張另走「醇儒」之路，陳亮措辭婉拒：「研究義理之精微，辨析古今之同異，原心於秒忽，較禮於分寸，……亮於諸儒誠有愧焉。至於堂堂之陣，正正之旗，風雨雲雷交發而並至，龍蛇虎豹變見而出沒，推到一世之智勇，開拓萬古之心胸，……自謂差有一日之長。」〔註33〕陳亮不聽，朱熹故說：「同甫才高氣粗。」〔註34〕

最後，陳、朱兩人對歷史主體與歷史發展的關係也有不同看法。在陳亮那裡，與道不離物的觀點一致，道也不能離開人的歷史實踐。他認為，天地人三才互相配合、相互作用共同構成了道的運作即社會歷史發展過程。他說：「謂道之存亡非人之所能予，則過矣。……道非賴人以存，則釋氏所謂千劫萬劫者，是真有之矣。」〔註35〕人作為主體是道運行的參與者，道的作用離

〔註30〕陳亮：《答朱元晦秘書又乙巳春書》，《陳亮集》，北京：中華書局1974年版，第286頁。

〔註31〕引自黃宗羲原著、全祖望修補：《宋元學案》卷56《龍川學案》，第1842頁。

〔註32〕《孟子・盡心下》，引自（清）阮元校刻：《十三經注疏》，北京：中華書局1980年版，第2774頁。

〔註33〕陳亮：《復朱元晦秘書又甲辰書》，《陳亮集》，北京：中華書局1974年版，第280頁。

〔註34〕引自黃宗羲原著、全祖望修補：《宋元學案》卷56《龍川學案》，第1842頁。

〔註35〕陳亮：《答朱元晦秘書又乙巳春書》，《陳亮集》，北京：中華書局1974年版，第286頁。

不開主體的歷史實踐活動。「道賴人以存」，說明歷史客體、歷史規律與主體實踐的統一。不僅惟是，陳亮還進一步指出，歷史之道是道與人在互動過程中逐漸形成的，其內涵也表現出客觀必然性與主體能動性的具體的、動態的統一，這是不以人的主觀意志爲轉移的。這樣，陳亮不再停留於對歷史事實作簡單的道德評判，而是從歷史過程必然性的角度，指明了凡是在歷史上出現的事物都不是偶然的，從而超越了對歷史作善與惡這種非此即彼的極端評判方式。

陳亮與朱熹的辯論涉及到歷史哲學的諸多方面。陳亮對此有準確地總結，認爲他們兩人論辯的核心就是歷史之道的普遍性問題。他在給永嘉學者陳止齋（傅良）的信中有所指明：「亮與朱元晦所論，本非爲三代、漢唐設，且欲明此道在天地間如明星皎月，閉眼之人，開眼即是，安得有所謂暗合者乎！……亮之論乃與天地日月雪冤。」〔註36〕朱熹的天理之道是在歷史之上、之外，天地日月本身無道，故有道是爲「暗合」；而陳亮的歷史之道是在歷史過程之中，故不存在「暗合」天理的問題。陳亮認爲，天地日月皆有「道」，不存在「暗合」的問題，所以他說要爲「天地日月雪冤」。

陳止齋回信陳亮，並對陳、朱二人觀點作出了總結和評論：「以不肖者妄論，『功到成處，便是有德；事到濟處，便是有理。』此老兄之說也。如此則三代聖賢，枉作工夫。功有適成，何必有德？事有偶濟，何必有理？此朱丈之說也。如此則漢祖唐宗賢於盜賊不遠。」〔註37〕陳止齋以「功到成處」四句以表陳氏立場，「功有適成」四句以表朱氏立場，甚爲恰當。前章提到，止齋此論，在黃宗羲看來猶未得其眞諦。黃宗羲認爲時代不同，其事功也不同。三代的事功是「勝殘去殺」，漢唐的事功則是用「兵刑」，因此，評判事功之是非、優劣，其標準應因時代而異，而不能離開具體的歷史條件去論事功的是非、優劣。朱熹則與此相反，他堅持以三代的是非爲是非去評判漢唐，因此得出漢唐不如三代的結論。黃宗羲此論已經有社會存在決定社會意識的歷史觀念，這是在氣學論上提出的卓識，這將在下面重點論述。

從歷史哲學角度看，朱熹、陳亮對史學態度上的不同僅僅是其表象，其實還有深層的原因，那就是他們對於理氣關係有不同的看法。正是由於這種

〔註36〕陳亮：《與陳君舉書》，《陳亮集》，北京：中華書局1974年版，第340頁。
〔註37〕引自黃宗羲原著、全祖望修補：《宋元學案》卷56《龍川學案》，第1839～1840頁。

不同看法，才導致他們在歷史之道與天理之道、歷史主體與倫理主體、歷史評價與道德評價等方面出現衝突和論爭〔註 38〕。從理氣角度來看，陳、朱兩人的觀點皆有問題。陳只看到理與氣（或理與欲）的圓融義，而看不到兩者的分別義，其看法有類西方（黑格爾）哲學的「凡存在皆合理」的觀點，不能解釋現實上沒有價值或有負價值的事物，如屠殺、淫亂、戰爭等事情。這是由於他雖然從事功層面肯定社會發展，但是，由於沒有實學的超越義，所以，也是有問題的。此點陳亮不及朱熹。朱熹既說有理氣相即，又說理氣不離，所以，他能夠很好解釋現實事物的「惡」的問題。但是，朱熹認為天理在歷史事實過程之外，尤其朱熹一再論證漢唐專以人欲行，恰恰證明天理不是普遍存在的。表現在歷史社會功能上來看，就是歷史的批判只是側重於外在批判、只是他律。

　　通過對程朱理學中史學地位及其功能的考察，可以看出程朱理學的史學完全從屬於理學；並分析了朱熹與陳亮的辯論，以此說明史學的附屬地位和社會功能的萎縮，並指出這與理氣關係密切相關。總之，程朱理學的史學觀是其理學體系中有機組成部分之一，理學是史學的哲學基礎，可以稱之為「天理史觀」〔註 39〕。

二、良知史觀的社會功能及其特徵

　　讀書、學習是古人求道、悟道、證道的主要途徑之一。對於書籍性質及其內容的不同解讀可以看出古人對「道」的內涵有不同的認識和側重。在程朱那裡，史學在融攝義理方面不及經學，經學被二程看作為「實學」，史學只有在「格物窮理」的邏輯中才具有價值，所以，史學的地位遠不及經學。到了陸王這裡，不僅史學地位不高，經學地位也有下降之趨勢。從朱熹「讀書須是以經為本，然後讀史」到陸象山「六經皆我注腳」可以得到印證。原因有二：其一，象山認為經書本身不足以記載和保存聖人之道。他說：「夫子平生所言，豈止如《論語》所載，特當時弟子所載止此爾。今觀有子曾子獨稱子，或多是有若曾子門人。然吾讀《論語》，至夫子、曾子之言便無疑，至有子之言便不喜。」〔註40〕其二，象山認為讀書不在明白文義，而在得其意旨。故他說：

〔註38〕方同義：《歷史化的道德與道德化的歷史——陳亮、朱熹歷史哲學的比較》，載《學術月刊》，1993 年第 5 期。
〔註39〕肖永明：《論朱熹的天理史觀》，載《廣西大學學報》，2001 年第 1 期。
〔註40〕陸九淵：《陸九淵集》卷 34《語錄上》，鍾哲點校，北京：中華書局 1980 年版，

　　　　讀書固不可不曉文義，然只以曉文義爲是，只是兒童之學，須
　　　　看意旨所在。〔註41〕

　　　　所謂讀書，須當明物理，揣事情，論事勢。且如讀史，須看他
　　　　所以成，所以敗，所以是，所以非處。優游涵泳，久自得力。若如
　　　　此讀得三五卷，勝看三萬卷。〔註42〕

　　對於象山來說，閱讀經史主要是陶冶性情、涵泳道德，而不是擴展知識。
所以，象山注重《春秋》等史書的義理，而不是行事。他說：「聖人作《春秋》，
初非有意於二百四十二年行事。又云：《春秋》大概是存此理。又云：《春秋》
之亡久矣，說《春秋》之謬，尤甚於諸經也。」〔註43〕他還認爲後世學者論
《春秋》，「多如法令，非聖人之旨也」〔註44〕。

　　陸象山史學觀的特點，是從「道」與「勢」的關係來論述歷史發展的必
然趨勢。主張「道」（理）與「勢」的對立統一。「古者勢與道合，後世勢與
道離」、「勢與道合則是治世，勢與道離則是亂世。」〔註45〕。也就是說，歷
史的規律是體現在合於規律的活動之中，凡與「道合」的便體現爲治世，凡
與「道離」的便是亂世。因此，與朱熹的「經本史末」的觀點不同，認爲要
考窮古今興亡治亂的歷史，因此，他也提倡「前言往行所當博識，古今興亡
治亂、是非得失，亦所當廣覽而詳究之」〔註46〕。研究歷史時，「須看他所以
成，所以敗，所以是，所以非」。值得一提的是，象山也認爲，人類歷史是發
展的。人之所以爲萬物之靈，在於人的「直立」，「人生天地間，如何不直立」，
強調人在歷史上的主體作用。

　　象山的史學觀有鮮明的心學特徵。他說：「讀書考古，不過欲明此理，盡

　　　　第401頁。
〔註41〕陸九淵：《陸九淵集》卷34《語錄下》，鍾哲點校，北京：中華書局1980年版，
　　　　第432頁。
〔註42〕陸九淵：《陸九淵集》卷34《語錄下》，鍾哲點校，北京：中華書局1980年版，
　　　　第442頁。
〔註43〕陸九淵：《陸九淵集》卷34《語錄上》，鍾哲點校，北京：中華書局1980年版，
　　　　第405頁。
〔註44〕陸九淵：《陸九淵集》卷34《語錄上》，鍾哲點校，北京：中華書局1980年版，
　　　　第405頁。
〔註45〕陸九淵：《陸九淵集》卷34《語錄上》，鍾哲點校，北京：中華書局1980年版，
　　　　第412頁。
〔註46〕陸九淵：《陸九淵集》卷12《與陳正己》，鍾哲點校，北京：中華書局1980
　　　　年版，第162頁。

此心耳」，探討歷史「考古」是爲了「複本心」。他說：「四方上下曰宇，往古來今曰宙。宇宙便是吾心，吾心即是宇宙。千萬世之前，有聖人出焉，同此心同此理也；千萬世之後，有聖人出焉，同此心同此理也。」〔註47〕中國歷史縱有千變萬化，其中仍有亙古不變的歷史規律，那就是聖人之心、聖人之理，是聖人精神的體現。人類歷史不過是由聖人精神創造的「心史」而已。這與呂東萊的「聖人之心，萬物皆備，不見其外，史，心史也，記，心記也」不謀而合〔註48〕。顯然，這是中國古代聖人史觀、英雄史觀的另一變本，但不同的是，象山強調的是聖人精神的社會功能。從這個意義上看，象山眼中的中國歷史不過是一部「心史」而已。

陽明不僅闡發了孟子、象山一脈心學精神，而且還承續了他們的史學傳統。他在《象山文集序》中說：「聖人之學，心學也。陸氏之學，孟學也。」〔註49〕孟子、象山的心學在陽明這裡發展成爲「良知之教」。聖人之心、聖人之理就是良知心體。他曾說過，「吾心之良知，即所謂天理也。」又說：「心之體，性也；性即理也。」〔註50〕陽明晚年，在給兒子的書信中提到，「吾平生講學，只是『致良知』三字」〔註51〕。在社會史觀上，陽明承續了象山的「心史」觀念，並從兩個方面發展了這種史觀。

首先，陽明承續象山「心即理」的觀念，認爲人類歷史無非是良知心體展現的歷史。

陽明和朱熹、呂祖謙一樣，都肯定君主、聖人之心對於人類歷史發展的社會價值，但又微有區別。朱熹說過，「天下之事千變萬化，其端無窮而無不一本於人主之心者，此自然之理也。」〔註52〕斷定社會的興衰、政事的好壞、歷史的發展變化完全取決於封建帝王的「心術」。而呂祖謙雖然也有時認爲人

〔註47〕陸九淵：《陸九淵集》卷22《雜著》，鍾哲點校，北京：中華書局1980年版，第273頁。
〔註48〕呂祖謙：《東萊博議》卷2《齊桓公辭鄭太子華》，上海：上海書店影印出版1988年版，第164頁。
〔註49〕王守仁：《王陽明全集》卷7《象山文集序》，吳光等校，上海：上海古籍出版社1992年版，第258頁。
〔註50〕王守仁：《王陽明全集》卷2《傳習錄·答顧東橋書》，上海：上海古籍出版社1992年版，第42、45頁。
〔註51〕王守仁：《王陽明全集》卷26《寄正憲男手墨二卷》，吳光等編校，上海：上海古籍出版社1992年版，第990頁。
〔註52〕朱熹：《晦庵先生朱文公文集》卷11《戊申封事》，《朱子全書》，第20冊，上海：上海古籍出版社，合肥：安徽教育出版社2002年版，第590頁。

主心術在歷史發展過程中有重要影響，但它不是什麼決定性因素。呂祖謙在《與周子充》信中說：「秦漢以後，只患上太尊，下太卑」〔註53〕。這實際上是對君主專制制度的一種委婉批判。

到了陽明這裡，他對君主、聖人之心有不同的理解。他認為，人主之心的內涵就是天地萬物一體，人主之心要以百姓之心為心。所以，他說：「人君之心，天地民物之主也，禮樂刑政教化之所自出也，非至公無以絕天下之私。」〔註54〕。而「聖人之心以天地萬物為一體，其視天下之人，無外內遠近，凡有血氣皆其昆弟赤子之親，莫不欲安全而教養之」。認為人主的「自強不息之心」就是要使得百姓皆得其養。武王、后稷等聖賢之所以功德蓋世，就在於天下之民皆有所養。他說：「武王持其自強不息之心，其功烈之盛，天下既莫得而強之矣」，並且教養人民。「后稷其德真可以配上天矣。……是以天下之民皆有所養，而復其常道。」〔註55〕

陽明和朱熹、呂祖謙同樣是肯定君主、聖人對於歷史發展的作用，但其理論基礎是不同的。陽明的「聖人之心以天地萬物為一體」的觀念，是其良知教的必然邏輯推論。也正是如此，他能夠理性地看到聖人、君主的歷史作用雖然十分巨大，但也是有限的，是要受到一定的社會存在的制約。在陽明看來，在不同的時代各有自己的聖人，即所謂時勢造英雄。他說：「周公制禮作樂以示天下，皆聖人所能為，堯舜何不盡為之而待於周公？孔子刪述《六經》以昭萬世，亦聖人所能為，周公何不先為之而有待於孔子？是知聖人遇此時，方有此事。」〔註56〕中國傳統歷史觀念中，「聖人」是歷史創造的主體，「聖人崇拜」是中國特色的英雄崇拜。在這種史觀的影響下，古代學者有一種思維定勢，認為聖人無所不能，對「聖人」盲目崇拜、過分迷戀。陽明這裡的言論，指出「聖人遇此時方有此事」，承認社會存在、物質條件對聖人社會價值實現的制約，這無疑承認聖人並非無所不能，這是對「聖人」神性的「祛魅」。從歷史觀念史角度來看，顯然是對傳統史學的思想啟蒙！從政治制

〔註53〕 呂祖謙：《東萊文集》卷4《與周子充》。

〔註54〕 王守仁：《王陽明全集》卷22《外集四》《山東鄉試錄》《論·人君之心惟在所養》，吳光等校，上海：上海古籍出版社1992年版，第855頁。

〔註55〕 王守仁：《王陽明全集》卷26《續編一》《五經臆說十三條》，上海：上海古籍出版社1992年版，第981頁。

〔註56〕 王守仁：《王陽明全集》卷1《傳習錄上》，上海：上海古籍出版社1992年版，第12頁。

度上看，承認聖人並非無所不能，也等於隱約否定了君主的至高無上的權威。陽明生活的明代中期，君主專制集權達到頂峰，陽明此論無疑是政治的大啓蒙、思想的大解放！

其次，陽明承續象山「心同理同」的思想，在理性看待聖人歷史價值的同時，也充分看到了普通大眾（陽明說的「愚夫愚婦」）創造歷史的主體性和社會價值。陽明立足於「良知」理論，肯定眾人皆能成聖。他在貴州龍場悟出了「聖人之道，吾性具足」的道理，認爲不能將人心與天理析而爲二，人人自有良知。既然「聖人」與「眾人」所具有的良知無異，因此，人人都是創造歷史的主體。故陽明說：「各人儘著自己力量精神，只在此心純天理上用功，即人人自有，個個圓成，便能大以成大，小以成小，不假外慕，無不具足。」〔註57〕他極力調動人民大眾創造歷史的熱情和積極性，肯定和重視他們對歷史發展的推動作用，這無疑具有重要的進步意義。

人人都是創造歷史的主體，但現實社會中並非人人都有機會參與到政治運作體系中去創造歷史，而良知史觀爲明代中後期的士人提供了這個機會。良知史觀是溝通和鏈接內聖與外王新的橋梁。無論是在朝爲官，還是寄身草野，都可以通過良知史觀參與治國平天下。前面說到，明代中後期士人的清議之風盛行，與朝廷政治黨爭遙相呼應，不能說與這種史觀沒有任何聯繫。

概而言之，陸王心學的史學觀都具有心學的特徵。他們都突出強調人類精神對於歷史發展的價值和作用，認爲歷史是由人類精神共同創造的。在「心即理」、「良知即天理」的觀念下，提升了人類創造歷史的主動性和積極性，人類歷史的發展規律和價值取向不再是高居於歷史過程之外的天理，而就在於人的主體實踐，這就爲歷史價值的現實化創造了主體條件。在「心同理同」的觀念下，人類歷史的發展動力絕不限於聖人、君主，聖人之心要以天地萬物爲一體，也爲君主與民眾共同創造歷史提供了理論基礎。總之，陸王心學的史學觀，是其心學體系的必然邏輯推論和重要組成部分，在這個意義上，可以稱之爲「心學史觀」或者「良知史觀」。

三、宋明以來史學功能的精神境界趨向與史學地位衰落的原因

首先，從「資治」到「明道」：史學功能向精神境界的發展趨向。中國傳

〔註57〕王守仁：《王陽明全集》卷1《傳習錄上》，上海：上海古籍出版社1992年版，第31頁。

統史學主要有兩大社會功能：一是政治上的資治垂誡，二是倫理上的道德教化。最大限度地體現了前者有關思想的代表作當推司馬光所修的《資治通鑑》，而最大限度地體現了後者有關思想的代表作則是朱熹及其門人所撰的《資治通鑑綱目》〔註58〕。從司馬光到朱熹有一個顯著的變化：史學功能呈現出向精神境界發展的特徵，史學的政治功能逐漸趨向倫理教化功能。

司馬光認為，史學的主要社會功能是總結「治亂之道」：獲取萬世法戒、治國常訓。「臣聞史者，今之所以知古，後之所以知先，故人主不可以不觀史，善者可以為法，不善者可以為戒。自生民以來，帝王之盛者，無如堯舜。《書》稱其德，皆曰稽古。然則治天下者，安可不師古哉！」〔註59〕他還有感於中國古代歷代史籍浩若煙海、汗牛充棟，而當朝帝王日理萬機，無暇通覽。故對大量史料進行了刪削冗長、舉撮機要，「專取關國家盛衰，繫生民休戚，善可為法，惡可為戒者」，編纂成《資治通鑑》一書。是書共294卷，耗時19年，記載的歷史由周威烈王二十三年（前403年）寫起，一直到五代的後周世宗顯德六年（959年）征淮南，計跨16個朝代，共1363年的詳細歷史。

司馬光主編的這部史學巨著，對中國歷史的詳盡考察的同時，主要總結了自戰國以來一千三百多年間歷代王朝的統治經驗，尤其注重對歷史盛衰轉折之際的記載和分析，如秦之覆滅、漢之勃興、東漢之衰亂、魏晉之動蕩、隋之潰敗、唐之鼎盛等等，舉凡歷代王朝的政治變革、軍事征伐、社會危亂、經濟措施、民族矛盾等關係治亂興衰的事件，都予以全面的記載。所以，該書一經問世便得到當時統治者的極力稱譽：「其所載明君、良臣，切摩治道，議論之精語，德刑之善制，天人相與之際，休咎庶證之原，威福盛衰之本，規模利害之效，良將之方略，循吏之條教，斷之以邪正，要之於治忽，辭令淵厚之體，箴諫深切之義，良謂備矣。」〔註60〕

由此看來，司馬光著書的意圖和該書與現實政治緊密結合的程度確實迎合了專制統治的需要，充分發揮了史學「資治」的政治價值。故宋神宗稱之為「鑒於往事，有資於治道」。現代史學史家白壽彝先生曾指出：《通鑑》的

〔註58〕范立舟：《宋代理學與中國傳統歷史觀念》，西安：陝西人民出版社2004年版，第194頁。

〔註59〕司馬光：《司馬文正公傳家集》卷52《乞令校訂〈資治通鑑〉所寫〈稽古錄〉劄子》。

〔註60〕宋神宗：《資治通鑑序》，《資治通鑑》，北京：中華書局1956年版，第29頁。

指導思想就在於「資治」二字。此可謂一語中的。

南宋朱熹以《通鑑》爲基礎另編一部簡明扼要、通俗易懂的《資治通鑑綱目》。朱熹生前未能定稿，其門人趙師淵續編完成，共 59 卷。該書注重嚴分正閏之際、明辨倫理綱常，並注意褒貶春秋筆法。

朱熹還有感於《資治通鑑》有諸多缺陷，故「取《春秋》之義」加以改正和疏通。在該書的《凡例》中指出司馬光的最大失誤在於未別正閏（正統與僭僞）。「按《通鑑》魏晉以後，獨以一國之年紀事，而謂其君曰帝，其餘皆謂之主。初無正閏之別，而猶避兩帝之嫌。至周末諸侯，皆僭王號。顧反因而不改，蓋其筆削之初，義例未定，故有此失。今特正之，庶幾竊取《春秋》之義。」〔註61〕意思是說，《通鑑》在魏晉以後，雖然未別正統與僭僞，但是注意到了避免出現兩個皇帝的錯誤，這符合「天無二日，民無二主」的「大經大法」。至於周末戰國時期，各國諸侯皆稱「王」，而《通鑑》則因而不改，不加區別，都稱之爲王，這是錯誤的，沒有避「兩帝之嫌」。司馬光這個錯誤，在封建史家那裡絕對是原則性的，故朱熹重點指出。

另外，朱熹還指出《通鑑》在「改元」問題上不僅有違事實，而且更重要的是沒有嚴守「君臣父子之教」。他說：「在廢興之際關，義理得失者，以前爲正，而注所改於下。如漢建安二十五年十月，魏始稱帝，改元黃初。而《通鑑》從是年之首，即爲魏黃初。又章武三年五月，後主即位，改元建興，而《通鑑》於《目錄》、《舉要》，自是年之首，即稱建興。凡若此類，非惟失其事實，而於君臣父子之教，所害尤大。故今正之。」〔註62〕

當然，指出《資治通鑑》的諸多缺陷，並非朱熹的重點所在。關於此書的旨趣，朱熹在《凡例》中交代很清楚。他說：「歲周於上而天道明矣，統正於下而人道定矣，大綱概舉而鑒戒昭矣，眾目畢張而幾微著矣。」〔註63〕爲了達成這個目的，他取「春秋筆法」，辨正閏、明順逆、嚴篡弒，在天道、人道的原則下，讓歷史的倫理教化功能最大程度地發揮出來。它對歷史事實和歷史人物進行理學原則的裁斷，發揮了史學的「會歸一理之純粹」方面的精

〔註61〕 朱熹：《朱子全書》第 11 冊《資治通鑑綱目（四）》，上海：上海古籍出版社，
　　　　 合肥：安徽教育出版社，2002 年版，第 3480 頁。

〔註62〕 朱熹：《朱子全書》第 11 冊《資治通鑑綱目（四）》，上海：上海古籍出版社，
　　　　 合肥：安徽教育出版社，2002 年版，第 3483 頁。

〔註63〕 朱熹：《朱子全書》第 8 冊《資治通鑑綱目（一）》，上海：上海古籍出版社，
　　　　 合肥：安徽教育出版社，2002 年版，第 22 頁。

神性價值。這與資治垂誡相比，顯現出史學功能向精神境界發展的特徵，具有扶綱常、植名教的鮮明特點。

　　總之，朱熹以理學思想、倫理道德觀點，貫注於《資治通鑑綱目》中，使得這部書不只是一部歷史教科書，而是道德教化的工具。所以，與其說它是史學著作，還不如說它是理學著作。

　　從司馬光到朱熹，他們對史學社會功能的發揮各有不同側重，呈現出由「資治」向「明道」的發展趨勢。朱熹著力發揮史學在「會歸一理之純粹」方面的精神性價值，這對後世史學發展影響很大。

　　從學者角度來看，史學的倫理教化功能，實質上仍體現著經世致用的思想，是經世致用的一種方式，這為那些不為時用的仁人賢士提供了經世致用的廣闊天地。從統治者角度來看，也順應了治國的需要。以乾隆皇帝為例。他命大臣編纂《通鑑綱目三編》，以補明代之史事。乾隆十一年（1746）四月成書 20 卷。乾隆皇帝親自為之作序。序中有言：「編年之書奚啻數十百家，而必以朱熹《通鑑綱目》為準。《通鑑綱目》蓋祖述《春秋》之義，雖取裁於司馬氏之書，而明天統，正人心，昭監戒者，□微得《春秋》大居正之意，雖司馬氏不能窺其藩籬者，其他蓋不必指數矣。」非常明顯，乾隆皇帝重視朱熹《通鑑綱目》的史學價值是明天統、正人心和昭監戒。他認為司馬光在這一點上還不及朱熹。朱熹將史學功能由「資治」轉向「明道」，著力發揮史學的道德教化功能，不但順應了時代發展的趨勢，也適應了封建社會後期的政治統治的需要。故朱熹此書被後世稱譽為「窮理致用之總會，而萬世史筆之準繩規矩也」〔註64〕。

　　然而，我們必須認識到，朱熹對史學教育功能的闡釋是有很大局限性的。很簡單，史學的道德教育功能不能等同於史學的教育功能，它不過是史學諸多教育功能中的一環，不可能也不可以涵攝、代替其他的功能〔註65〕。史學的道德教育功能只要是傳授基本的歷史知識，開啟智識，增進德性修養以及提高美育涵養等諸方面。另外，史學的教育功能並非孤立的文化現象，它必須通過史學的其他社會功能比如存續人類文化、涵養人類自身以及藝術等相

〔註64〕 李方子：《宋溫陵刻本資治通鑑綱目後序》，引自《朱子全書》第 11 冊，上海：上海古籍出版社，合肥：安徽教育出版社，2002 年版，第 3502～3503 頁。
〔註65〕 范立舟：《宋代理學與中國傳統歷史觀念》，西安：陝西人民出版社 2004 年版，第 195 頁。

一致時才能發揮積極的效果。而且，史學的道德教化功能還必須通過包括社會、家庭、學校等多渠道的教育方式來實現。

在陸王良知史觀那裡，將這種史學道德教育功能推向極至，甚至出現了取消史學其他社會功能的危險和現象。在程朱理學那裡，天理是人類歷史發展的內在規律和價值趨向，它是超越、外在於人類歷史事實過程的，所以，天理世界與人類世界尚能保持必要的緊張和矛盾。這使得天理史觀不僅具有道德教化功能，還具有「資治垂誡」的社會批判功能。然而，到了陸王良知史觀那裡，將外在的天理搬到了人心那裡去，天理世界與人心世界的緊張和矛盾在「心即理」的理論下出現了瓦解的可能性。這固然提升了人類創造歷史的主體性和積極性，但是，也應看到天理對歷史發展的批判和校正功能也由此大大降低了。

良知史觀還為史學的精神境界發展趨向提供了哲學基礎。良知作為心之體，具有鮮明的主觀性和抽象性。自陽明提出良知教，晚明學者對「良知」就有多種理解。據陽明弟子龍溪所言，當時王門內部就有六種之多。在嘉靖四十一年壬戌（1562）冬的撫州擬硯臺之會上，龍溪對這六種良知異見進行了概括和總結。他說：「先師首揭良知之教，以覺天下，學者靡然宗之，此道似大明於世。凡在同門，得於見聞之所及者，雖良知宗說不敢有違，未免各以其性之所近，擬議攙和，紛成異見。」〔註66〕良知異見的形成，固然與陽明門下弟子各因其「性」有關，但根本原因是作為心之體的良知具有鮮明的主觀性和抽象性。「良知說」隱微難知，以至於陽明說此為「上根之人而設」。當龍溪徹悟良知之道，陽明遂有「亦是天機該發泄」之歎。不過，蕺山、梨洲認為良知說是陽明的晚年提法。在江右以前，陽明提倡「心即理」。徐愛繼承此說，故梨洲說徐愛所得有「眞切處」；而江右以後陽明單提良知說，蕺山、梨洲批判陽明對此說「輕於指點」，啓後人邋等之弊。總之，由於良知的主觀性、抽象性，使得王門後學對良知的內涵有不同的理解和歧義，這也促使良知史觀在良知紛爭中表現出思辨性、哲學性的發展趨向。

良知史觀對晚明的社會價值趨向產生了直接影響。儒家史學皆主於經世，但不同的史觀有不同的社會價值趨向。龍溪在給一位朋友梅宛溪〔註67〕

〔註66〕王畿：《王畿集》卷1《撫州擬硯臺會語》，吳震編校，南京：鳳凰出版社2007年版，第26頁。

〔註67〕按：黃宗羲《明儒學案》卷25《南中王門學案一》的「總論」中提及梅宛溪。

的書信中說：「儒者之學，務於經世，然經世之術約有二端：有主於事者，有主於道者。主於事者，以爲有利，必有所待，而後能寓諸庸；主於道者，以無爲用，無所待而無不足。」〔註68〕龍溪這裡指出，儒家有「主於道」和「主於事」兩種社會價值趨向。雖然他主張「道」與「事」要兼顧並行，不能相離，但他還是偏重於「主於道」的。就在這封書信中，龍溪不僅對曾點「浴沂風詠」有仰慕之情，而且對梅宛溪「無用之用」亦有欣賞之意。

總之，正是由於宋明以來的史學的道德教化和精神境界的發展特徵，使得史學的其他社會價值趨向式微。哲學思辨取代了史學的具體考證，史學的權威性不能不發生動搖；道德精神價值取向的過度膨脹，必然擠壓和減弱史學資治垂誡、經緯天地的價值空間。晚明清初的學者不約而同提出「經史治世」，擴大史學的社會功能，由「主於道」向「主於事」的逆轉，這不能不說是宋明史學學術史邏輯的發展線索。

其次，「一貫之道」：史學評價標準的永恒性及其幻滅

中國傳統史學學術史上有一個基本的觀念，歷史事實並不是已經發生事件的簡單拼湊，在歷史事件背後還有其內在規律和價值趨向，那就是「道」或者「義」，而且後者比前者具有價值上的優越性。因此，探尋和呈現歷史之道，成爲中國史家的不懈追求。孔子提出「吾道一以貫之」，筆削《春秋》，闡發史事背後的「春秋大義」。《莊子·天下篇》、《史記·論六家要旨》以及後世諸多學術史籍，在評判各派學術時均以見「道」高下遠近爲根據。爲了實現司馬遷「究天人之際，通古今之變，成一家之言」的理想，史學家不斷提升「道」的抽象水平和融攝能力。

宋明時期的天理史觀、良知史觀，將這種「道」的抽象水平和融攝能力推進到新的階段。從天理、良知乃至宇宙本體的高度來探索歷史發展動力、調整史學價值取向。從歷史理解規律來看，一種歷史哲學的理論水平和社會效力，主要取決於理論抽象水平和社會事實的融攝能力。只有承認「道」對古今歷史事實中的融攝能力，鑒往知來的史學研究才能有其價值和意義。而且，只有提升「道」的理論抽象水平，它才能融攝盡可能多的歷史事實。正

其中有言：「宛溪名守德，字純甫。官至雲南左參政。其守紹興時，重修陽明講堂，延龍溪主之。」

〔註68〕王畿：《王畿集》卷 14《贈梅宛溪擢山東憲副序》，南京：鳳凰出版社 2007年版，第 374 頁。

是由於對「道」的抽象性和融攝能力的片面追求，使得宋明以來的學者熱衷於「道」的探索，而對歷史事實本身尤其是物質世界的規律則興趣寥寥。此中原因及其局限性可以從兩個方面來加以認識。

中國古代史學家普遍認爲「古今前後一也」、「治亂之原，古今同體」，對古今關係的這種認識構成了中國古代歷史哲學最爲深刻的文化底蘊。這種文化底蘊是在中國特殊的社會史中形成的。歷代王朝的循環往復和歷史進程的緩慢遲滯給史學家一種錯誤的感覺，那就是歷史的發展沒有實質性的變化。而且，在具有超強穩定性的宗法制社會中，容易形成祖先崇拜、聖人崇拜，這種文化心態又促使人們競相從古人那裡尋求治國化民的靈丹妙藥〔註69〕。這樣，歷史的經驗教訓和是非得失，可直接用來指導現實政治的運作。這在史學上就容易形成「天不變，道亦不變」的觀念。在《呂氏春秋》中，「今之於古也猶古之於後世也；今之於後世，亦猶今之於古也。故審今則可知古，知古則可知後，古今前後一也，故聖人上知千歲，下知萬歲也。」〔註70〕

儘管天理史觀和良知史觀對歷史規律有不同的看法，但是，它們都認爲天理、良知本身是超時空而永存的終極本體。朱熹說：「未有天地之先，畢竟也只是理。有此理，便有此天地。若無此理，便亦無天地。無人無物，都無該載了。有理便有氣，流行發育萬物。」又說：「萬一山河大地都陷了，畢竟理還在這裡。」〔註71〕這就是說，理是不依賴天地萬物的永恒存在，又是不依賴天地萬物的獨立存在。天理的這種超越時空的特徵，使得天理的永恒獨存與歷史的盛衰往復形成了鮮明對比。天理史觀爲了誇大天理對於歷史過程的規範和引導作用，他們往往極力泯滅現實世界中社會存在的歷時性和同時性。這在理論上必然會造成：包括未來在內的世界都喪失了獨立發展的可能性，這樣，也就沒有了可以創造歷史新格局的內在動力。只有現實世界的歷史化，沒有歷史秩序的現實化。這就是天理史觀最爲嚴重的缺陷。

良知史觀認爲，超越性的歷史本體就在於人的主體實踐中，這樣，歷史秩序就具有了現實化的主體條件。陸王提升人的歷史創造熱情和積極性，鼓勵君主與民眾和衷共濟，共同創造人類歷史。但是，良知史觀的精神境界的

〔註69〕 范立舟：《宋代理學與中國傳統歷史觀念》，西安：陝西人民出版社2004年版，第191頁。

〔註70〕 呂不韋：《呂氏春秋》卷11《仲冬紀‧長見》，許維遹集釋，新編諸子集成本，北京：中華書局2009年版，第253頁。

〔註71〕 黎靖德：《朱子語類》卷1，北京：中華書局1986年版，第1、4頁。

史學價值趨向，取消和限制了史學的其他社會功能。這樣，良知史觀也不能完全發揮中國傳統史學的經世致用功能。

天理史觀和良知史觀不僅不能充分發揮史學的經世致用功能，而且，由於天理、良知的超越性以及思辨性的特徵，使得史學的其他社會功能不斷地遭到擠壓和限制。出現這種現象，與他們不能也不願意承認氣化流行對歷史發展的造化功能有著密切的關係。

其實，宋明史家那裡，出於一種接近歷史變遷表象的解釋的需要，他們在確認天理、良知為歷史本體的同時，也引入了氣運的觀念，以陰陽五行之氣來解釋人類歷史盛衰變遷。二程就曾以「陰陽消長」的氣運來說明歷史的盛衰循環。程頤就坦白承認：

> 五德之運，卻有這道理。凡是皆有此五般，自小至大，不可勝數。一日言之，便自有一日陰陽；一時言之，便自有一時陰陽；一歲言之，便自有一歲之陰陽；一紀言之，便自有一紀之陰陽；氣運不息，如王者一代，又是一個大陰陽也。唐是土德，便少河患，本朝火德，多火災。蓋亦有此理。〔註72〕

朱熹吸收了《周易》以陰陽氣化為據劃分「形而上」、「形而下」兩個世界的觀點。形而下的陰陽氣化流行是一個連續變化的過程，它沒有開端，沒有始終，只是循環不已。陰陽氣化流行形成的「氣運」也具有循環往復的特徵。他說：「氣運從來一盛了又一衰，一衰了又一盛，只管恁地循環去，無有衰而不盛者。」〔註73〕朱熹以氣運論為基礎，指出人類歷史也是「一治必又一亂，一亂必又一治」〔註74〕的循環不已的狀態。他說：「一治一亂，氣化盛衰，人事得失，反覆相尋，理之常也。」〔註75〕朱熹不僅指出氣運是歷史治亂循環往復的根據，還指出氣化流行對天地萬物的創造價值。他說：「一元之氣，運轉流通，略無停間，只是生出許多萬物而已。」〔註76〕

但是，在朱熹這裡，氣化流行本身不能自為主宰，須要聖賢、天理來規

〔註72〕 程顥、程頤：《河南程氏遺書》卷19，《二程集》，王孝魚校，北京：中華書局1981年版，第263頁。

〔註73〕 黎靖德：《朱子語類》卷1，北京：中華書局1986年版，第5頁。

〔註74〕 黎靖德：《朱子語類》卷1，北京：中華書局1986年版，第5頁。

〔註75〕 朱熹：《孟子集注》卷6，《四書章句集注》，北京：中華書局1983年版，第271頁。

〔註76〕 黎靖德：《朱子語類》卷1，北京：中華書局1986年版，第4頁。

範和引導。他在討論「氣數」時對此有所指明。他說：「數只是算氣之節候。大率只是一箇氣。陰陽播而爲五行，五行中各有陰陽。……人之生，適遇其氣，有得清者，有得濁者，貴賤壽夭皆然，故有參錯不齊如此。聖賢在上，則其氣中和；不然，則其氣偏行。故有得其氣清，聰明而無福祿者；亦有得其氣濁，有福祿而無知者，皆其氣數使然。堯舜禹皋文武周召得其正，孔孟夷齊得其偏者也。至如極亂之後，五代之時，又卻生許多聖賢，如祖宗諸臣者，是極而復者也。如大睡一覺，及醒時卻有精神。」〔註77〕顯然，朱熹用氣數解釋人生變故、歷史變遷時，陷入了偶然論的荒謬之中。這主要是因爲朱熹對氣看不高，他不承認人生來即有浩然之氣，也不承認氣有自我主宰的能力。正是如此，朱熹才會向氣外尋找力量來主宰氣化流行，所謂「聖賢在上，則其氣中和；不然，則其氣偏行」即是此意。

正是由於朱熹認爲氣化流行不能自我主宰，那麼，現實社會中惡的產生以及歷史的退化也就只能從氣化流行上尋找原因。氣的運動變化，社會歷史非常自然地出現周期性的盛衰變化，這種盛衰的變動有宏觀歷史階段的盛衰之變，也有微觀歷史階段的盛衰之變，但總體上說歷史是在這種不停頓的盛衰循環之變中趨於退化的。於是，朱熹提出了「物久自有弊壞」的觀點，並以此來論證「漢唐不及三代」的歷史退化論。他說：「物久自有弊壞。秦漢而下，二氣五行自是較昏濁，不如太古之清明純粹。且如中星自堯時至今已自差五十度了。秦漢而下，自是弊壞。得箇光武起，整得略略地，後又不好了。又得箇唐太宗起來，整得略略地，後又不好了。終不能如太古。」〔註78〕

氣化流行只能說明歷史發展循環往復的運動形式，但不具有道德價值的創造能力。而天理不僅能創造天地萬物，而且還能創造道德價值。因此，天理才是歷史發展的決定性動力。然而，天理史觀在內在邏輯上存在兩大難以超越的悖論：其一，出於一種接近歷史變遷表象解釋的需要，他們認同氣運理論，承認氣數對於歷史變遷的直接影響。但是，出於一種接近歷史變遷本質的需要，他們又認爲天理才是社會發展的決定性力量。因此，要想徹底改變社會歷史世界的面貌，於是就必須不斷提升天理對氣運的宰制和規範的級別，使得氣運、人欲、物質進步受到越來越多的限制和擠壓。這樣，支配歷

〔註77〕黎靖德：《朱子語類》卷1，北京：中華書局1986年版，第8～9頁。
〔註78〕黎靖德：《朱子語類》卷134《歷代一》，北京：中華書局1986年版，第3208～3209頁。

史循環演進的氣運與代表道德精神的天理就陷入了一種悖論的境地。其二，歷史在循環中趨於退化的判斷與宋朝商品經濟極大發展的矛盾。在宋代社會，商品經濟極大豐富，人的物質欲望對於社會發展的積極性價值得到了完全呈現。這種趨勢不僅能夠給人帶來生活上的滿足，而且這種趨勢還在「士商互動」的存在境域中感受到它的存在、捕捉到它的運動變化軌迹，還能在干預中改變其前進的方向。這就對天理史觀形成了正面挑戰。氣化流行不僅能夠創造萬物，而且還能提升經濟繁榮，推動社會進步。儒商互動的頻繁也爲物質欲望能夠道德創造價值提供了重要的現實證據。

總體來看，天理史觀的這兩個悖論，主要源於其理氣論上的內在矛盾，那就是它們不能也不願承認氣化流行本身的積極社會價值。

王陽明用氣化流行來解釋和說明中國社會歷史的發展，反映出他也是歷史退化論者。他說：

> 人一日間，古今世界都經過一番，只是人不見耳。夜氣清明時，無視無聽，無思無作，淡然平懷，就是羲皇世界。平旦時，神清氣朗，雍雍穆穆，就是堯舜世界。日中以前，禮儀交會，氣象秩然，就是三代世界；日中以後，神氣漸昏，往來雜擾，就是春秋戰國世界。漸漸昏夜，萬物寢息，景象寂寥，就是人消物盡世界。〔註79〕

這裡有兩點值得注意：其一，陽明對社會歷史的歷時性特徵的心學解讀。從「人一日間，古今世界都經過一番」這句話來看，陽明雖然也使用「氣化流行」來說明歷史發展，但是，此「氣化流行」並不是歷史發展的真實狀況的反映，後者在陽明這裡似乎並不重要。其二，陽明把中國古代社會歷史的發展看成是逆行的，認爲越是古遠的時代越好，而社會越向前發展就越破敗越黑暗，到明代中後期，已是人欲橫流的「人消物盡世界」。

無論是程朱還是陸王，他們都認爲社會歷史的發展是一個連續退步的過程。他們的這種看法可以追溯至孔子。孔子認爲西周是「天下有道」，到春秋就已經變成爲「禮壞樂崩」、「天下無道」的時代。這樣看來，中國古代史學史上的確普遍存在著歷史退化的觀念。通過上面的分析，我們可以看到原因在於：其一，作爲歷史規律的道、天理乃至良知，都是超越具體歷史過程的歷史本體。天理的邏輯抽象性和精神價值的趨向使得人類歷史的歷時性特徵

〔註79〕 王守仁：《王陽明全集》卷3《傳習錄下》，吳光等校，上海：上海古籍出版社1992年版，第115～116頁。

不斷遭到忽視和取消。天理與人類歷史之間的距離不斷拉大，這使得傳統史學家愈加對現實形成失望的情緒，愈加寄希望於提升歷史本體（天理、良知）對氣化流行的宰制和規範的級別。這使得他們感到氣化流行需要人的道德力量去宰制和規範，但又發現這些辦法並不十分奏效。這就是傳統史家那裡的一個悖論。其二，宋明史學觀都不能承認氣化流行對於社會歷史發展的積極價值。天理史觀中的氣運論只能解釋人類歷史循環往復，但不能創造人類的精神世界。良知史觀中的氣化流行具有精神創造的主體價值，但是，過於偏重精神價值又會出現限制和取消史學其他社會價值的危險和現象。

　　總之，宋明史學家由於沒有處理好理氣關係，沒有充分肯定氣化流行對於社會發展的積極價值，因此，不能充分發揮史學的社會價值。隨著明清之際氣學思潮的崛起，經世致用實學社會思潮的形成，以及明清之際商品經濟的極大豐富，資本主義萌芽的興起，使得氣化流行對於社會發展的積極價值愈加不能忽視了。這對明清之際的學術也產生了重大影響，就是突破了宋明史學觀中天理良知限制和取消氣化流行價值的框架，在氣化流行之上建構起新型的近代史學觀。

第二節　黃宗羲的氣學與史學的近代意義

　　在黃宗羲這裡，批判程朱陸王理學心學、超越橫渠廷相氣學，建構起新型的氣學，是其學術思想的特色，而「言性命者必究於史」是其史學的特色。學術史與學術史方法論雖不相同，但兩者交相輝映。程朱理學形成了天理史觀，陸王心學具有自己的良知史觀，那麼，黃宗羲的氣學思想和其史學方法論間有何聯繫，表現出怎樣的特徵。此為本節重點考慮的問題。

一、「道無定體」：學術史創新性之探討

　　前章說到，追求歷史本體是中國古代學者的不朽追求。自孔子筆削春秋，「竊取其義」始為發皇，至宋明儒者「天理」、「良知」為頂峰。雖然都承認義理、道、天理、良知對現實歷史過程有規範和引導作用，但是，他們都認為這些歷史本體具有超越性和思辨性，並且不隨著具體歷史的興衰更替而變化。儘管義理、道、天理、良知在融攝真實歷史內容上有多寡之別，但都致力於限制甚至取消氣化流行的真實性和創造性。所以，建立在這些史觀上的學術史，其創新性與創造性不能不受到極大的限制。

在吸收前人氣、理、心三種本體論的基礎上，黃宗羲提出了氣化流行之體，這種「體」是氣化流行中的本體，不在其外，也不在其上，就在其中。他說：「理爲氣之理，無氣則無理。……蓋以大德敦化者言之，氣無窮盡，理無窮盡，不特理無聚散，氣亦無聚散也。以小德川流者言之，日新不已，不以已往之氣爲方來之氣，亦不以已往之理爲方來之理，不特氣有聚散，理亦有聚散。」〔註80〕在這種新型的氣學思想上產生了與以往不同的歷史哲學。其最大的不同就是黃宗羲認爲歷史本體是隨著具體歷史實踐的變動而變動，換而言之，歷史眞理表現爲一個過程。

在黃宗羲這裡，有「道無定體」、「心無本體，功力所至，即其本體」等等表述，其說雖異，但都表達一個意思：本體就在多樣性工夫中眞實展開和呈現。這就爲學術史的創新性提供了理論基礎。

1. 「理氣無盡」與「道無定體」：學術史的多元性和發展性

以大德敦化者言之，氣無窮盡，理無窮盡，不特理無聚散，氣亦無聚散。從學術史觀上看，歷史本體（道體）是無窮盡的，是不斷發展的。黃宗羲《明儒學案·自序》中論述了學術多元與「道無定體」的關係。

> 學術之不同，正以見道體之無盡。即如聖門師、商之論交，游、夏之論教，何曾歸一？終不可謂此是而彼非也。奈何今之君子，必欲出於一途，剿其成說以衡量古今，稍有異同即詆之爲離經畔道。時風眾勢，不免爲黃茅白葦之歸耳。〔註81〕

黃宗羲巧舉孔門即有主張不一，互相爭論的現象，以此來說明學術爭鳴並不意味著此是而彼非，相反，學術爭鳴正表現出道體之無盡、聖門之廣大。然而，時下學者各陷門戶，互相攻訐。稍有同異，皆目爲離經叛道。

此種學風的形成，根本原因在於他們認爲「本體」是不容有二的，也是不能有發展變化的。這樣的「本體」表現在政治制度上就是利用科舉扼殺學術創新，表現在學術上就是以「成說」窒息學術創造思維，表現在社會上就是以「文綱世法」阻礙社會的「振起」。這不僅限制學術創新，埋沒人才，而且使得社會上出現「數百年億萬人之心思耳目，俱用於揣摩剿襲之中，空華臭腐，人才闒茸」〔註82〕。用黃宗羲的話說就是，整個社會都出現了「鄉愿」。

〔註80〕黃宗羲：《明儒學案》卷7《河東學案上》，第112頁。
〔註81〕黃宗羲：《明儒學案序》（改本），《黃宗羲全集》，第10冊，第79頁。
〔註82〕黃宗羲：《傳是樓藏書記》，《黃宗羲全集》，第10冊，第136頁。

黃宗羲曾痛切地指出：

> 千百年來，糜爛於文綱世法之中，皆鄉愿之薪傳也。即有賢者，頭出頭沒，不能決其範圍，苟欲有所振動，則舉世目爲怪魁矣。以是詩文有詩文之鄉愿，漢筆唐詩，襲其膚廓；讀書有讀書之鄉愿，成敗是非，講貫紀聞，皆有成說；道學有道學之鄉愿，所讀者止於《四書》、《通書》、《太極圖說》、《近思錄》、《東西銘》、《語類》，建立書院，刊注《四書》，衍輯語錄，天崩地坼，無落吾事。〔註83〕

這番揭露眞夠淋漓痛快，情見乎詞。鋒芒所向，直指宋明道學家們的欺世盜名的醜態和腐華勢利的學風。他不僅批判了形形色色的「鄉愿」，而且還表現出沖決這些「鄉愿」構築的「文綱世法」的激情，嚮往著「有所振動」、「決其範圍」的改革和創新。

正是由於學術本體並非是靜止不變的，所以，黃宗羲認爲學術只有在日新不已的創新中才能得到發展。只有不斷創新，才不致「以已往之理爲方來之理」，才能從「已往之理」中推陳出新，引出「方來之理」。

2.「宗旨」與「學脈」：學術史的兩個環節

從微觀個體思想來看，學者的學術思想是一個發展過程，其表現爲學者的爲學「宗旨」，此即人生「精神」；從宏觀來看，學術思想史也是一個發展過程，其表現爲波瀾起伏的社會思潮，此即「學脈」。這兩個環節構成了學術史的整體。這兩個環節雖然微有不同，但都體現了學術眞理的相對性和絕對性的辯證統一的內在規律。

從學者來看，個體成學立教是一個不斷發育、成熟的過程。「諸先生學不一途，師門宗旨，或析之爲數家，終身學術，每久之而一變」〔註84〕。黃宗羲在對王陽明一生學術變化進行細心個案研究後指出：其早年思想經歷，由「泛濫於辭章」而「遍讀考亭之書」，又「出入佛老者久之」，然後才「忽悟格物致知之旨」，形成「心即理」的觀點。「其學，凡三變而始得其門」。此後，思想繼續發展，由「默坐澄心」，到提出「致良知」，再發揮「知行合一」，居越以後，所操益熟，所得益化，臻於至善。「是學成之後，又有此三變」〔註85〕。只有對學者思想進行動態研究，才能客觀看到其人其學的眞實

〔註83〕黃宗羲：《孟子師說》卷7，《黃宗羲全集》，第1冊，第165頁。
〔註84〕黃宗羲：《明儒學案序》（改本），《黃宗羲全集》，第10冊，第79～80頁。
〔註85〕黃宗羲：《明儒學案》卷10《姚江學案》，第180頁。

面貌。不僅陽明如此，自來求道之士皆是如此。黃宗羲 1676 年在爲前賢撰寫墓誌銘時指出：

> 昔明道汎濫諸家，出入老、釋者幾十年，而後返求諸《六經》；考亭于釋、老之學，亦必究其歸趣，訂其是非：自來求道之士，未有不然者。蓋道非一家之私，聖賢之血路，散殊于百家，求之愈艱，則得之愈眞。雖其得之有至有不至，要不可謂無與於道者也。〔註86〕

既然成學立教是不斷求道、悟道、證道的過程，那麼，「聖賢之血路」就必然是「散殊於百家」。所以，道非一家之私，只要人人艱辛證求，則未有不眞實的。故黃宗羲認爲古今諸家雖人人有別，但都不過是對聖人之道有所認識和瞭解。他說：「古今諸子百家，言人人殊，亦必依傍聖門之一知半解，而後得其成說，何曾出此範圍！」〔註87〕而且，黃宗羲還認爲「道」爲「人人同具」。黃宗羲在《明文案上》的序言中表達了這個思想，他說：「今古之情無盡，而一人之情有至有不至。凡情之至者，其文未有不至者也，則天地間街談巷語、邪許呻吟，無一非文，而遊女、田夫、波臣、戍客，無一非文人也。」〔註88〕認爲一般民衆也有「至情之文」，這無疑擴大了學術史的範圍和視野。

人人皆有深造之道，發爲其人之精神，散爲學人之文集。黃宗羲在編訂《明儒學案》及《明文案》時，搜集和使用的文獻資料，絕不限於學人語錄，而是廣泛搜集文獻資料，泛濫群書。並且從這些文集、史料中廓清和反映出其人之一生精神。他在編訂《明文案》時就指出：「試觀三百年來，集之行世藏家不下千家，每家少者數卷，多者至於百卷，其間豈無一二情至之語，而埋沒於應酬訛雜之內，堆積几案，何人發視？即視之而陳言一律，旋復棄去，向使滌其雷同，至情孤露，不異援溺人而出之也。」〔註89〕黃宗羲在此做個形象的比喻，認爲從文集中獲悉人之「至情」，無異於援救溺水之人。從文集中獲悉其人之精神和深造之道，這是黃宗羲學術史的一個基本方法論原則。

文集中有「人之精神」，而且文集可以表現出「人之精神」。這又何以可能呢？在前面已經提到，這和黃宗羲的氣學思想有關。氣化流行之體、浩然

〔註86〕黃宗羲：《僉事清溪錢先生墓誌銘》（1676 年作），《黃宗羲全集》，第 10 冊，第 351 頁。

〔註87〕黃宗羲：《孟子師說》卷 7，《黃宗羲全集》，第 1 冊，第 154 頁。

〔註88〕黃宗羲：《明文案上》（1675 年作），《黃宗羲全集》，第 10 冊，第 19 頁。

〔註89〕黃宗羲：《明文案上》（1675 年作），《黃宗羲全集》，第 10 冊，第 19 頁。

之氣對黃宗羲「一本萬殊」的學術史觀有直接影響。最大的影響主要有兩點：首先，擴大了學術史的材料視野。在黃宗羲看來，豪傑精神不能無所寄寓，它有多元的表現形式。作爲文化精英的精神創造，是通過多元的文化形式表現出來的。其次，深化了學術史的內涵。多元化的文化表現形式有一個共同的表達內容，那就是「一生之精神」。這樣看來，黃宗羲畢生精力廣搜文獻，闡揚人生精神，其中貫注的學術理念就是：豪傑精神、天地元氣孕育和蘊含於文集史料中；故學術史研究可以闡揚和保存天地之元氣。這是遺民黃宗羲的「後死之責？誰任之乎」的學術責任感和時代使命感的充分體現。

人生精神，不僅是天地之元氣、聖學之血路，表現在學術史上就是學人爲學之「宗旨」。黃宗羲在《明儒學案發凡》中指出，「大凡學有宗旨，是其人之得力處，亦是學者之入門處。」他說：「天下義理無窮，苟非定以一二字，如何約之，使其在我。故講學而無宗旨，即有嘉言，是無頭緒之亂絲也。學者不能得其人之宗旨，即讀其書，亦猶張騫初至大夏，不能得月氏要領也。」〔註90〕黃宗羲把「宗旨」和人一生思想之變化比喻爲「丸之走盤」。意思是說，人的思想可能有大小不同程度的變化，但是，仍有不變者而在，此爲學者之「宗旨」。故黃宗羲極力表彰人生精神，不能不注重學人的爲學「宗旨」。黃宗羲在給其弟黃宗會（號澤望，字之者）的墓誌銘中有此言：「自濂、洛至今日，儒者百十家，余與澤望皆能知其宗旨離合是非之故」〔註91〕。

學者的「宗旨」，就是個人自用得處得來，故其爲眞，而不是虛。他說：「學問之道，以個人自用得著者爲眞。凡依門傍戶，依樣葫蘆者，非流俗之士，則經生之業也。」故黃宗羲非常重視從「一偏之見」、「相反之論」中獲取學者宗旨，由此才能尋找到「一本萬殊」的學術發展規律。

黃宗羲認爲，「學脈」與「宗旨」不同。以朱熹、象山爲例，朱熹以「道問學」標宗，象山以「尊德性」立意，朱陸歧異，不可彌合，門下弟子相互攻訐，勢同水火。黃宗羲認爲，朱陸兩人雖「宗旨」有異，但皆一時教法，無關乎「學脈」。他在《復秦燈巖書》中說：

> 非尊德性則不成問學，非道問學則不成德性。故朱子以復性言
> 學，陸子戒學者束書不觀，周、程以後，兩者固未嘗分也。未嘗分，

〔註90〕黃宗羲：《明儒學案發凡》，《明儒學案》，第 14 頁。
〔註91〕黃宗羲：《前鄉進士澤望黃君壙誌》（1663 年作），《黃宗羲全集》，第 10 冊，
　　　　第 302 頁。

又何容姚江、梁溪之合乎？此一時教法稍有偏重，無關於學脈也。
〔註92〕

由此看來，尊德性、道問學只是學人宗旨上的不同，並不關乎學脈。那麼，明清學術演變的「內在理路」，也就不能簡單地認定為由「尊德性」向「道問學」的轉變。至少在黃宗羲這裡是這樣的。從小德川流看，宗旨是個體思想流動中的不變者；從大德敦化來看，宗旨是為氣化流行，而學脈則是氣化流行之體，學脈是諸子百家的宗旨中之「不變者」。

黃宗羲在晚年撰寫的《破邪論》中明確表達了這個觀點：「余以為孔子之道，非一家之學也，非一世之學也，天地賴以常運而不息，人紀賴以接續而不墜。世治，則巷吏門兒莫不知仁義之為美，無一物之不得其生，不遂其性；世亂，則學士大夫風節凜然，必不肯以刀鋸鼎鑊損立身之清格。蓋非刊注《四書》，衍輯《語錄》，及建立書院，聚集生徒之足以了事也。」〔註93〕在黃宗羲看來，學脈具有融攝並超越諸子百家以及歷史存亡之表象的特性，這種超越性並不先於、外在於人，而是就在士大夫的「風節」、「清格」之中。此為豪傑之精神，天地之元氣也。顯然，這與天理、良知絕不相同。

3.「添減」與「晦明」：學術史的內在規律

黃宗羲認為，學脈變化有其內在規律：「無添減而卻有晦明」。他說：「道之在天地間，人人同具，於穆不已，不以一人之存亡為增損。……然無添減而卻有晦明，貞元之會，必有出而主張斯道者以大明於天下，積久而後氣聚，五百歲不為遠也。」〔註94〕前面提到，黃宗羲認為人人皆具有浩然之氣，是為純善。故從個人角度來看，思想發展偏差，是後天形成的，與氣之本然之性善無關；從學脈角度來看，一般人多認為「補偏救弊」是學術發展的重要動力，而黃宗羲認為此乃「一時教法」而已，無關乎學脈。比如他在論述陽明、蕺山之學「皆因時風眾勢以立教」時指出：「陽明當建安格物之學大壞，無以救章句訓詁之支離，故以良知之說，倡率一時，乃曾未百年，陽明之學亦復大壞，無以絕蔥嶺異端之雜夾，故蕺山證人之教出焉。」

但是，在黃宗羲看來，學脈的演變的內在動力絕不是學術「流弊」，而是學術內在的浩然之氣、豪傑精神。黃宗羲之所以有此非凡見解，主要原因在

〔註92〕黃宗羲：《復秦燈巖書》（1679 年後作），《黃宗羲全集》，第 10 冊，第 210 頁。
〔註93〕黃宗羲：《破邪論·從祀》（1691 年作），《黃宗羲全集》，第 1 冊，第 193 頁。
〔註94〕黃宗羲：《孟子師說》卷 7，《黃宗羲全集》，第 1 冊，第 165 頁。

於：他認爲學脈在人人這裡皆有不同程度之呈現，故學脈只有「晦明」而無「添減」。這與朱熹的「暗合天理」不同。在朱熹那裡，天理先在、外在於人，且不承認人的氣質之性是爲純善，故人與天理才有「暗合」的問題。而黃宗羲認爲，人有浩然之氣，是爲至善。而「晦明」所以出現，並非人性非善，而只是說浩然之氣沒有形成「氣聚」，也就是說沒有聚合成強大的力量。黃宗羲這裡「晦明」其實與橫渠的「幽明」之意相同，是從氣學而不是理學的角度來說的。

黃宗羲曾以學脈的「晦明」來梳理和分析明代學術思想史。他認爲，與宋儒學尙分別，故勤注疏不同，明儒學尙渾成，故立宗旨。但是，明代思想史的學脈並不因爲「宗旨雜越」、「風光狼藉」而失去一貫之「學脈」。他在撰寫《明儒學案發凡》時，揚棄了前人固執「一人之宗旨」和「雜收不復甄別」兩種偏向，肯下細密工夫從「使其宗旨歷然」入手，對「明室數百年學脈」作了清理。認爲有明學術「白沙開其端，至姚江而始大明」；此後，陽明心學經過分化與發展，而終於走向自我之否定。最後，經東林師友「冷風熱血」的洗禮，由蕺山總其成。《明儒學案》所展現的這一合規律的過程，「導山導水，脈絡分明」。

總之，黃宗羲從「大德敦化」和「小德川流」兩個角度來分析學術史的發展規律。其一，從小德川流看，宗旨是個體思想流動中的不變者；從大德敦化來看，宗旨是爲氣化流行，而學脈是氣化流行之體，學脈是諸子百家的宗旨中之不變者。其二，學脈的變化有其內在規律：「無添減而卻有晦明」，這與天理史觀的「暗合天理」不同，是從浩然之氣是否形成「氣聚」來解釋學術發展趨勢。這兩個方面歸結爲一個問題，那就是黃宗羲的歷史本體（道體）就是氣化流行之體，它並不是先在、外在於具體的歷史眞實過程，而就在氣化流行之中。以此學術史觀爲基礎，黃宗羲提出了「言性命必究於史」和「經術史裁」的方法論。

二、「言性命必究於史」：學術史超越義之重構

前面說到，宋明以來的天理史觀和良知史觀，從不同角度認定性命義理高於史學。史學要麼是「格物窮理」的工具，要麼是「復明本心」的途徑。故朱熹說史學「見得淺」，象山說史學是「階梯」。史學的價值和功能從屬於天理、良知體系，而歸根在於史學本身不能具有性命道德。而到黃宗羲這裡

完全換個思路，認為「言性命必究於史」。

「言性命必究於史」，這是章學誠對浙東學術史方法論的經典概括，可謂片言居要、足以傳神。他在《浙東學術》中指出：「浙東之學，言性命者必究於史，此其所以卓也。」〔註 95〕這個論斷十分明確地將浙東學術的卓越之處歸結爲「言性命必究於史」。章學誠還指出這個卓越傳統是針對「近儒談經」的特點。他說：

> 聖如孔子，言爲天鐸，猶且不以空言制勝，況他人乎？故善言天人性命，未有不切於人事者。三代學術，知有史而不知有經，切人事也。後人貴經術，以其即三代之史耳。近儒談經，似於人事之外，別有所謂義理矣。浙東之學，言性命者必究於史，此其所以卓也。〔註96〕

章學誠首先指出「善言天人性命」的標準在於其所言要貼切人事，然後根據這個標準對歷代的學術作出評價：三代唯有史而不知有經，其學術貼切人事；而漢唐雖然「貴經術」，但以爲經術就是三代的史學，其學術亦未脫離人事；待到宋明，則脫離人事空談義理，變得不再貼切人事；而浙東學術的卓越之處，就在於它雖然承宋明學術而來，但它卻反其道而行之，開創了「言性命者必究於史」的學術新傳統。

由此可見，章學誠「言性命必究於史」的確切含義就是從史學、「切於人事」去講性命義理。這樣，就有兩個問題值得注意：其一，章學誠這裡並未明說是黃宗羲開創了這個學術傳統，那麼，黃宗羲和這個傳統有何關係；其二，黃宗羲是如何論證和確立這個原則的，其學理依據和天理史觀、良知史觀有何不同。

這個學術傳統是否適用於黃宗羲呢？答案是肯定的，但絕不自黃宗羲始。其始可以追溯到《周易》。《周易·大畜》有云：「君子以多識前言往行，以畜其德。」北宋的程頤將它發揮成爲「進學致知」的方法論。他說：「人之蘊蓄，由學而大，在多聞前古聖賢之言與行。考迹以觀其用，察言以求其心，識而得之，以蓄成其德。」〔註97〕南宋呂祖謙把程頤這段話收錄到《近思錄》中，顯

〔註95〕 章學誠：《文史通義校注·浙東學術》，葉瑛校注，北京：中華書局1985年版，第523～524頁。

〔註96〕 章學誠：《文史通義校注·浙東學術》，葉瑛校注，北京：中華書局1985年版，第523～524頁。

〔註97〕 朱熹、呂祖謙：《近思錄》，上海：上海古籍出版社2000年版，第39頁。

然他對程頤的這個觀點讚賞有加。《周易》、程頤和呂祖謙並未明說性命道德可以從「史學」中得到，沒有說性命義理必須從史學中來認識和理解，但是，他們都認爲史學對於性命道德的培養有積極價值。故他們對「言性命者必究於史」這個學術原則仍有「開闢」之功。侯外廬等先生曾明確指出：「這給後來呂祖謙由經入史以及『浙東之學言性命者必究於史』開闢了途徑。」〔註98〕蕭萐父進一步指出，「言性命必究於史」直接脫胎於黃宗羲。他說：「『言性命，必究於史』這句話，涵義頗豐。此語似從黃宗羲的『不爲迂儒，必兼讀史』脫胎而來，實指浙東學術的基本路向在於寓義理於史學，與顧炎武的『經學即理學』、言性命必本之經、寓義理於經學的學術路向恰相對應。」〔註99〕後來他在《明清啓蒙學術流變》中仍堅持此說〔註100〕，足見他對這個論斷深信不疑。總之，「言性命必究於史」這個史學觀念起源甚早，最遲在《周易》。但是，誠如蕭萐父先生所指出的，是黃宗羲開闢出「寓義理於史學」的學術路向。這也符合全祖望的說法。全祖望在《甬上證人書院記》中指出：

> 先生（指梨洲）當日講學，頗多疑議之者，雖平湖陸清獻公尚
> 不免，不知自明代中葉以後，講學之風已爲極弊。高談性命，直入
> 禪障，束書不觀，其稍平者，則爲學究，皆無根之徒耳。先生始謂
> 學必原本於經術，而後不爲蹈虛，必證明於史籍，而後足以應務，
> 前此講堂痼疾，爲之一變。〔註101〕

與明代中後期「高談性命，直入禪障」的學風相比，新學風的根本精神在於強調學術應當「經世」和「應務」，而要保證這個根本精神，爲學必須要「本於經、證於史」。全祖望還強調黃宗羲是此種學風的首倡者。他說：「公謂明人講學，襲語錄之糟粕，不以《六經》爲根柢，束書而從事於遊談，故受業者必先窮經；經術所以經世，方不爲迂儒，必兼令讀史。」〔註102〕由此看來，全祖望是從學風角度來說明「言性命必究於史」產生的原因及其社會價值。

　　總而言之，雖然「言性命必究於史」的觀念可以追溯到《周易》，程頤、

〔註98〕侯外廬、邱漢生、張豈之主編：《宋明理學史》，北京：人民出版社1984年版，第344頁。

〔註99〕蕭萐父：《黃宗羲的眞理觀片論》，載《浙江學刊》，1987年第1期。

〔註100〕蕭萐父、許蘇民：《明清啓蒙學術流變》，瀋陽：遼寧教育出版社1995年版，第513頁。

〔註101〕全祖望：《鮚埼亭集外編》卷16《甬上證人書院記》，上海：商務印書館1936年版。

〔註102〕全祖望：《梨洲先生神道碑文》，引自《黃宗羲全集》，第12冊，第8頁。

呂祖謙還有理學上的發揮，但是，他們都沒有提出性命義理必須從史學中來認識和理解。從全祖望、蕭萐父的論斷來看，黃宗羲是「言性命必究於史」這個學術原則的開創者。

　　為什麼到黃宗羲這裡性命義理必須從史學角度來講？從黃宗羲的治學路徑和學術思想的進路來看，這個轉變並非偶然。黃宗羲早年即尊父命，發憤讀史，「自明十三朝實錄，上溯二十一史，靡不究心」〔註103〕。黃宗羲平生治學有兩個主要特點：喜藏書、善讀書。從事學術史研究離不開文獻資料的搜集和編纂，從事經史之學的，更是如此。全祖望在《梨洲先生神道碑文》中曾具體談到這方面情況：「既治經，則旁求之九流百家，於書無所不窺者。……既盡發家藏書讀之，不足，則鈔之同里世學樓鈕氏、澹生堂祁氏，南中則千頃齋黃氏、吳中則絳雲樓錢氏。窮年搜討，遊屐所至，遍歷通衢委巷，搜鬻故書，薄暮，一童肩負而返，乘夜丹鉛，次日復出，率以為常。」〔註104〕為了搜集和編纂文獻資料，黃宗羲還建立續鈔堂於南雷，以「承東發之緒」〔註105〕。從黃百家《續鈔堂藏書目錄序》中可以看到黃宗羲搜集文獻資料範圍之廣。包括：經、史、子、集、選文、選詩、志考、經濟、性理、語錄、天文、地理、兵刑、禮樂、農圃、醫卜、律呂、數算、小說、雜技、野史、釋道、俳優等等，凡若干萬卷。更為重要的是，黃宗羲還搜集了許多「目所未見世所絕傳之書、數百年來沉沒於故家大族而將絕者，於今悉得集於續鈔，使之復得見於世。是雖人之不幸而實書之大幸也」〔註106〕。

　　但是，泛濫諸家、廣集文獻，並非黃宗羲目的之所在，而是博而返約、取證於心，這體現出黃宗羲善讀書的特點。黃宗羲深憂時人要麼不讀書，要麼讀書不多、見識不廣。他說：「今之言心學者，則無事乎讀書窮理；言理學者，其所讀之書不過經生之章句，其所窮之理不過字義之從違。……封己守殘，摘索不出一卷之內。」〔註107〕黃宗羲指出：「讀書不多，無以證斯理之變

〔註103〕全祖望：《梨洲先生神道碑文》，引自《黃宗羲全集》，第12冊，第3頁。
〔註104〕全祖望：《梨洲先生神道碑文》，引自《黃宗羲全集》，第12冊，第3頁。
〔註105〕東發（1213～1280），南宋理學家、文獻學家黃震字，著有《黃氏日鈔》97卷。梨洲建續鈔堂，寓有接續《黃氏日鈔》餘緒之意。
〔註106〕黃百家：《續鈔堂藏書目序》，引自《黃宗羲全集》，第12冊，第210頁。
〔註107〕黃宗羲：《南雷詩曆·留別海昌同學序》，《黃宗羲全集》，第10冊，第645～646頁。

化；多而不求於心，則爲俗學。」黃宗羲讀書的這個特點，全祖望概括最爲
精到：「有明以來學術大壞，談性命者迂疏無當，窮數學者詭誕不精，言淹雅
者貼譏雜醜，攻文詞者不諳古今。自先生合義理、象數、名物而一之，又合
理學、氣節、文章而一之，使學者曉然於九流百家之可以返于一貫。」〔註 108〕
若就理學一環而言，「公以濂、洛之統，綜會諸家，橫渠之禮教，康節之數學，
東萊之文獻，艮齋、止齋之經制，水心之文章，莫不旁推交通，連珠合璧，
自來儒林所未有也。」〔註 109〕這裡，兩個「合而一之」，一個「綜會諸家」，
顯示出他所見到的黃宗羲學術堂廡之廣大，是自來儒林所未有；至於九流百
家「可以一貫」，則表明黃宗羲在「綜會諸家」的基礎上尋求新的學術境界，
他對九流百家的思想都試圖融攝包含，馳騁古今，不拘家派，表現出新的學
術追求，「這正是啓蒙學者的探索精神和恢宏氣象」〔註 110〕。

　　喜藏書爲黃宗羲史學路徑奠定了堅實的學養基礎，善讀書爲史學路徑提
供了遒勁的學力底蘊。但是，史學能夠表現和促進性命義理的發展，除了堅
實學養和遒勁學力而外，還須有科學的歷史哲學作爲基礎，否則性命義理無
法從歷史過程中躍然紙上，發爲經世事功。前章說到，與以往學術思想不同，
黃宗羲認爲，理是氣化流行中的主宰，這樣的理（本體）並非氣化流行之外
另有本體，也不是絕對靜止本體。這對黃宗羲的歷史哲學也產生了直接影響。
從三個方面來看：

　　第一，性命義理即在歷史變革之中。黃宗羲在《留書》、《明夷待訪錄》
中探討歷史治亂之故，變革封建體制，強調變革的重要性，但是，沒有對歷
史變革規律進行深度哲學思考。其實，歷史演進是一個複雜的過程，在一定
歷史時期，有的須變，有的卻不能變。這樣，就必須對歷史變革進行深度哲
學分析，否則就會盲目求變，瞎折騰、亂鬧騰，最終受害的還是廣大民眾自
身。黃宗羲歷史變革的哲學思考，與他對《周易》的研究是分不開的。《周易》
一直是中國古代學者提出社會變革理論的主要依據，所以，注解《周易》者
不勝枚舉，但是，黃宗羲認爲後世注《易》有一通病：義理與象數終不能歸
一。康熙三十二年（1693），84 歲黃宗羲在爲喬石林《易俟》作序時指出：

　　　　《五經》傳注，唯《易》爲最多。然自秦、漢以來，分爲二途，

〔註 108〕全祖望：《二老閣藏書記》，引自《黃宗羲全集》，第 12 冊，第 212 頁。
〔註 109〕全祖望：《梨洲先生神道碑文》，引自《黃宗羲全集》，第 12 冊，第 8 頁。
〔註 110〕蕭萐父：《黃宗羲的真理觀片論》，載《浙江學刊》，1987 年第 1 期。

有義理之學，有象數之學。主變占而不言義理，田何九師之徒是也；尚玄虛而不言象數，王輔嗣、韓康伯之流是也。唐、宋以後，或言理，或言象數。象數則攙入老氏之圖書，非復田、何之象數矣；理則本之天地萬物，非復玄虛之理矣：互相出入，義理與象數終不能歸一。〔註111〕

秦漢以來學者將《易》分爲義理之學和象數之學，尤其至唐宋，言象數者則入老氏，言義理者甚至不如玄虛之流。義理和象數分開而論，其實就是認爲性命義理不在象數之中，這無異於將《周易》看作爲「空言救世」。黃宗羲說：

蓋《易》非空言也，聖人以之救天下萬世者也。大化流行，有一定之運，如黃河之水，自崑崙而積石而底柱而九流而入海，盈科而進，脈絡井然。三百八十四爻皆一治一亂之脈絡，陰陽倚伏，可以摹捉，而後聖人得施其芭桑拔芽之術以差等百王。故象數之變遷爲經，人事之從違爲緯，義理即在其中。一部《二十一史》，是三百八十四爻流行之迹也。〔註112〕

黃宗羲認爲聖人的社會變革（救世）理論不是「空言」，而是從氣化流行中尋找到的。一定之運（理）即在大化流行之中，救世大法、治國義理，皆在象數之變遷、人事之從違中。氣化流行是人類歷史治亂興衰的脈絡，聖人可以把握這個脈絡，提出社會變革的理論。所以，黃宗羲認爲人類的歷史就是氣化流行，《二十一史》就是對氣化流行的記載。

黃宗羲在氣化流行中尋找社會變革的理論，這是他「氣外無理」思想的邏輯推演。這與以往的史學觀不同，天理史觀、良知史觀都不願也不能承認氣化流行之體是善的，不承認浩然之氣人生來固有，故而只能部分地承認和肯定氣化流行的功能和價值。而且由於天理、良知的精神境界趨向，其融攝的歷史真實不會是全體的。所以，他們往往從天理、良知的角度來討論道德性命，認爲道德性命並不能從氣化流行中產生和形成。不僅濂洛以來的理學如此，就是永嘉永康的事功學派也是如此。黃宗羲說：

濂、洛崛起之後，諸儒寄身儲胥虎落之內者，余讀其文集，不出道德性命，然所言皆土梗耳，高張凡近，爭匹游、夏，如此者十之八九，可不謂之黃茅白葦乎？其時永嘉之經制，永康之事功，龍

〔註111〕黃宗羲：《畫川先生易俟序》，《黃宗羲全集》，第10冊，第102頁。
〔註112〕黃宗羲：《畫川先生易俟序》，《黃宗羲全集》，第10冊，第102～103頁。

> 泉之文章，落落崢嶸於天壤之間，寧爲雷同者所排，必不肯自處於
> 淺末。〔註113〕

黃宗羲這裡，不僅對濂洛以來的道德性命講法頗爲不滿，而且對永嘉永康學派也提出了批評。永嘉永康事功學派是黃宗羲比較欣賞的，因爲他們承認歷史之道就在歷史過程之中，相對於程朱來說，他們的史學觀融攝了更加豐富的歷史真實內容。但是，在黃宗羲看來，他們還是「不肯自處於淺末」，不肯從氣化流行的角度來認識和把握道德性命。所以，黃宗羲認爲他們這個講法幾乎和濂洛雷同。

與以往道德性命的講法不同，黃宗羲從「盈天地間皆氣」的高度，將歷史盛衰存亡、人物榮辱得失、個人善惡邪正，皆放在氣化流行本然爲善的角度加以歷史的考察，這樣的歷史本體就不再是靜止不變的死理，也不會是空無內容的良知。這樣，歷史本體也就不再僅僅承當剪裁歷史事實的工具，而是肯定和融攝了現實歷史的完整、動態、真實的過程。因爲氣化流行之體或者說歷史本體並不先在、外在於歷史自身的演變過程，它本身就是氣化流行的條理、脈絡。這樣的條理、脈絡可以是道德性命，但顯然又不只是道德性命。所以說，黃宗羲對氣化流行歷史過程的真實內涵的肯認和融攝不再是多與少的區別，而是認爲歷史本體就是整個歷史過程中展開和呈現出來的。總之，黃宗羲說的歷史之道就是氣化流行的歷時性展開，其道德性命、歷史本體就融攝了氣化流行的整個時間序列和空間位置，而不是部分的肯認和消極的限制。從這個角度來看，黃宗羲批判程朱陸王和事功學派的道德性命講法，原因其實就一個，那就是他們對氣化流行的真實歷史過程要麼忽視，要麼限制，要麼「不肯自處」。既然他們不願在真實的氣化流行中探討歷史之道，那麼，他們也就不可能提出真正科學的歷史變革理論，也就不能真正講好和發揮道德性命的價值和功能。故黃宗羲認爲他們說的道德性命不過是「土梗」而已。

第二，歷史變革的根本力量不是義理，而是氣化流行。無論是天理史觀還是良知史觀，都將人類歷史變革的根本力量和價值趨向歸結爲天理或者良知。而黃宗羲並不這麼認爲，他認爲歷史之道、道德性命必須要從氣化流行的歷史過程去理解和把握。即便聖如孔子也要在氣化流行的脈絡中去推動社

〔註113〕黃宗羲：《鄭禹梅刻稿序》，《黃宗羲全集》，第 10 冊，第 65～66 頁。

會歷史變革。《易學象數論》是黃宗羲晚年之作〔註114〕，其中有句話可以表達這個思想：「天生仲尼，當五伯之衰，而不能爲太和之春者，何也？時未臻乎革也。」〔註115〕只有在一定條件下，歷史變革才會成功。條件不成熟，變革便不會出現。如果朝代出現必然滅亡的趨勢，人力也無法挽救。他在論述南明政權滅亡時就說：「故帝之亡也，天也，勢也。」他在《明夷待訪錄》的《建都》中提到變革要「因時乘勢」。當時有人認爲關中形勝爲上，應建都關中。黃宗羲不同意這個觀點，認爲時代變化了，條件也在變化，建都地點自然隨之變化，所謂「時不同也」。秦漢時期，關中風氣會聚，田野墾沃，人物阜盛，而吳楚則屬蠻荒之地，風氣樸略，經濟落後，不能與關中相比。而如今，關中屢遭寇亂，十室不存二三，經濟衰敝，人才凋零，一切皆要仰食東南，而東南的確粟帛灌輸天下，「天下之有吳會，猶富室之有倉庫匱篋也。」在此建都，有利於王朝安定，故黃宗羲主張建都金陵南京〔註116〕。

　　黃宗羲指出，歷史變革的動力源於現實社會的需要，由此他提出了「承弊易變」的思想。他在解釋「革」卦時指出：「器敝改鑄之爲革，天下亦大器也，禮樂制度，人心風俗，一切變衰，聖人起而革之，使就我範圍以成器。後世以力取天下，仍襲亡國之政，惡乎革？」〔註117〕

　　第三，歷史變革的超越性追求即在氣化流行之中。前章提到，梨洲與橫渠、廷相一派的氣學論者不同，他認爲氣化流行也有超越義，即是氣化流行之體。此氣化流行之體，在黃宗羲這裡有「天地之元氣」、「浩然之氣」、「豪傑精神」、「至情之人」等表述方式，但都表示氣化流行具有超越的價值趨向。比如，他說：「蓋忠義者天地之元氣，當無事之日，則韜爲道術，發爲事功，

〔註114〕關於黃梨洲《易學象數論》的成書年代，黃百家、邵廷采、全祖望的論著都無明確交代，只有黃炳垕所著《黃梨洲先生年譜》在順治十八年辛丑條下著錄，稱梨洲該年「仍居龍虎山堂，著《易學象數論》」。今人吳光先生根據《易學象數論》卷四《乾鑿度一》「今定天元至壬子」的夾註中有「作《象數論》之年」的話，而壬子年已是康熙十一年即公元1672年了。吳光先生據此推斷：黃宗羲從事象數學之研究是在順治初年追隨魯王抗清即將失敗而苦悶彷徨之際，抗清失敗後，黃宗羲經歷了數年亂離生活，至順治末年開始安定下來，避居於化安山中龍虎山堂，於是開始寫作《易學象數論》一書，但並沒有能完成。直到康熙十一年時，此書才最後完成。詳見吳光：《黃宗羲遺著考（五）》，引自《黃宗羲全集》，第9冊，第559～560頁。
〔註115〕黃宗羲：《易學象數論》卷6，《黃宗羲全集》，第9冊，第272頁。
〔註116〕黃宗羲：《明夷待訪錄》，《黃宗羲全集》，第1冊，第20～21頁。
〔註117〕黃宗羲：《易學象數論》卷3，《黃宗羲全集》，第9冊，第119頁。

漠然不可見。及事變之來，則鬱勃迫隘，流動而四出，賢士大夫欻起收之，甚之爲碧血窮燐，次之爲土室牛車，皆此氣之所憑依也。」〔註118〕豪傑精神就是天地之元氣，它不僅可以形成爲道術，還可以發爲事功。這種元氣平時爲和順，一旦時局發生巨變，當國家、民族處於存亡之秋、厄運之時，這種元氣就將噴薄而出，激勵著仁人志士爲國家、爲民族而頑強奮鬥！！

　　黃宗羲史學著作極力表彰社會轉型期這種豪傑精神。在《兵部左侍郎倉水張公墓誌銘》中評論抗元、抗清的民族英雄文天祥、張煌言時飽含悲情地寫道：「語曰：『慷慨赴死易，從容就義難。』所謂慷慨、從容者，非以一身較遲速也。扶危定傾之心，吾身一日可以未死，吾力一絲有所未盡，不容但已。古今成敗利鈍有盡，而此不容已者，長留於天地之間。愚公移山，精衛塡海，常人藐爲說鈴，賢聖指爲血路也。是故知其不可而不爲，即非從容矣。宋、明之亡，古今一大厄會也。其傳之忠義與不得而傳者，非他代可比。就中險阻艱難，百挫千折，有進而無推者，則文文山、張倉水兩公爲最烈。」〔註119〕可見，黃宗羲說的豪傑精神就是爲就國家民族於危難之時，以一種愚公移山、精衛塡海的百折不撓的精神來克服艱難險阻。

　　氣化流行的超越性價值趨向不僅在社會轉型的豪傑之士身上，還體現在學術史觀、文學觀以及人生觀上。黃宗羲要求文章、學術要重點表彰天地元氣、豪傑精神。他在談到作詩方法時說：「夫文章，天地之元氣也。」〔註120〕在《明儒學案發凡》中明確批評先儒之語錄不知去取之意，並指出學術史的撰寫要重點透露「其人一生之精神」〔註121〕。還影響了黃宗羲的人生處世原則，塑造出新的遺民觀。他在《謝時符先生墓誌銘》中明確地說：「遺民者，天地之元氣也。然士各有分，朝不坐，宴不與，士之分亦止於不仕而已。……是故種瓜賣卜，呼天搶地，縱酒祈死，穴垣通飲饌者，皆過而失中者也。」〔註122〕

　　總而言之，黃宗羲的史學治學路徑以及學術思想的進路，使得黃宗羲提出了「言性命必究於史」，不僅恢復了史學經世致用的價值，避免了宋明以來

〔註118〕黃宗羲：《紀九峰墓誌銘》，《黃宗羲全集》，第 10 冊，第 520 頁。

〔註119〕黃宗羲：《兵部左侍郎倉水張公墓誌銘》，《黃宗羲全集》，第 10 冊，第 288～289 頁。

〔註120〕黃宗羲：《吾悔集·謝皋羽年譜遊錄序》，《黃宗羲全集》，第 10 冊，第 34 頁。

〔註121〕黃宗羲：《明儒學案發凡》，《明儒學案》（上冊），北京：中華書局 1985 年版，第 14 頁。

〔註122〕黃宗羲：《南雷詩文集·謝時符先生墓誌銘》，《黃宗羲全集》，第 10 冊，第 422～423 頁。

空言性命義理的弊病，而且還提升和深化了史學的社會價值，使得史學具有超越性的價值追求，對學術史觀、文學觀以及人生觀皆有直接指導價值。可以說，沒有黃宗羲氣學之超越義的建構，就沒有黃宗羲「言性命必究於史」的學術方法論，也就沒有別具特色的史學傳統的出現。

三、「經術史裁」：學術史超越義之落實

如果說「言性命必究於史」是黃宗羲史學超越義之建構的話，那麼，「經術史裁」則是這個超越義建構的具體方法。首先我們必須清楚認識到，黃宗羲學術史的超越義並不以邏輯思辨、哲學抽象為歸趣，相反他注精會神於「淺末處」，傾向於實處用功。黃宗羲在《移史館不宜立理學傳》中有言：「諸儒之言，有自得者，有傳授者，有剽竊者，有淺而實深者，有深而實淺者」〔註123〕這句話是值得玩味的：有的學問談玄說妙，看似高深莫測，其實是膚論瞽言。而有的學問看似落於氣化流行，而其實是至深學術，極有功於社會。黃宗羲的史學就是如此。全祖望對此有清楚的指明。他說：「先生始謂學必原本於經術，而後不為蹈虛；必證明於史籍，而後足以應務，原原本本，可據可依。」〔註124〕「原原本本，可據可依」，力求踏實應務，這是黃宗羲史學的特色。如黃宗羲還說：「夫《二十一史》所載，凡經世之業亦無不備矣。」〔註125〕只有從這個角度出發，我們才能發現和理解黃宗羲史學超越義落實下來其實就是經世致用。只有明白其致思路徑，我們才不會誤以為黃宗羲史學的超越義和天理、良知毫無二致，甚至以為黃宗羲也落入他們的俗套窠臼。

所謂「經術史裁」，按照章學誠的解釋，是指浙東學術傳統在萬斯大、萬斯同兄弟身上的體現：「浙東之學，雖源流不異，而所遇不同。故其見於世者，陽明得之為事功，蕺山得之為節義，梨洲得之為隱逸，萬氏兄弟得之為經術史裁。授受雖出於一，而面目迥殊，以其各有事事故也。」〔註126〕從表面上看，章學誠這裡似乎正是要強調萬氏兄弟的為學方法有別於黃宗羲，但實際上他並不是從這個角度立論的，他只是強調浙東學術精神的具體表現各異。

〔註123〕黃宗羲：《移史館不宜立理學傳書》，《黃宗羲全集》，第10冊，第219頁。

〔註124〕全祖望：《鮚埼亭集外編》卷16《甬上證人書院記》，上海：商務印書館1936年版。

〔註125〕黃宗羲：《補歷代史表序》，《黃宗羲全集》，第10冊，第81頁。

〔註126〕章學誠：《文史通義校注·浙東學術》，葉瑛校注，北京：中華書局1985年版，第524頁。

而且，從章學誠說黃宗羲「開萬氏兄弟經史之學」來看，萬氏兄弟的「經術史裁」有可能受到黃宗羲的影響。但要具體證明「經術史裁」為黃宗羲的學術史方法，還須做兩項工作：其一，「經術史裁」的具體涵義，其二，黃宗羲是否有「經術史裁」的方法論。這兩個問題，國內學者有深入地研究，對我有很好啓發〔註127〕。但是，黃宗羲這個史學方法論和其學術思想的關係尚須深入研究。

1. 萬氏兄弟「經術史裁」的兩個內涵

萬斯同、萬斯大都是黃宗羲的高足，他們的史學特徵就是「經術史裁」。這個特徵主要包括兩個方面的涵義：一是「統會經史」，二是「引史證經」。四庫館臣將萬氏兄弟的史學方法論總結為三點：「統會經史」、「折中群言」、「引經證傳」〔註128〕。後兩種（「折中群言」和「引經證傳」），未必不是他們對前人做法的襲用，不足作為其方法論之特色。「統會經史」庶幾可以說是萬氏兄弟貫徹「經術史裁」的最基本的做法。《四庫全書》中收錄萬氏兄弟的著作有七種。其中萬斯大所著有兩種：《儀禮商》和《學禮質疑》；萬斯同所著有五種：《補歷代史表》、《儒林宗派》、《廟製圖考》、《崑崙河源考》和《萬氏石經考》。從這些書名上看，他們的學術方法側重於「考證」、「商榷」、「質疑」，這體現了「統會經史」的治學特點。黃宗羲在為《學禮質疑》作序時，對萬斯大（充宗）的經學方法有所論及。他說：

> 《六經》皆載道之書，而《禮》其節目也。當時舉一禮必有一
> 儀，要皆官司所傳，歷世所行，人人得而知之，非聖人所獨行者。
> 大而類禋巡狩，皆為實治，小而進退揖讓，皆為實行也。……有宋
> 儒者繼起，欲以精微之理，該其粗末，三代之彌文縟典，皆以為有
> 司之事矣。朱子亦常修《儀禮經傳》，不過章句是正，於其異同清亂，
> 固未彈駁而使之歸於一也。……故雖以朱子之力，而不能使其學不
> （疑「不」字為衍）傳，此尚論者所當究心者也。……充宗亦姑以
> 其所得，參考諸儒，必求其精粗一貫，本末兼該，鑿然可舉而措之，
> 無徒與眾說爭長於黃池，則所以救浙學之弊，其在此夫。〔註129〕

〔註127〕蔣國保：《黃宗羲與浙東經史學術傳統的確立》，載《杭州師範學院學報》，2006
年第 2 期。該文收錄在吳光主編《黃宗羲與明清思想》，上海：上海古籍出版
社 2006 年版，第 105～124 頁。

〔註128〕見《四庫全書總目提要》之萬斯同《廟製圖考》條。

〔註129〕黃宗羲：《學禮質疑序》，《黃宗羲全集》，第 10 冊，第 24～25 頁。

黃宗羲這裡首先強調《六經》皆載道之文，並以《禮》爲例，說明先秦時期「禮」和「儀」並不裂分爲二。宋儒繼起，以理代禮，以精微之理代替實治實行。即便是朱熹之學力，對此趨勢尚不能有所轉變，而萬斯大能夠完成朱熹未竟之事業，可見黃宗羲對斯大評鑒之高。斯大能有此成就，黃宗羲以爲這是他採取「參考諸儒」、「本末兼該」、「求其一貫」的治學方法。斯大「治經」，並不是只發揮儒家經典的精微之理，更不是以精微之理代替儒家經典，而是本末兼該、精粗一貫。他的經學觀點的準確性不是宋儒那樣從邏輯推論中得出的，而是從「經史」典籍中尋找立論依據。故黃宗羲說這種學術史方法「鑿然可舉而措之」，不是口舌之爭所能相比的。

黃宗羲還對萬斯同（季野）的治史方法有自己的評價。萬斯同著有《補歷代史表》，彌補《後漢書》以來正史沒有史表的遺憾。黃宗羲認爲「補表者，古今以來無其人也」，言下之意，斯同此書居功至偉，欣賞之情溢於言表。黃宗羲還認爲，萬斯同所以能夠有此成就，這和他的史學修養和治史特點是分不開的。他說：「余友萬季野，讀書五行並下，弘羊潛計，安世默識，季野準之，誠不足怪，而尤熟於明室之典故。詔修《明史》，總裁令其以白衣領事，見之者無不咨其博洽。嘗補《二十一史表》五十四卷，朝士奇之，欲與刊行，誠不朽之盛事也。」〔註130〕從黃宗羲的這段話來看，萬斯同熟悉明朝歷史典故，五行並下，斯同史學以博洽爲範圍，以經世爲底色，誠爲經術史裁之典範。

由此可見，萬氏兄弟治學「統會經史」，並非泛泛會通經史，而是在經世致用的思路上將「義理」與「人事」有機統合起來，兩者兼具，絕不偏廢。從經學角度看，不是「以理代禮」，而是「本末兼該，必求其精粗一貫」。從史學角度看，是以博洽爲範圍，以經世爲底色。這是「統會經史」的第一個內涵。

「統會經史」的第二個內涵就是「引史證經」。他們認爲凡說立論皆不能以邏輯推論代替歷史事實，而應該以歷史事實來修正經傳的記載，這樣，他們就將漢儒的「引經證傳」轉向「引史證經」。這就是說，「經」上的說法是否正確合理，最終應該根據「史」來判斷，而其所謂的「史」，並不僅僅是史籍，而是眞實的歷史事實。

萬斯大《學禮質疑》就有這個特點，四庫館臣稱譽此書爲「考辯古禮，

〔註130〕黃宗羲：《補歷代史表序》，《黃宗羲全集》，第10冊，第81～82頁。

頗多新說」。萬斯大所以能夠如此，就在於他採用「稽之經史」、「引史證經」的治學方法。例如，他在《崑崙河源考》中，為了考證黃河的真實源頭，他「歷引《禹貢》、《禹本紀》、《爾雅》、《淮南子》及各史之文，以考證之。」〔註131〕再比如，在《學禮質疑》卷一《古曆分不繫時》條中，他提出了一個新的觀點，「以為周秦以前至不繫冬夏、分不繫春秋」。他的這個結論就是從「稽之經史」中得來的。先引《易》之「至日閉關」，次引《左傳》之「土功日至而畢」，再引《孟子》之「千歲之日至」，最後統會諸家，證明周秦以前的確「分至不繫時」。

萬斯大「引史證經」的特點，乾隆皇帝的「御批」中有很好的揭示：「核以今所目驗，亦尚不盡吻合，然其時西域未通，尚為得其實據，而斯同穿穴古書，參稽同異，即能灼知張騫所說之不誣。……凡所指陳，俱不甚相遠，亦可謂工於考證，不汩於舊說者矣。」〔註132〕乾隆帝指出萬斯同「穿穴古書，參稽同異」，這正是其「引史證經」的表現。

他們似乎遵循這個基本原則：凡經史記載互不矛盾者則堅定信從之；凡經史記載互相矛盾者則「引史證經」，而絕不反其道而行之，以「經」的記載來訂正「史」的記載。明顯看出，在統會經史，求其一貫的前提下，一旦發生經與史的矛盾時，萬氏兄弟會選擇「引史證經」，這不僅與漢唐以來治學方法不同，也是對宋明以來治學傳統的極大轉化。

總之，所謂「經術史裁」，在萬氏兄弟這裡主要表現為「統會經史」、「引史證經」兩個方面。聯繫前面章節來看，如果說前者是對宋明以來「舍人事而言義理」傳統的反動，那麼，後者則是對漢唐以來「引經證史」傳統的變革。

2. 黃宗羲的「經術史裁」及其與氣學的關係

萬氏兄弟「經術史裁」的這兩個特點是否受到黃宗羲的影響呢？關於黃宗羲「統會經史」的特徵，清人邵廷采有清楚說明：「著述文章，大者羽翼經傳，細逮九流百氏，靡不貫通。嘗示余《乾坤鑿度》、《象數》等書，望而不敢即。蓋弘覽博物，多得之黃漳浦〔註133〕。而理學宗蕺山，故雜而不越。」

〔註131〕見《四庫全書總目提要》之萬斯同《崑崙河源考》條。
〔註132〕見《四庫全書總目提要》之萬斯同《崑崙河源考》條附乾隆「御批」。
〔註133〕黃漳浦（1585～1646）名道周，字幼玄，號石齋，福建漳浦人。精天文曆數皇極諸書，所著《易象正》、《三易洞璣》及《太函經》。另有《續離騷》、《春秋揆》等書。清道光年間陳壽祺收集道周著書頗豐，編著《黃漳浦集》（又名

〔註134〕邵廷采（1648～1711），字念魯，一字允斯，浙江餘姚人。清代著名的浙東經史學家，與黃宗羲同鄉，得以與黃宗羲當面論學，所以他對黃宗羲治學特點的論斷，想必是對黃宗羲爲學重在貫通經史的正確揭示。

黃宗羲不僅爲學貫通經史，而且正如全祖望所指出的，他通過講學，一再向學生強調：學在經世，則爲學要以經學爲根底；不做迂儒，則爲學要兼讀史書，以史學爲羽翼；只有經史貫通，方不失爲學正途〔註135〕。後來咸豐年間的李聿求（字五峰，浙江海鹽人）也贊成全氏的論斷，認爲黃宗羲治學有自己的特點：「受業者必先窮經，且兼令讀史，經術所以經世，史學所以達變，方不爲迂儒之學。」〔註136〕全、李二人的文字表面看來差異微細，但深究以後，覺得李氏的分析更爲明確、精準。他不僅揭示了黃宗羲貫通經史的治學特點，而且明確分析了經、史各自的地位和作用。即經術所以經世，而史學所以達變。至於其分析之精準，尚須深入具體探討，下面再論及此點。

就黃宗羲的著作而論，要尋找「統會經史」的具體例證並不太難。例如，《孟子・離婁上》載有「伯夷闢紂」的事，根據司馬遷的記載，此事發生在武王伐紂之後，然王安石懷疑司馬遷的記載，以爲「伯夷闢紂」當在武王伐紂之前。這兩種觀點，針鋒相對，究竟孰是孰非？黃宗羲認爲王安石的看法是正確的。他從經史的不同記載中發現歷史眞相。他說：「《論語》稱伯夷、叔齊餓於首陽之下，民到於今稱之。蓋二子遜國而至首陽，故餓也。民稱之者，稱其遜國高風也。司馬遷因此，遂移於伐紂之後，甚至爲餓死。合孔孟之書觀之，當是以遜國餓首陽。及聞文王養老，想叔齊已死，故獨往歸之，文王必以寓公待之，老而遂卒，不及見伐紂之事也。」〔註137〕

如果說「統會經史」在黃宗羲那裡主要是作爲一種方法論原則來堅持的話，那麼，「引史證經」就是貫徹這一方法論原則的具體做法。其實際操作方法主要表現在兩個方面：

首先，以「史」的記載來證明「經」的觀點。例如，爲了證明「齊人伐

《明漳浦黃忠端公全集》）。在陳壽祺原著的基礎上，王文徑主編點校《黃漳浦文集》（上、下），北京：國際華文出版社 2006 年版。

〔註134〕邵廷采：《遺獻黃文孝先生傳》，引自《黃宗羲全集》，第 12 冊，第 66～67 頁。

〔註135〕全祖望：《梨洲先生神道碑文》，引自《黃宗羲全集》，第 12 冊，第 8 頁。

〔註136〕李聿求：《黃宗羲傳》，引自《黃宗羲全集》，第 12 冊，第 92～93 頁。

〔註137〕黃宗羲：《孟子師說》卷 4，《黃宗羲全集》，第 1 冊，第 95 頁。

燕」的年代當如《孟子‧梁惠王下》說的齊宣王年間，他一反前人的曲解，以爲《朱子語類》定「齊人伐燕」時在齊湣王年間乃輕信《史記》《荀子》，強調要信從司馬光《資治通鑑》定位齊宣王年間。黃宗羲明確指出，司馬光所依據的不是作爲「經」的《孟子》，而是作爲「史」的《戰國策》。他說：「宣王之伐燕，明有《國策》可據，不止《孟子》也。《通鑑》之所據，據《國策》，非據《孟子》也。」〔註138〕

其次，以「史」的事實糾正「經」的錯誤。譬如，《孟子‧滕文公下》有云：「萬章問曰：『宋，小國也；今將行王政，齊楚惡而伐之，則如之何？』」針對萬章的提問，孟子舉成湯 11 次征伐天下而無敵的歷史事實用以說明：國雖小，不行仁政則已，若行仁政，則「齊楚雖大，何畏焉」。根據這個記載，孟子以爲宋偃王有道可行仁政是無疑的。但是，《戰國策》《史記》皆有宋偃王無道的記載。那麼，到底信「經」還是信「史」？黃宗羲以爲當信「史」，所以他明確指出，《戰國策》《史記》的記載雖不盡詳實，但其可信「固無待言」。他說：「據《史記》，偃王無道，諸侯稱爲桀宋，《戰國策》亦載其無道之事，萬章乃稱其『將行仁政』，何不倫至此。其不行仁政，固無待言，恐其惡亦未必如史之甚也。」〔註139〕

這樣看來，黃宗羲經史之學的確有注重「統會經史」、「引史證經」的特點。那麼，黃宗羲這個史學方法論的學術思想基礎是什麼？對這個問題，一般可能會想到黃宗羲「《六經》皆先王之法」的話，認爲黃宗羲在思想中真正相信經史相通、經學也是史學〔註140〕。章學誠也是從《六經》乃先王之法度的意義上強調「六經皆史」的。章學誠說：「古之所謂經，乃三代盛時，典章法度，見於政教行事之實，而非聖人有意作爲文字以傳後世也。」〔註141〕從經世致用角度來看，經、史的確有這個相同面。但是，這樣的分析，只見其同，不見其異，而且進一步地去分析，爲什麼經史之學就是經世致用的實學呢？中國古代泛濫諸家、兼治經史者，代不乏人，但是爲什麼難以出現黃宗

〔註138〕黃宗羲：《孟子師說》卷 1，《黃宗羲全集》，第 1 冊，第 57 頁。
〔註139〕黃宗羲：《孟子師說》卷 3，《黃宗羲全集》，第 1 冊，第 84 頁。
〔註140〕蔣國保：《黃宗羲與浙東經史學術傳統的確立》，載《杭州師範學院學報》，2006 年第 2 期。該文收錄在吳光主編《黃宗羲與明清思想》，上海：上海古籍出版社 2006 年版，第 105～124 頁。
〔註141〕章學誠：《文史通義校注‧經解上》，葉瑛校注，北京：中華書局 1985 年版，第 94 頁。

義的史學成就呢？這些問題有待深究。

下面接著討論黃宗羲的史學方法論和其學術思想之間的內在聯繫，這是分析學術史和學術史方法論必須要面對的問題。只有把這個問題說清楚了，我們才能真正對黃宗羲的學術史觀有個全面、深度的把握。前面我們說到，二程亦有「經學即實學」的提法，象山亦有「六經皆我注腳」的說法。這些提法都是從不同角度肯定了經史的學術地位和社會價值。

具體來看，在程朱理學那裡，經史地位不同，他們有「經本史末」、「經先史後」、「經精史粗」等說法。這些說法表達一個共同意思，那就是他們認為「經」在表現歷史之道、先王之義上有優越性，「史」只是歷史事實的記載，並不能真正呈現歷史本體。儘管天理體系中，經學地位如日中天，但是，「經」的地位也是從屬於天理，這和「史」一樣。也就是說，經史的價值和意義，也只是天理的呈現以及實現的主要途徑而已。換句話說，在程朱那裡，經史之學也是經世致用之學，也是相通的，不過經世的目標是通向「天理潔淨底世界」，而對歷史過程的真實內涵興趣寥寥。經史之學不是不可以經世致用，但是天理體系使得經世之學沒有獨立的價值和發展邏輯。

在陸王心學那裡，這種情況也沒有根本改觀。比如，象山陽明說史則認為是「心史」，說經則認為是「六經皆我注腳」，「六經者，吾心之記籍也」〔註142〕。他們也認為經世之學是先王之道的體現，具有經世致用的價值，但是他們只是認為經史之學在發明本心、致良知中才具有經世致用的價值和地位。所以，從這個層面來看，陸王心學和程朱理學在對經史價值的看法和態度上並沒有根本區別，他們都不願意承認經史之學有獨立自存的價值，沒有超越價值趨向。

這個問題值得我們去回顧黃宗羲對程朱陸王的儒學反思。前面說到，黃宗羲之所以認為程朱陸王有不同程度的禪學化傾向，是因為宋明以來的儒學在提供經世致用的價值趨向和理論力量上存在問題。這個問題的根本原因在於他們不能也不願承認和發揮氣化流行的超越義及其道德創造價值。現在我們可以理解，在黃宗羲這裡，經史之學其實就是氣化流行的脈絡和記載，經史的存在境域其實就是氣化流行，而不是天理、良知。從「史」的角度來看，

〔註142〕王守仁：《王陽明全集》卷 7《稽山書院尊經閣記》，吳光等校，上海：上海古籍出版社 1992 年版，第 255 頁。在該記中陽明還有幾條類似的說法。比如他說：「六經者非他，吾心之常道也。」還說：「六經皆實於吾心。」分見 254、255 頁。

正是由於黃宗羲提出了別具創新的氣學，完全從氣化流行中肯定人的存在是浩然之氣的充盈和振蕩，所以，人才能表現為歷史性的存在。氣化流行之本然者即為人性，故歷史之道是天理，也是良知，但它們絕不外在於氣化流行。從「經」的角度來看，經的價值不是因為體現了外在的天理或者內在的良知，而是因為「經」本身即是氣化流行的脈絡，人可以通過「經」來經世致用。總之，在黃宗羲這裡，經史之學完全建立在全新的氣學基礎上的。氣化流行的歷時性展開形成了史學的內容和價值，氣化流行的超越性形成了歷史脈絡也即「經」。這就是前面提到李聿求說的，經術所以經世，而史學所以達變。

這樣看來，經、史要想真正成為經世致用的學問，必須首先要完全肯定和承認氣化流行是真實的、發展的，而且是有意義的。而在天理史觀、良知史觀以及永嘉永康事功學派那裡，這些都是不可能的。它們只能部分地承認。即便承認，也不肯「自處淺末」。而黃宗羲的氣學不僅承認氣化流行的價值和功能，而且揚棄了以往氣學思想，認為氣化流行本然為善，有其超越性價值趨向。黃宗羲承認人天生就具有浩然之氣，那麼，人生在世的時間性存在也就是動態的、向善的。表現在歷史觀上，那就是人的歷史是發展的，歷史本體並不是靜止的死理，也不外在於人類歷史真實過程，而其實就是在人的歷史性存在的展開過程。

所以，黃宗羲本體論上提出「氣外無理」，工夫論上提出「心無本體，功力所至，即其本體」，學術史上提出「一本萬殊」以及人生觀上提出「豪傑精神」，這些都是在氣化流行超越義的基礎上建構起來的。從這個角度來看，氣學並不是沒有超越義，氣化流行不是沒有道德創造功能和超越價值取向。這是黃宗羲能夠完成明末清初學術轉型、學術啟蒙的表現和原因所在。

結　論

一、黃宗羲思想形成過程簡論

　　黃宗羲晚年把自己人生經歷的社會角色變化描述爲「黨人」、「游俠」和「廁身儒林」三個階段，這不僅反映了黃宗羲個人生活境遇的變化，也表現了其思想發展的脈絡。黨社運動、豪傑精神和學術啓蒙是明末清初黃宗羲的人生路標和生活世界。

　　啓蒙是黃宗羲思想進展的內在脈絡，他通過啓蒙來激發和實現權利意識。黃宗羲的啓蒙思想有一個從社會啓蒙向學術啓蒙轉變的成長過程，這是以黃宗羲對社會權力認識的前後變化爲核心線索。早期的社會啓蒙主要是通過政治制度建設來發揮社會權力的作用，從而實現「天下爲主」的理念和「自私自利」的權利。從《留書》對社會權力理性批判，到《汰存錄》謹愼肯定，再到《明夷待訪錄》的制度建設，他逐漸肯定和發掘社會權力對於理想社會的建構作用，由此他提出了震古爍今的早期社會啓蒙思想。不過，《明夷待訪錄》裏也表現出新的理論傾向，那就是由社會啓蒙向學術啓蒙的轉變，認爲社會權力只有掌握在學校和士人手中才能眞正發揮積極作用。所以，黃宗羲特別注意發揮學校、士人在社會啓蒙中的核心作用，這也開啓了社會啓蒙向學術啓蒙的轉變過程。過去，皇帝的政治權威是一切權力的源頭，而黃宗羲作出了「哥白尼式」轉變，認爲權力應該來自於學術眞理，而不是相反。這樣他就重新調整了學術與權力間的主客關係，這和他調整「天下」與「君主」的主客關係是相通的。

　　既然學術眞理是社會權力的源頭，是社會權力發揮作用的主要途徑，那

麼，致力於探索學術眞理的學術啓蒙就至爲關鍵。學術啓蒙是知識分子掌握和領導社會權力的新方式。黃宗羲的學術啓蒙有兩個成長階段。以《明儒學案》爲界，前期主要以蕺山愼獨遺教爲主，以陽明、江右王門爲儒學正傳，此時黃宗羲並未走出宋明理學架構；《明儒學案》目的並非僅僅爲了闡揚師說，而是通過學術啓蒙來提升和落實政治啓蒙構想。黃宗羲晚年的學術啓蒙不是早期政治啓蒙的衰落，而是政治啓蒙精神的提升和落實。

黃宗羲早年是心學家，中晚年以後在批評和超越宋明理學、心學、氣學的基礎上，提出了新的氣學思想。他的新氣學並沒有拋棄以往心學傳統，而是有所吸收，同時也有所超越。黃宗羲氣學的形成和發展是其學術史的必然趨勢，也是早期學術啓蒙的理論基礎。首先，黃宗羲的氣學是學術啓蒙的理論基礎。他不僅對宋明理學心學的禪學化傾向有批判，而且還對橫渠廷相的氣學有超越，從而建構起全新的氣學。承認和肯定氣化流行的創造功能和超越價值，這爲學術啓蒙提供了哲學動力。其次，黃宗羲的氣學對明末清初的實學、史學都產生了直接影響，這兩個方面構成了早期學術啓蒙的主要內容。除了史學和實學，黃宗羲的氣學還對人生觀、文學觀產生直接影響。人生觀上表現爲追求豪傑精神；文學要表達人生精神和人間至情爲目標。黃宗羲不僅是宋明學術思想史的總結者，而且是中國近代學術啓蒙的開創者。

二、黃宗羲對明清學術思想史轉型的論述

1. 從社會啓蒙到學術啓蒙：社會轉型的內在動因

君主專制集權到明朝空前強化，絕對的權力絕對導致腐敗，明朝政治領域出現潰爛不堪的局面。爲了批判宦官干政和君主專權，明末清初政治領域出現了新的動向：形成了以知識分子爲主導、以工商階層爲社會基礎的社會權力。這種社會權力對當時的社會政治產生深刻影響。

首先，士大夫不再以個體形式來反抗君主專制，而是以群體政治力量來制約君主集權。相對於君主專制集權來說，社會權力具有相對獨立的特點。它是明末清初經濟、政治、文化等社會資源的合力，通過黨社運動積蓄能量。對專制集權來說，這是一種異己的、客觀的制約力量。東林黨人主張分權，反對內閣專權和宦官干政；主張政府決策應以「公論」爲基礎，而不是以皇帝、內閣的意見爲依據。東林黨人有意識地將政治運作推向社會權力的軌道中去，而不是由君主專制集權任意安排。士大夫參政方式的變化對明末政局

有直接影響。以政治監督爲內涵、以黨社運動爲形式的參政方式，對君主專制集權來說既是挑戰又是機遇。然而，爲了穩定晚明政局、制衡權力結構，明末皇帝不得不「參用」兩黨，利用黨爭互相牽制，使得社會權力在惡性黨社運動中形成「內耗」，從而避免社會權力對專制皇權構成威脅。但是，這樣的結果必然是善類無存，而逆妄之人則愈加猖狂，這正是明朝覆亡的主要原因之一。所以，不是不需要黨社運動和社會權力，而是應該對社會權力進行重新認識和制度安排。

其次，社會權力在明末清初有個發展演變過程，這對明末清初的政治思想史也產生了直接影響。社會權力通過黨社運動積蓄能量和發揮作用，黨社運動是學術運動和政治運動的結合，在不同時期有不同側重內容。具體來看，明末以政治運動爲主，清初以學術運動爲主，這是黃宗羲由政治社會啓蒙向學術啓蒙轉變的社會史背景。

明末的社會權力主要通過黨社運動表現出來，著重表現於政治監督和政治鬥爭。從東林黨領導人的社會身份來看，多爲張居正時代貶斥罷免的官員，本身就是在野的政治力量。明代後期，皇帝多昏聵無能，激烈黨爭中出現大量的貶斥罷免官員，其中有些官員逐漸聚集到東林書院，成爲不可忽視的社會權力；另外，明代的科舉考試錄用大量知識分子，但多不受重用而被下放到地方，成爲地方社會權力的代表。從黨社運動目標來看，他們主要是爲限制皇權專制、宦官干政和內閣專權。從參與者的學術修養來看，雖然東林黨社運動通過東林書院講學活動得以壯大，但是，東林黨人混淆人品和流品，隨氣節而動，使得黨社運動陷入無謂的爭鬥，帶來原本可以避免的傷害。

黃宗羲對以往黨社運動深表不滿，開始反思社會權力的有效運作問題。他明確指出黨社運動的基礎應該是「流品」，而不是「意見」。學問的提升可以避免以意見分門戶的惡果，可以將黨社運動回歸到「天下爲主」的運行軌道中去。這是黃宗羲中年以後轉向學術啓蒙的原因所在。黃宗羲思想的成長路徑是由政治啓蒙向學術啓蒙轉變，這種轉變是以黃宗羲對社會權力認識的前後變化爲核心線索。《留書》對社會權力徹底否定，到《汰存錄》謹慎肯定，再到《明夷待訪錄》的制度安排，體現出他逐漸肯定和發掘社會權力對於理想社會的建構作用。《明夷待訪錄》通過權力制衡方式，在「天下爲主」的政治構想和「自私自利」的市民權利觀指導下，抑君權、明臣道、立治法、興學校，使得整個社會的權力運作方式和實現過程皆發生了「質」的變化，具

有了早期近代啓蒙的意義。黃宗羲主張由知識分子來領導和掌握社會權力，推進政治啓蒙向學術啓蒙的轉變。

2. 從宋明理學心學到氣學：學術轉型的哲學根據

錢穆先生曾指出，梨洲講學，初不脫理學家傳統。自負爲蕺山正傳，以排異端、闡正學爲己任。至其晚年而論學宗旨大變〔註1〕。黃宗羲的學術轉型就是在批判繼承宋明理學心學的基礎上建構其全新的氣學思想體系，不僅推動了宋明學術思想史的轉向，而且還開闢了早期學術啓蒙的路徑。我們研究發現，黃宗羲對宋元明學術思想史的總結是從批判宋明理學心學禪學化入手的。在蕺山梨洲看來，禪學化是明清士人學術龐雜、本領脆弱的共同特徵和根本原因，也是明朝滅亡、事功不及前代的主要原因，這是黃宗羲對宋明學術思想史的深邃思考。

首先，黃宗羲對宋明理學心學禪學化的批判。程朱理學、陸王心學都有禪學化傾向。儘管同樣是禪學化，但在程朱理學和陸王心學那裡其表現和原因有不同。總體上看，理氣論是其中的關鍵。程朱理學禪學化的根本原因在於「理能生氣」、「理先於氣」，這與佛教「有物先天地」錯誤邏輯相一致，都是將氣看作是虛幻的。同時，黃宗羲還肯定程朱理學「性即理」在批判陸王心學禪學化方面的積極貢獻。黃宗羲肯定陸王心學「心即理」在融合三教上的積極貢獻，同時還重點批判龍溪泰州一脈「無善無惡」的觀點。認爲陸王心學禪學化的根本原因在於「無善無惡」，它將陸王心學引向「禪學」和「妖術」。這樣看來，黃宗羲通過宋明儒學禪學化傾向的歷史考察，不僅尋找到「士人本領脆弱」的病症根由，而且還尋找到解除這些病症的方法和思路。

其次，黃宗羲還分析了宋明理學心學批判禪學化的兩個轉向。從縱向看，宋儒與明儒對禪學化的認識和批判有一個由淺入深、由迹入理的轉向；從橫向看，程朱理學與陸王心學基本上都有「吾儒自有異端」的意思，互相指謫對方陷入禪學，但是他們仍然存在保守與激進、被動與主動的差別。程朱理學基本上從「天理」的角度嚴分儒釋之別，而陸王心學則相對較爲溫和，甚至以心學、良知教主動融合釋老二教。

再次，宋明儒學禪學化的根本原因在於理氣論、心性論上出現了問題。爲了解決好理氣論、心性論，黃宗羲不同於程朱理學和陸王心學的致思取向，

〔註1〕錢穆：《中國近三百年學術史》（上冊），北京：商務印書館 1997 年版，第 30 頁。

而是在充分吸收這些學術精華的基礎上，對橫渠、廷相以來的氣學思想傳統有超越，從而建構起全新的氣學思想體系。黃宗羲的氣學思想有顯著的進步性：不僅重視氣化流行的創造功能，還承認氣化流行有超越價值取向。

氣化流行有創造功能和超越價值取向，這是黃宗羲學術啟蒙的哲學動力。黃宗羲的氣學對其史學和實學都產生了直接影響，構成了早期近代學術啟蒙的兩個主要內容。通過實學和史學落實氣學之超越義，從而使得明末清初學術思想史發生了近代轉型。不僅解決了學術禪學化的問題，而且吹響了學術啟蒙的號角。

3. 史學和實學：黃宗羲學術啟蒙的兩個發展方向

黃宗羲的氣學為中國古代實學提供了科學的哲學基礎，直接推動了明清實學的轉型。就黃宗羲個人來看，實學思想也有個變化過程。早期實學沒有走出宋明儒學的規模，《明夷待訪錄》集中揭露心的消極因素、批判「以理殺人」的社會陋習，這是實學思想的早期表現。晚年黃宗羲在氣學超越義的基礎上，批判了事功派實學沒有超越價值取向；批判理學心學不能真正肯定氣化流行的創造價值，認為理學心學體系中不可能有真正「實學」。黃宗羲不僅肯定實學有超越價值取向，而且還提出實學必須要在氣化流行中落實。這推動了中國古代實學在明末清初由「思想學說」上昇為「社會思潮」，成為中國早期學術啟蒙的重要內容。

黃宗羲的氣學還促進了明清史學的轉變。不同的哲學體系有不同的史學觀。在宋明理學心學體系中形成了天理史觀和良知史觀。由於天理、良知的超越性以及思辨性的特徵，使得這兩種史觀具有精神境界的發展趨向。過分強調史學的教育教化功能，這不僅不能充分發揮史學經世致用的社會功能，而且，史學的資治垂誡、經緯天地的社會功能也不斷遭到擠壓和限制。這兩種史觀有共同缺陷：都不願意承認經史之學有獨立自存的功能，認為史學沒有超越價值功能。這有共同哲學原因：都不能也不願意承認氣化流行對歷史過程的建構價值。事實上，經史之學要想真正成為經世致用的學問，首先必須完全肯定和承認氣化流行的真實性、自足性、發展性和價值性。黃宗羲氣學不僅重視氣化流行的創造功能，還承認氣化流行有超越價值取向。這樣，黃宗羲不僅擴大了史學的社會功能，而且提升和落實了史學的超越價值。由此也推動了宋明史學由「主於道」向「主於事」的近代轉型，這是宋明史學學術史邏輯發展的內在動因。

黃宗羲在全新氣學的基礎上探討了學術史的創新性、超越性等問題。氣化流行的歷時性展開形成了史學內容，氣化流行的超越性形成了歷史脈絡即「經」。這使得黃宗羲不僅開創了浙東經史學派，而且開闢了早期學術啓蒙的發展路徑。

三、黃宗羲轉型觀的特點及其學術價值

1.學術轉型帶動社會轉型。在黃宗羲看來，權力私有化和天下私產化有著內在聯繫，君主專制集權是天下私產化的根本原因，法律、教育、科舉都是這種專制集權的制度性安排。因此，要想改變這種局面，必須要從改變社會權力結構入手，並對社會權力進行制度性安排和設計。明代中後期的黨社運動和東林書院，使得黃宗羲深刻認識到社會權力的客觀存在和實際效用。他認識到，社會權力只有掌控在知識分子手中才不會出現「私有化」現象，君主專制集權才不敢爲所欲爲，天下人的社會權利才能眞正得到保障。知識分子領導和掌控社會權力，君主專制集權也要受其規範和制約，從而保證整個社會的權力結構不會出現失衡和私有化，讓社會權力眞正成爲天下人利益意志充分實現的強力制度保障，這是黃宗羲主張學術轉型帶動政治轉型的終極目標。

只有權力主體能力的增長和群體生活的認同，才能眞正發揮社會權力的作用。因此，黃宗羲高度重視學校教育、學術啓蒙的政治功能。明末社會權力在黨社運動中出現「內耗」、造成明朝覆亡，這與社會權力主體沒有眞切學問和經世本領有關。黃宗羲提出宿儒、學官應該是天下所有社會權力主體的組織者和領導者，不僅天下百姓受其啓蒙和領導，而且政府官員亦不例外。黃宗羲在《學校》中將「清議干政」列爲學官最基本的政治條件。「清議」既是知識分子政治監督、政治協商的主要方式，也是傳承文化、教育教化的主要途徑。學校不僅是教育的場所，還是政治決策、政治協商的機構。這樣，不僅落實了知識分子領導下的社會權力超越於皇帝領導下的政府權力的政治構想，而且培養社會權力主體的政治覺悟和參政能力，從而保證天下社會權利的眞正實現。

2.社會轉型要以天下萬民憂樂爲重。宋明儒家皆以實學相期許，但都出現不同程度的禪學化傾向。禪學化傾向是明清士人學術龐雜、本領脆弱的共同特徵，也是明朝滅亡、事功不及前代的主要原因。而禪學化的出現，根本原因在於宋明儒學不能也不願承認氣化流行的創造功能和超越價值取向。從社

會轉型主體上看，他們承認聖人創造歷史，而不敢也不願承認天下萬民是歷史創造主體；從社會轉型目標來看，宋明儒學的天理良知具有顯著的超越性和抽象性，他們努力建構的是「潔淨空闊底世界」，而不是融攝天下萬民憂樂的普世價值。總之，社會轉型必須首先肯定和承認氣化流行的創造功能和超越價值取向，這樣才能調動天下萬民在社會轉型中的主體性和創造性。如果不以天下萬民社會權利爲重，而是以僵化的理論教條來設計社會轉型，那麼，這樣的社會轉型很可能會成爲實現部分人「私利」的工具而已，天下也會在社會轉型中成爲部分人的「私產」。

　　社會轉型、社會改革不能不以萬民憂樂爲重。溫家寶總理喜讀黃宗羲著作，認爲黃宗羲思想有樸素的科學性和民主性，高度重視其「萬民憂樂」論。他說：「身爲天下人，當思天下事。而天下之大事莫過於『萬民之憂樂』了。行事要思萬民之憂樂，立身要先天下之憂而憂，後天下之樂而樂。我應謹記這些道理，並身體力行。」〔註2〕

　　3.學者在社會轉型中要有文化權利和開拓精神。黃宗羲努力論證社會轉型中的學者應該具有不容剝奪的文化權利。他的史學主體觀含有史家的權利觀點，從這裡可以看出傳統史學向近代史學轉變的契機〔註3〕；「自私自利」的人性論，旨在說明天下學者的社會權利具有眞實性和個體性；「一本萬殊」的學術史觀，旨在論證學術眞理具有自得多元和自用爲眞的特徵。晚年黃宗羲尤爲重視學者的文化權利，這與清初政府大興文字獄有密切關係。他在晚年這樣說到：「盈天地間皆心也。……學術之不同，正以見道體之無盡也。」〔註4〕字裏行間，我們能深刻感受到黃宗羲對清朝政府文化專制政策的憤怒和反叛。這裡意思是說，清朝政府可以殺掉學者的身體，難道你能抹殺學者內心的眞理嗎？！

　　黃宗羲不僅高揚學者的文化權利，而且還激勵學者要有開拓進取精神。明朝覆亡，「身瀕十死」的黃宗羲並未消沉下去，而是選擇遺民身份，立志爲豪傑。爲「斯民憔悴」、「聖學將墜」憂心不已，爲師門傳學術，爲故國存信史，爲天地保元氣〔註5〕。鑒於社會權力在明末黨社運動中出現「內耗」的歷

〔註2〕溫家寶：《溫家寶總理論黃宗羲思想的親筆信》，載《浙江學刊》，2005年第4期。
〔註3〕方光華：《明清之際史學哲學的新因素》，載《船山學刊》，1998年第2期。
〔註4〕黃宗羲：《明儒學案序》（改定本），《黃宗羲全集》，第10冊，第79頁。
〔註5〕陳祖武：《〈明儒學案〉發微》，載《中國史研究》，2009年第4期。

史經驗，他努力探索出以學術啓蒙來落實和提升政治啓蒙的社會轉型道路。敢於說「天下之大害者，君而已矣！」向君主專制集權發出挑戰；敢於說天子並不是眞理來源，一家之法不是天下之法。過去，皇帝的金口玉言就是政治權威，就是一切權力的來源。而黃宗羲作出了「哥白尼式」轉變，認爲權力應該來自於學術眞理，而不是相反。這樣他就重新調整了學術與權力間的主客關係，這和他調整「天下」與「君主」的主客關係是相通的。

既然學術眞理是社會權力的源頭，是社會權力發揮作用的主要途徑。那麼，致力於探索學術眞理的學術啓蒙就至爲關鍵。學術啓蒙是知識分子掌握和領導社會權力的新的方式。在這新的道路上，黃宗羲中晚年的全部精力皆用於學術啓蒙和學校教育上。不僅以兩《學案》總結宋元明六百年學術思想史，突破了宋明理學氣學框架，建構起全新的氣學體系；《明文案》《明文海》，重在擷取明代文人的精神智慧；《弘光朝實錄》《行朝錄》《海外慟哭記》，爲故國存信史；《子劉子行狀》《子劉子學言》《孟子師說》爲師門傳學術；《易學象數論》《破邪論》則爲求實明理、提倡絕學。據吳光先生考證，黃宗羲著作總計 120 種，1300 餘卷，不下 2000 萬字〔註6〕。黃宗羲不僅勤於寫作，而且還誨人不倦，開創浙東經史學派。正是通過這兩個方面，他不僅落實和提升了早期社會（政治）啓蒙精神，而且探索出由學術啓蒙來帶動社會啓蒙的轉型觀，從而能夠推動中國古代社會的近代轉型。

〔註6〕吳光：《黃宗羲遺著考（一）》，載《黃宗羲全集》，第 1 冊，第 424 頁。

黃宗羲年譜簡編

黃宗羲（1610～1695），字太沖，號南雷，別號梨洲老人，學者稱梨洲先生。浙江餘姚人。其年譜數目繁多，有黃百家《先遺獻梨洲府君行略》、全祖望《梨洲先生神道碑文》、黃炳垕《黃梨洲先生年譜》。《年譜》較《行略》、《碑文》更加詳盡。然炳垕「采擇未精，考證多誤，尤其關於梨洲遺著成書年代多有誤置。後代爲梨洲傳記、年譜者多據此譜，雖有糾謬，卻有以訛傳訛之病」〔註1〕。故本文參酌諸家資料，取吳光先生《黃宗羲大事年表》《黃宗羲遺著考》的研究成果，重點關注黃宗羲著作及書信時間的考證，簡編黃宗羲年譜如下：

1，明萬曆三十八年庚戌（1610），1歲

八月八日（以下月、日、時均按農曆），生於浙江餘姚縣通德鄉黃竹浦村。乳名麟。

2，萬曆三十九年辛亥（1611），2歲

三月，大計京官，國子祭酒湯賓尹等，降黜有差。此次京察爲萬曆黨爭關鍵。三黨主謀湯賓尹雖被降黜，然孫丕楊欲薦東林黨人不成，三黨逐步得勢。

3，萬曆四十年壬子（1612），3歲

五月，東林創始人顧憲成卒於家。

〔註1〕吳光：《黃宗羲大事年表》，載吳光《黃宗羲與清代浙東學派》，北京：中國人民大學出版社2009年版，第262頁。

4，萬曆四十三年乙卯（1615），6 歲

　　秋，父尊素參加鄉試中舉。萬曆帝不見廷臣已二十五年，御史疏請，反遭切責。

5，萬曆四十四年丙辰（1616），7 歲

　　三月，父尊素成進士。七月三日，二弟宗炎生。

6，萬曆四十五年丁巳（1617），8 歲

　　父尊素授寧國府（今安徽宣城）推官，梨洲隨任。三月，考察京官，此次考察，三黨得勢，東林遭斥。此後幾年，三黨煊赫一時。

7，天啟二年壬戌（1622），13 歲

　　返餘姚。赴郡城紹興應童子試。

8，天啟三年癸亥（1623），14 歲

　　補仁和縣博士弟子員。秋，隨父至京。冬，父授山東道監察御史。是年，東林與閹黨鬥爭熾烈。時東林勢盛，凡忤東林者，目為邪黨，並被廢斥。然過激生變，被目為邪黨者，爭附魏忠賢，謀為報復。

9，天啟四年甲子（1624），15 歲

　　三月，父尊素歷陳時政十失。疏入，魏忠賢怒，奪俸一年。閹黨勢猖，尊素與東林黨首楊漣、左光斗、魏大中等為同志，朝夕過從，屏左右論時事，獨梨洲侍側，以此早年得悉朝局。

　　七月，罷首輔葉向高；十月罷吏部尚書趙南星、左都御史高攀龍；十一月，楊漣、左光斗削籍。至此，東林在朝主將，相繼解職。

10，天啟五年乙丑（1625），16 歲

　　三月，尊素削籍歸鄉。同月，「東林六君子」慘死閹黨許顯純之手。

11，天啟六年丙寅（1626），17 歲

　　三月，父尊素與東林黨人高攀龍六人先後被逮，梨洲送至郡城。閏六月初一，尊素被害於詔獄。

12，崇禎元年戊辰（1628），19 歲

　　東林黨暫時得勢。袖藏鐵錐，草疏訟冤。五月，會審對簿時，錐刺許顯純、崔應元、李實。與被迫害諸公弟子在詔獄中門哭祭。

13，崇禎二年己巳（1629），20 歲

春，遵父遺訓，至郡城紹興拜蕺山先生劉宗周為師。同時，刻苦自勵，博覽群書。兩年間，通讀《明十三朝實錄》、《二十一史》等書。

是時，越中承周海門餘緒的石梁陶奭齡，援儒入釋。宗周憂之，無以為計。梨洲約吳越高材生六十餘人，共侍講席，與石梁相辯，惡言不及於耳。

14，崇禎三年辛未（1630），21 歲

至南京，寄住叔父黃等素（字白厓）官邸讀書。結識名士韓上桂、周鑣、何喬遠、林古度、沈壽民、張溥、張采、陳子龍、吳偉業等人。加入南京的詩社、文社。經周鑣介紹加入復社。鄉試落第。遇曾任內閣大學士的文震孟。勉勵梨洲：「異日當以大著作名世。」

15，崇禎五年壬申（1632），23 歲

與甬上（寧波）文士陸符（字文虎）、萬泰（字履安）結交。

16，崇禎六年癸酉（1633），24 歲

在武林（杭州）讀書論學。與孤山讀書社張岐然等人訂交。講論《論語》、《周易》，有「鑿空新義，石破天驚」之譽。

17，崇禎七年甲戌（1634），25 歲

時高攀龍遺集初出，蕺山在舟中閱之，每至禪門路徑，指以示梨洲。然師生皆認為，高著雖有一二處闌入禪語，仍不虧其為聖學。

18，崇禎九年丙子（1636），27 歲

赴杭州，與二弟宗炎、三弟宗會參加解試。黃氏五子，著者三人：宗義、宗炎與宗會，儒林譽為「東浙三黃」。十二月，將父親遺骸從隱鶴橋遷葬於化安山墓地。

19，崇禎十一年戊寅（1638），29 歲

秋七月，與顧憲成之孫顧杲（字子方）帶頭署名，復社名士百餘人聯名發佈檄文《留都防亂公揭》，聲討閹黨餘孽阮大鋮。大會桃葉渡，譴責阮大鋮。

撰《西臺慟哭記》、《冬青樹引注》初稿。

20，崇禎十二年己卯（1639），30 歲

至南京，參加廣業社，結識江右張自烈、宣城梅朗中、無錫顧杲、宜興陳貞慧、廣陵冒襄、商丘侯方域、桐城方以智等名士。

圓澄、圓悟兩家弟子，欲以其說竄入，宗周每臨講席而歎。梨洲至郡城，邀名士王業洵（士美）、王毓耆（元趾）等十餘人，進於函丈，選錄《東浙文統》，釋學之氣頓挫。

21，崇禎十三年庚辰（1640）31 歲

浙東紹興連年饑荒，饑民千百爲群。梨洲至黃岩糴糧以應付官差。往來台州、紹興間，暇遊天台、雁宕二山，作《臺宕紀遊》（又名《臺雁筆記》）。

22，崇禎十四年辛巳（1641）32 歲

至南京，觀宗兄黃明立（字居中）家遍閱千頃堂藏書。在朝天宮讀《道藏》。

23，崇禎十五年壬午（1642）33 歲

入京應試不售，相國周延儒擬薦爲中書舍人，力辭不就。

十一月，自京返鄉。與諸弟遊四明山，撰《四明山古迹記》，後定稿爲《四明山志》9 卷。

24，崇禎十七年癸未（1644），清順治元年，35 歲

正月，李自成西安建號大順，紀元永昌。三月，李自成進京，建立大順朝。崇禎死難。四月，梨洲隨其師至杭，寓吳山海會寺，與章正宸、朱未亥、熊汝霖共議恢復明室。不久，福王監國，下詔周宗周。梨洲隨至南京。時阮大鋮得志，造《蝗蝻錄》報復復社名士。梨洲與顧杲等十人被捕。五月，清兵南下金陵，弘光政權瓦解，梨洲乘亂脫身。

25，順治二年乙酉（1645），36 歲

六月，劉宗周絕食二十日殉國。閏六月，熊汝霖、孫嘉績在餘姚起兵抗清。與弟宗炎、宗會招募義兵，組建「世忠營」。迎魯王朱以海立監國旗號。梨洲編纂《監國魯元年丙戌大統曆》。

26，順治三年丙戌（1646），37 歲

二月，監國魯王授予監察御史，兼兵部職方司主事。上書陳西進之策。五月，聯絡多路義軍會師浙西，擬大舉西進。六月，浙兵大敗，魯王逃往福建。梨洲率殘部入四明山結寨自固。山民焚毀其寨，部將潰散。清廷懸賞追捕梨洲，避居化安山。

27，順治四年丁亥（1647），38 歲

著《授時曆故》、《曆學假如》等，後順治末年和康熙年間修改定稿。

28，順治六年己丑（1649），40 歲

監國魯王浙東抗清，梨洲赴行朝，先後授左僉都御使、左副督御史。當時，行朝大權掌控在張名振等悍將手中，文臣無實權。梨洲常與尙書吳鍾巒正襟講學、推算曆法。清廷頒令株連不順命的前朝遺臣家屬。梨洲獲准秘密歸家。十月，魯王召梨洲與侍郎馮京第爲副將，乞師日本。抵長崎，不得請。梨洲有《日本乞師記》、《海外慟哭記》記其事。是年所作詩，名《窮島集》。

29，順治七年庚寅（1650），41 歲

三月至常熟，盡閱錢氏絳雲樓藏書。冬，自西園移居柳下，此後五年詩編爲《老柳集》。

30，順治十年癸巳（1653），44 歲

三月，魯王朱以海在金門取消監國稱號，浙東抗清鬥爭宣告失敗。

九月，撰寫具有強烈反清意識對政論文章 8 篇，後定名爲《明夷留書》。

31，順治十二年乙未（1655），46 歲

除夕，壽兒夭折，梨洲悲痛萬分，有多篇詩文悼念，詩集名爲《杏殤集》。

32，順治十六年戊戌（1659），50 歲

二月，至杭州孤山，訪問舊友。避居化安山，有《山居雜詠》詩，甚悲切。

33，順治十七年庚子（1660），51 歲

八月至十一月，作匡廬（廬山）之遊。歷經蕭山、杭州、南康（九江），歸途至金陵、崇德，返餘姚。一路遊覽名勝古迹，訪問故交舊友，多有詩文，有《匡廬行腳詩》、《匡廬遊錄》記其事。

34，順治十八年辛丑（1661），52 歲

著《易學象數論》6 卷。

35，康熙元年壬寅（1662），53 歲

在《留書》基礎上開始撰寫《明夷待訪錄》，次年冬定稿。有詩集《露車集》。

36，康熙二年癸卯（1663），54 歲

至語溪，館於呂氏梅花閣。與呂留良、吳之振、吳自牧共選《宋詩鈔》。八月八日，弟宗會卒，撰有《前鄉進士澤望黃君壙誌》。是年有詩集《心斷集》。

37，康熙三年甲辰（1664），55歲

汰選詩稿，成《南雷詩曆》。十月初，至語溪講學。

38，康熙四年乙巳（1665），56歲

甬上弟子萬斯大、萬斯同、陳錫嘏等二十餘人來餘姚問學。再至語溪，拜宋代名士輔廣墓，作《輔潛庵傳》。十月，叔父季真公卒，作《八哀詩》，哀祭張蒼水、劉伯繩、錢虞山、仁庵禪師等八人。建續鈔堂於南雷。

39，康熙五年丙午（1666），57歲

仍語溪講學。至海寧訪陳確，討論五經。至郡城選購祁氏曠園書籍。為劉伯繩作墓誌銘，稱其護衛蕺山之學，如田單之於即墨。

40，康熙六年丁未（1667），58歲

五月，慈谿鄭梁（字禹梅）來謁，梨洲講授《子劉子學言》、《聖學宗要》等書，禹梅受教後，盡焚此前文稿，而稱此後所作為《見黃稿》。

九月在郡城，與同門姜希轍（字定庵）等復舉證人書院，以申蕺山學術。撰《子劉子行狀》。

41，康熙七年戊申（1558），59歲

始選《明文案》。甬上諸弟子請主寧波講席。三月至甬，與諸子大會於廣濟橋，再會於延慶寺，亦以「證人書院」名之。梨洲講學足迹達兩浙，而甬上弟子最盛。當時有甬上講經會，聲名遠播。

42，康熙八年己酉（1559），60歲

春，至郡城，弔劉伯繩，與武進同門惲日昇討論蕺山之學。日昇著《劉子節要》，欲公序之。意見不一，未允。

為亡友王仲撝作墓誌銘。

43，康熙九年庚戌（1660），61歲

秋，至郡城，寓證人書院。冬，至甬上，與李鄴嗣、高斗權等重遊天童山，至阿育王寺觀舍利，力辨其誣。取平日之文為《庚戌集》。

44，康熙十年辛亥（1661），62 歲

至郡城，寓古小學。郡守張某請修郡志，堅辭。作《辭張郡侯請修郡志書》、《再辭張郡侯修志書》。爲曆學前輩周雲淵、醫家張景嶽作傳。

有《不寐》《弔虞鑑清》等詩。爲李杲堂作五十壽序，爲張奠夫作八十壽序。

45，康熙十一年壬子（1662），63 歲

選《姚江逸詩》15 卷，又輯《姚江文略》、《姚江瑣事》。

爲藍溪遺民陸汝和作其七十壽序。

46，康熙十二年癸丑（1663），64 歲

至甬上，登天一閣，取其流通未廣之書鈔爲書目，廣爲流傳。

母親八十壽辰，孫奇峰（夏峰）以九十高齡，寄所著《理學宗傳》一部並壽序一章；李清寄所著《鶴齡錄》爲壽；孝廉巢端明爲文以祝。宗羲有詩《謝祝壽諸君子》。

47，康熙十三年甲寅（1664），65 歲

掊拾先祖半山公（名嘉仁，梨洲六世祖）、景舟公（名尙質，梨洲始祖黃萬河十三世孫）等人佚詩殘編，成爲《黃氏掊殘集》；校訂胞弟澤望《縮齋文集》。梨洲皆爲之作序。又作《四明山九題考》1 卷。

48，康熙十四年乙卯（1665），66 歲

南山亂定，閏五月還故居。有《返故居》、《飲洋溪》等詩記其事。

八月，得沈眉生四月二十日書。而眉生早於五月三日逝世。《除夕懷亡友》詩云：「天意不留知己在，抱琴更欲向何人。」

秋，孫千頃過訪，同遊永樂寺。有詩記其事。

編定《明文案》217 卷，作《明文案序》。後廣爲《明文海》482 卷，鈔入《四庫全書》。二書均有傳本傳世。《明文海》則有殘稿本，今存寧波天一閣。

有《車殿謁慈湖先生墓》、《過史嵩之墓》等銘文。

49，康熙十五年丙辰（1676），67 歲

二月，應海昌縣令許三禮（酉山）請，前往講學，此後五年，梨洲主講席於此。多有官員聽講，梨洲勉之曰：「諸公愛民盡職，事時習之學也。」

顧炎武從梨洲門人那裡得讀《明夷待訪錄》，致書梨洲，稱「讀之再三，於是知天下未嘗無人」，並以所著《日知錄》呈正，稱「自幸其中所論，同於先生者十之六七」。

是年，陳確（乾初）以《性解》諸篇致梨洲。梨洲作《與陳乾初論學書》。對陳氏「天理正從人欲中見，人欲恰好處即天理」的論斷，提出不同意見。

作《鷹窠頂觀日月並昇記》。集忠端公墓碑銘為《正氣錄》。

作《唐烈婦曹氏墓誌銘》。

50，康熙十六年丁巳（1677），68歲

大學士葉方藹寄五言古詩一首，敦促梨洲出仕，梨洲次其韻婉言拒絕。

分別為抗清名士陸文虎（符）、隱士余若水（增遠）、烈士張蒼水作墓誌銘。史家談遷之子請為《談孺木墓表》。為浙東抗清領袖錢肅樂作傳。

51，康熙十七年戊午（1678），69歲

詔徵博學鴻儒。掌院學士葉方藹向康熙薦舉梨洲，將移文吏部徵聘。門人陳錫嘏代為力辭，乃止。梨洲致書稱謝，並表不仕之志。

至海寧，向許三禮等傳授漳浦（黃道周）易學及梨洲曆學。

作《徐虞求先生墓下》，又有《申山人墓》、《周公謹面》等詩。

52，康熙十八年己未（1679），70歲

我國第一部學術思想史專著《明儒學案》成，共六十二卷，鈔入《四庫全書》。

為天一閣范左垣（廷輔）重訂書目作序，是為《天一閣藏書記》。

至海昌，季子百家隨侍。秋，至杭，寓吳山。

監修明史總裁徐元文、葉方藹，徵梨洲門人萬斯同、萬言同修《明史》，梨洲以父所撰《大事記》及《三史鈔》授之，並作詩送行，有「不放河汾聲價倒，太平有策莫輕題。」

作《陳夔獻偶刻詩文序》、《黃孚先詩序》。

53，康熙十九年庚申（1680），71歲

朝廷下旨浙省督撫「以禮敦請」。梨洲修書以老病力辭。又奉特旨：「凡黃（梨洲）有所論著及所見聞有資明史者，著該地方官鈔錄來京，宣付史館。」

梨洲有重修《宋史》、主修《明史》之志而未遂願。編著《宋史叢目補遺》3卷，又輯《明史案》244卷，今皆佚。然明史館主事諸公，常向梨洲請教意

見。雙方多有書函往來。梨洲曾撰《明史條例》及《移史館不宜立理學傳》，爲館臣採納。同意季子百家參修明史，並上姚太夫人事略於史館。

自訂《南雷文案》，授門人萬充宗等校勘。

作《張仁庵古本大學說序》、《萬里尋兄記》、《李杲堂墓誌銘》等，是年詩文編爲《吾悔集》。

54，康熙二十年辛酉（1681），72歲

至海寧，作《章格庵先生行狀》、《熊公雨殷行狀》，上之史館。

55，康熙二十一年壬戌（1682），73歲

作詩《贈百歲翁陳賡卿》、《陳賡卿以所見柱杖見贈》兩篇。

爲萬斯大校勘對《吾悔集》作序。

撰《子一魏先生墓誌銘》、《澹若張公（履端）傳》。宗羲追憶往事，「家國之恨，集於筆端，不覺失聲痛哭。」

是年作《平陽寺觀舍利》、《題徽音詩稿》、《寄周子佩》、《寄周予詰》、《紅葉本事詩》、《與道傳閒遊》、《歲暮望兩兒歸》等詩。

56，康熙二十二年癸亥（1683），74歲

作《山翁禪師文集序》。五月至郡城，與同門友董瑒（無休）等遊名勝古迹，有《次徐文長題壁》《尋禹穴》《宋六陵》等懷古詩。至甬，弔唁萬斯大（充宗）。至崑山，宿尚書徐乾學家，觀傳是樓藏書，借鈔多種。

57，康熙二十五年丙寅（1686），77歲

始輯《宋元儒學案》，尚未成編，遺命兒子百家續編，成稿約60卷。後全祖望續修增補，成100卷。最後由王梓材、馮雲濠校訂刊行。

作《姚江春社賦》。六月二十五日，二弟宗炎卒。遷居周家埠。作《移居》五律八首及《聽唱牡丹亭》、《至永樂寺》、《寄新茶》、《訪百歲翁鄭近川》、《至海濱道塘懷王仲撝》等詩。

58，康熙二十六年丁卯（1687），78歲

王揆出資刊刻劉宗周文集。梨洲取家藏劉子手稿與劉汋（伯繩）及同門董瑒、姜希轍共任校勘，編訂《劉子全書》40卷。梨洲作《徵刻劉子全書啓》。

59，康熙二十七年戊辰（1688），79歲

春，徐秉義（號果亭）接梨洲至崑山，與尚書徐乾學論道學異同，逗留

一月而返。

十一月，自訂《南雷文案》、《吾悔集》、《撰杖集》、《蜀山集》，刪定爲《南雷文定》。《文定》分前集、後集、三集、四集，均由梨洲自定，門人校勘。《文定五集》由黃百家編定，《南雷文約》由鄭性編定，均刊行於梨洲身後。

冬月，自築生壙於化安山父親墓畔，內設石床，作《葬制或問》、《剡中築墓雜言》，以示其意。

60，康熙二十八年己巳（1689）80 歲

百家自京歸覲，呈徐元文述懷詩三章，作《次徐立齋先生見贈》。尋，百家復召入京，再至史館。

萬季野自京返鄉，梨洲三月至甬上，送季野北上。過慈谿，登清道觀，遇馮令儀留宿張煉師房，均有詩記其事。

八月，京師發生演《長生殿》案，梨洲門人查慎行亦受牽連，被革去國學生籍。

61，康熙二十九年庚午（1690）81 歲

康熙以海內遺獻問尙書徐乾學，以梨洲對。康熙曰，可召入京，不授以事，如欲歸，當遣官送之。乾學對以老篤，恐無來意。康熙談人才難得。

三月，作《平陽鐵夫詩題辭》《天岳禪師七十壽序》。

七月，餘姚大水，訛傳餘姚城將沈，父老祭神拜佛，作《姚沈記》譏之。

62，康熙三十年辛未（1691）82 歲

作《元旦洗硯》七絕一首，有「鑿開冰雪洗寒星」之句。

遊黃山，遇新安才士汪粟亭，爲汪《黃山續志》作序；至慈光寺，爲主持中洲禪師詩集作序；又遇楊士衡之子，爲其父作墓誌銘，文中重申其遺民觀。十月，爲鄭蘭皐作八十壽序，文中讚揚鄭氏「自壯至老，一以守道自重。」

63，康熙三十一年壬申（1692）83 歲

九月，仇滄柱來書，言北地賈若水（醇庵）已將《明儒學案》梓行，梨洲抱病作序文，口授百家書之。

《今水經》成，遂序之。此後所作文曰《病榻集》，由百家編入《南雷文定五集》。

64，康熙三十二年癸酉（1693）84 歲

作《寄萬貞一》詩，歷述貞一入明史館、出知五河縣一系列遭遇。

五月，海寧友人朱人遠卒。七月，貞一父萬斯年卒。梨洲爲兩人作墓誌銘。

《明文海》482 卷編成。謂百家曰：「非此不足存一代之書。」又精選其中文章，圈定目錄，另成一編，命百家精讀。是即《明文授讀》62 卷。

64，康熙三十三年甲戌（1694）85 歲

正月，門人萬斯選冒雪來訪，信宿而去，八月卒。梨洲哀痛之極，主動爲他作墓誌銘。八月二十九日，長子白藥卒。

65，康熙三十四年乙亥（1695）86 歲

七月三日卯時（8 月 12 日 8 時），壽終正寢。病重時，囑咐家人喪事從簡，有「不用棺槨，不作佛事」等語。並口授《葬制或問》釋家人之疑。又書《梨洲末命》作爲臨終遺囑，交代身後安葬事宜。百家謹遵末命，即於卒之次日，安葬如儀。

門人萬貞一等私諡曰文孝。

參考文獻

一、著作類：

1. 黃宗羲：《黃宗羲全集》，沈善洪主編，吳光執行主編，杭州：浙江古籍出版社，2005 年版。

2. 黃宗羲：《明儒學案》，沈芝盈點校，北京：中華書局（修訂版），1986 年版。

3. 黃宗羲：《宋元學案》，全祖望補修，陳金生、梁運華點校，北京：中華書局，1986 年版。

4. 許維遹：《呂氏春秋集釋》，呂不韋著，北京：中華書局，2009 年版。

5. 王充：《論衡》，上海：上海人民出版社，1974 年版。

6. 程顥、程頤：《二程集》，王孝魚點校，北京：中華書局，1981 年版。

7. 周敦頤：《周子通書》，上海：上海古籍出版社，2000 年版。

8. 張載：《張載集》，章錫琛點校，北京：中華書局，1978 年版。

9. 朱熹：《朱子全書》，上海古籍出版社，安徽教育出版社，2002 年版。

10. 朱熹：《四書章句集注》，北京：中華書局，1983 年版。

11. 黎靖德：《朱子語類》，北京：中華書局，1986 年版。

12. 陸九淵：《陸九淵集》，鍾哲點校，北京：中華書局，1980 年版。

13. 王陽明：《王陽明全集》，吳光等編校，上海：上海古籍出版社，1992 年版。

14. 王畿：《王畿集》，吳震編校，南京：鳳凰出版社，2007 年版。

15. 聶豹：《聶豹集》，吳可為編校，南京：鳳凰出版社，2007 年版。

16. 劉宗周：《劉宗周全集》，吳光點校，上海：上海古籍出版社，2007 年版。

17. 全祖望：《全祖望集彙校集注》，上海：上海古籍出版社，2000 年版。

18. 章學誠：《文史通義校注》，葉瑛校注，北京：中華書局，1985 年版。

19. 顧炎武：《日知錄集釋》，黃汝成集釋，上海：上海古籍出版社，2006 年版。

20. 唐甄：《潛書》，吳澤民編校，北京：中華書局，1955 年版。

21. 王夫之：《張子正蒙注》，北京：中華書局，1975 年版。

22. 阮元：《十三經注疏》（附校勘記），北京：中華書局，1980 年版。

23. 劉述先：《黃宗羲心學的思想定位》，杭州：浙江古籍出版社，2006 年版。

24. 謝國楨：《黃梨洲學譜》，北京：商務印書館，1956 年版。

25. 李明友：《一本萬殊——黃宗羲的哲學與哲學史觀》，北京：人民出版社，1994 年版。

26. 曹國慶：《曠世大儒——黃宗羲》，石家莊：河北人民出版社，2000 年版。

27. 徐定寶：《黃宗羲評傳》，南京：南京大學出版社，2001 年版。

28. 張師偉：《民本的極限：黃宗羲政治思想新論》，北京：中國人民大學出版社，2004 年版。

29. 程志華：《困境與轉型——黃宗羲哲學文本的一種解讀》，北京：人民出版社，2005 年版。

30. 吳光：《黃宗羲論》（國際黃宗羲學術討論會論文集），杭州：浙江古籍出版社，1987 年版。

31. 吳光：《黃宗羲與明清思想》，上海：上海古籍出版社，2006 年版。

32. 吳光：《黃宗羲三百年祭》，北京：當代中國出版社，1997 年版。

33. 吳光：《黃宗羲與清代浙東學派》，北京：中國人民大學出版社，2009 年版。

34. 張高評：《黃梨洲及其史學》，臺北：文津出版社，1989 年版。

35. 何炳松：《浙東學派溯源》，南寧：廣西師範大學出版社，2005 年版。

36. 王鳳賢：《浙東學派研究》，杭州：浙江古籍出版社，1993 年版。

37. 管敏義：《浙東學術史》，上海：華東師範大學出版社，1993 年版。

38. 潘起造：《浙東學術與中國實學：浙東學術與中國實學論文集》，寧波：寧波出版社，2007 年版。

39. 何冠彪：《明末清初學術思想史研究》，臺北：學生書局，1991 年版。

40. 陳祖武：《明清浙東學術文化研究》，北京：中國社會科學出版社，2004 年版。

41. 杜維運：《清代史學與史家》，北京：中華書局，1988 年版。

42. 胡楚生：《清代學術史研究》，臺北：學生書局，1988 年版。

43. 陳鼓應、辛冠潔、葛榮晉：《明清實學思潮史·黃宗羲的經世史學》，濟

南：齊魯書社，1989 年版。

44. 葛榮晉：《中國實學文化導論》，北京：中共中央黨校出版社，2003 年版。

45. 陳祖武：《中國學案史》，上海：東方出版中心出版，2008 年版。

46. 張林川、周春健：《中國學術史著作提要》，武漢：崇文書局，2005 年版。

47. 李澤厚：《中國近代思想史論》，北京：人民出版社，1979 年版。

48. 溝口雄三：《中國前近代思想的演變》，北京：中華書局，2005 年版。

49. 島田虔次：《中國近代思維的挫摺》，南京：江蘇人民出版社，2005 年版。

50. 嵇文甫：《晚明思想史論》，開封：河南大學出版社，2008 年版。

51. 謝國楨：《明清之際黨社運動考》，上海：上海書店出版社，2006 年版。

52. 謝國楨：《明末清初的學風》，上海：上海書店出版社，2006 年版。

53. 王汎森：《晚明清初思想十論》，上海：復旦大學出版社，2004 年版。

54. 商傳：《明代文化史》，上海：東方出版中心出版，2007 年版。

55. 劉志琴：《晚明史論》，南昌：江西高校出版社，2004 年版。

56. 章太炎、劉師培：《中國近三百年學術史論》，上海：上海古籍出版社，2006 年版。

57. 梁啓超：《清代學術概論》，上海：上海古籍出版社，1998 年版。

58. 梁啓超：《中國古代學術流變研究十篇》，北京：中華書局，1936 年版。

59. 梁啓超：《中國近三百年學術史》，天津：天津古籍出版社，2003 年版。

60. 梁啓超：《論中國學術思想變遷之大勢》，上海：上海古籍出版社，2001 年版。

61. 梁啓超：《中國歷史研究法》，上海：上海古籍出版社，1998 年版。

62. 易新鼎：《梁啓超和中國學術思想史》，中州古籍出版社，1992 年版。

63. 邵東方：《崔述和中國學術史研究》，北京：人民出版社，1998 年版。

64. 錢穆：《中國近三百年學術史》，北京：中華書局，1997 年版。

65. 錢穆：《中國歷史研究法》，北京：生活・讀書・新知三聯書店，2001 年版。

66. 牟宗三：《心體與性體》，上海：上海古籍出版社，1999 年版。

67. 牟宗三：《從陸象山到劉蕺山》，上海：上海古籍出版社，2001 年版。

68. 牟宗三：《才性與玄理》，廣西師範大學出版社，2006 年版。

69. 蔡尚思：《中國傳統思想總批判》（補外編），上海：上海古籍出版社，2006 年版。

70. 郭湛波：《近五十年中國思想史》，上海：上海古籍出版社，2005年版。

71. 路新生：《中國近三百年疑古思潮研究》，上海：上海人民出版社，2001年版。

72. 馮天瑜：《中國學術流變》，上海：華東師範大學出版社，2003年版。

73. 楊東蓴：《中國學術史講話》，南京：江蘇教育出版社，2005年版。

74. 侯外廬：《中國近世思想學說史》，重慶：重慶三友書店，1946年版。

75. 侯外廬：《中國近代哲學史》，北京：人民出版社，1978年版。

76. 侯外廬：《中國思想通史》（第五卷）（《中國早期啓蒙思想史》），北京：人民出版社，1956年版。

77. 侯外廬：《中國思想通史》（第四卷），北京：人民出版社，1960年版。

78. 侯外廬：《中國古代社會史論》，石家莊：河北教育出版社，2003年版。

79. 侯外廬、邱漢生、張豈之：《宋明理學史》，北京：人民出版社，1984年版。

80. 蕭萐父、許蘇民：《明清學術啓蒙流變》，瀋陽：遼寧教育出版社出版，1995年版。

81. 許蘇民、申屠爐明：《明清思想文化變遷》，南京：南京大學出版社，2009年版。

82. 張豈之：《儒學·理學·實學·新學》，西安：陝西人民教育出版社，1994年版。

83. 張豈之：《中國近代史學學術史》，北京：中國社會科學出版社，1996年版。

84. 張豈之：《中國思想史·黃宗羲的思想》，西安：西北大學出版社，1989年版。

85. 張豈之：《張豈之自選集》，北京：學習出版社，2009年版。

86. 張豈之：《中國思想學說史》（明清卷），方光華、肖永明、范立舟著，廣西師範大學出版，2008年版。

87. 盧鍾鋒：《中國傳統學術史》，鄭州：河南人民出版社，1998年版。

88. 盧鍾鋒：《盧鍾鋒文集》，上海：上海辭書出版社，2005年版。

89. 姜廣輝：《走出理學》，瀋陽：遼寧教育出版社，1997年版。

90. 方光華：《中國思想學術史論稿》，西安：陝西人民出版社，2001年版。

91. 方光華：《中國古代本體思想史稿》，北京：中國社會科學出版社，2005年版。

92. 范立舟：《宋代理學與中國傳統歷史觀念》，西安：陝西人民出版社，2004年版。

93. 張茂澤、鄭熊：《孔孟學述》，西安：三秦出版社，2003 年版。

94. 倉修良：《史家‧史籍‧史學》，濟南：山東教育出版社，1999 年版。

95. 湯勤福：《朱熹的史學思想》，濟南：齊魯書社，2000 年版。

96. 樊樹志：《晚明史》，上海：復旦大學出版社，2003 年版。

97. 饒宗頤：《中國史學上之正統論》，上海：上海遠東出版社，1996 年版。

98. 陳其泰：《史學與中國文化傳統》，北京：書目文獻出版社，1992 年版。

99. 康樂、彭明輝：《史學方法與歷史解釋》，北京：中國大百科全書出版社，2005 年版。

100. 楊儒賓、祝平次：《儒學的氣論與工夫論》，上海：華東師範大學出版社，2008 年版。

101. 向世陵：《理氣性心之間——宋明理學的分系與四系》，長沙：湖南大學出版社，2006 年版。

102. 〔日〕小野澤精一等：《氣的思想：中國自然觀與人的觀念的發展》，李慶譯，上海：上海人民出版社，2007 年版。

103. 張顯清，林金樹：《明代政治史》，桂林：廣西師範大學出版社，2003 年版。

104. 郭道暉：《社會權力與公民社會》，南京：譯林出版社，2009 年版。

105. 〔法〕孟德斯鳩：《論法的精神》，張雁深譯，北京：商務印書館，1964 年版。

106. 陳來：《朱子哲學研究》，上海：華東師範大學出版社，2009 年 9 月版。

107. 陳來：《有無之境——王陽明哲學的精神》，北京：人民出版社，1991 年版。

108. 彭國翔：《良知學的展開——王龍溪與中晚明的陽明學》，北京：生活‧讀書‧新知三聯書店 2005 年版。

109. 〔法〕盧梭：《社會契約論》，何兆武譯，北京：商務印書館，2008 年版。

110. 〔英〕邁克爾‧曼：《社會權力的來源》（第 1 卷），劉北成、李少軍譯，上海人民出版社，2007 年版。

二、論文類

1. 華山：黃宗羲哲學中的心氣問題，東嶽論叢，1983（3）。

2. 朱義祿：黃宗羲哲學史方法論發微，哲學研究，1985（4）。

3. 盧鍾峰：論黃宗羲、全祖望的學術傾向，史學史研究，1986（1）。

4. 盧鍾峰：論《宋元學案》的編纂、體例、特點和歷史地位，史學史研究，1986（2）。

5. 盧鍾峰：宋元時期理學的論爭與《宋元學案》的理學觀點，文史哲，1986

（3）。

6. 張顯清：明代社會思想和學風的演變，中國哲學史研究，1986（2）。

7. 無渝：「學案」考議，孔子研究，1986（2）。

8. 馮天喻：黃宗羲──清代史學的開山祖師，文史知識，1986（3）。

9. 陳寒鳴：中國早期啟蒙思潮略論，晉陽學刊，1986（3）。

10. 錢明：黃梨洲、朱舜水關係辨──兼與白砥民先生商榷，杭州大學報（社科版），1986（4）。

11. 王政堯：《黃梨洲年譜》考辨，北京大學報，1986（5）。

12. 沈潛：顧炎武與黃宗羲的交往，中學歷史，1986（5）。

13. 何冠彪：浙東學派問題評議──兼辨正黃宗羲與邵廷采之學術淵源，清史論叢，1986（7）。

14. 方祖猷：百家爭鳴、推陳出新──國際黃宗羲學術討論會綜述，寧波日報，1986.10.21。

15. 吳光：浙江省的黃宗羲與浙東學派研究概況，浙江社會科學通信，1986（9）。

16. 蔡尚思：黃宗羲學術思想的獨特地位，寧波師院學報，1986年（增刊）。

17. 白砥民：黃宗羲的思想結構和思想方法，寧波師院學報，1986年（增刊）。

18. 吳光：黃宗羲的學術貢獻，寧波師院學報，1986年（增刊）。

19. 吳光：國際黃宗羲學術討論會綜述（一），清史研究通訊，1987（1）。

20. 吳光：國際黃宗羲學術討論會綜述（二），中國哲學史研究，1987（2）。

21. 張岱年：黃梨洲與中國古代民主思想，浙江學刊，1987（1）。

22. 沈善洪、錢明：從王陽明到黃宗羲，浙江學刊，1987（1）。

23. 蕭萐父：黃宗羲的真理觀片論，浙江學刊，1987（1）。

24. 佐野公治：日本的黃宗羲研究概況，（吳光、錢明譯），浙江學刊，1987（1）。

25. 姚瀛艇：論黃宗羲對張載的疏證，史學月刊，1987（1）。

26. 夏乃儒：黃宗羲與中國近代思維方式的萌芽，上海師範大學報（哲學社會科學版）1987（1）。

27. 李明友：主體意識的初步覺醒──黃宗羲民主啟蒙思想評論，浙江學刊，1987（2）。

28. 朱義祿：黃宗羲、劉宗周思想比較初探，浙江學刊，1987（2）。

29. 蔡尚思：黃宗羲反君權思想的歷史地位，文史哲，1987（2）。

30. 丁禎彥：黃宗羲的《明夷待訪錄》與中國近代歷史哲學，遼寧商專學報，1987（1、2）。

31. 吳光：黃宗羲與清代學術，孔子研究，1987（2）。

32. 徐蓀銘：論黃宗羲的治學方法的創造性特點，文獻，1987（2）。

33. 夏瑰琦：論黃宗羲的唯心主義哲學思想：兼論黃、王哲學的關係，哲學研究，1987（4）。

34. 夏瑰琦：論黃宗羲民主啓蒙思想的歷史地位，哲學研究，1987（4）。

35. 滕復：黃宗羲思想國際研討會綜述，浙江學刊，1987（5），新華文摘，1987（6）。

36. 楊國榮：黃宗羲與王學，中州學刊，1987（5）。

37. 成中英：理學與心學的批判的省思——綜論黃宗羲哲學中的理性思考與真理標準，《黃宗羲論·國際黃宗羲學術討論會論文集》，浙江古籍出版社，1987。

38. 劉述先：論黃宗羲心學的定位，同上。

39. 馮契：黃宗羲與近代歷史主義方法論，同上。

40. 樓宇烈：黃宗羲心性說述評，同上。

41. 葛榮晉：黃宗羲理氣說的邏輯結構，同上。

42. 余金華：《明儒學案》的結構與功能分析，同上。

43. 蔡尚思：從中國思想史看黃宗羲的反君權思想，同上。

44. 鄭金淦：黃宗羲與時代思潮，同上。

45. 〔日〕小野和子：從東林黨到黃宗羲，同上。

46. 〔美〕司徒琳：《明夷待訪錄》與《明儒學案》的再評價，同上。

47. 〔德〕余蓓荷：《明夷待訪錄》的先驅——王艮「以天下治天下」的思想，同上。

48. 周繼旨：試析黃宗羲「君害論」與先秦儒家政治思想的淵源關係，同上。

49. 李錦全：從「源」「流」關係看黃宗羲民主啓蒙思想的歷史地位，同上。

50. 裘克安：黃宗羲研究中的幾個問題，同上。

51. 倉修良：黃宗羲的史學貢獻，同上。

52. 湯綱：黃宗羲與《明史》，同上。

53. 〔日〕高橋進：黃宗羲思想的歷史性格，同上。

54. 周瀚光：黃宗羲科學思想論略，同上。

55. 蔣國保：黃宗羲與方以智，同上。

56. 〔澳〕費思堂：黃宗羲與呂留良，同上。

57. 〔日〕山井湧：《明儒學案》考辨，同上。

58. 鄔滿君：黃宗羲研究三十年，同上。

59. 陳正夫：試論《明儒學案》，同上。

60. 盧鍾峰：略論《明儒學案》學術風格的新特點，同上。

61. 朱仲玉：試論《明儒學案》，同上。

62. 徐蓀銘：論黃宗羲創造性研究的特點，同上。

63. 李漢武：黃宗羲與魏源，同上。

64. 沈善洪：黃宗羲的時代和他的思想淵源，浙江學刊，1987（1）。

65. 方祖猷：黃宗羲與呂留良爭論的實質及其思想根源──兼論胡翰十二運對梨洲的影響，寧波大學報，1988（1）。

66. 李明友、渠玉九：論黃宗羲的經世致用思想，孔子研究，1988（2）。

67. 倉修良：要給學案體以應有的歷史地位，光明日報，1988.3.23。

68. 陳金生：《宋元學案》──四百年儒學沉浮史，文史知識，1989（1）。

69. 蔡尚思：黃宗羲學術思想的獨特地位──《黃宗羲文選・題辭》，歷史教學問題，1989（1）。

70. 潘群：試論黃宗羲的經世學風，南京大學報，1989（2）。

71. 夏瑰琦：從孟子師說看黃梨洲的唯心主義思想，中國哲學史研究，1989（3）。

72. 錢茂偉：梨洲史學新探，寧波師院學報，1989（4）。

73. 陳敦偉：對劉宗周人性論的一點考察，同上。

74. 諸煥燦：黃宗羲與姚江書院派之異同，同上。

75. 倉修良：黃宗羲和清代浙東史學，東南文化，1989（6）。

76. 王政堯：黃宗羲晚年思想探析，光明日報，1989.11.22。

77. 沈敏之：《關於浙東學派問題評議》的商榷──兼論邵廷采的史學思想，浙江學刊 1990（1）。

78. 屠承先：黃宗羲哲學思想的內在矛盾及其根由，浙江學刊，1990（2）。

79. 王文鵬：吳與弼與《崇仁學案》，撫州師專學報，1990（3）。

80. 〔美〕司徒琳：不同世界的共同基點，通過黃宗羲與威廉・詹姆斯比較明清新儒學與美國實用主義，復旦學報，1990（2）。

81. 陳其泰：《宋元學案》的編纂與成就，史學史研究，1990（3）。

82. 李俊英：略論黃宗羲政治思想的歷史地位，安慶師範學院學報，1990（3）。

83. 趙向東：略論黃宗羲的史學思想，蘭州大學學報，1990（3）。

84. 古清美：從《明儒學案》談黃宗羲思想中的幾個問題，《明代理學論文集》，臺北：大安出版社，1990。

85. 錢茂偉：清代浙東學派統承芻議，寧波師院學報，1991（1）。

86. 伍輝：黃宗羲民主啓蒙思想的歷史定位，衡陽師專學報，1991（1）。

87. 林奇：黃宗羲史學淵源試探，北京大學研究生學刊，1991（1）。

88. 陳敦偉：黃宗羲論氣，寧波師院學報，1991（1）。

89. 姜勝利：清初的經世致用史學思想，天津社會科學，1991（3）。

90. 楊建華：明清之際浙江地區中西文化的衝撞，浙江學刊，1991（3）。

91. 吳光：論清代實學，浙江學刊，1991（5）。

92. 傅雲龍：黃宗羲富有開創意義的心性學說，孔子研究，1992（1）。

93. 〔日〕難波徵男：念臺學與黃宗羲的傳統意識，浙江學刊，1992（1）。

94. 徐進：黃宗羲的民本思想及其對限制專職君主的構想，文史哲，1992（1）。

95. 楊國榮：論黃宗羲的學術史觀，史學月刊，1992（3）。

96. 丁國順：從「工夫即本體」的命題看黃宗羲哲學思想的實質，浙江學刊，1992（3）。

97. 季學原：新發現的黃宗羲兩篇佚文及其價值，清史研究，1992（4）。

98. 李明友：黃宗羲論儒學，浙江學刊，1992（6）。

99. 余貴林：簡評《明儒學案》研究中的兩種觀點，1993（1）。

100. 張華榮：明清之際早期啓蒙思想簡論，福建師大學報，1993（1）。

101. 馮天喻：《明夷待訪錄》復古主義的文化意蘊，社會科學輯刊，1993（2）。

102. 徐定寶：黃宗羲史學觀初探，蘇州大學報，1993（3）。

103. 丁禎彥：黃宗羲的民主思想與中國近代歷史哲學，華東師範大學報，1993（4）。

104. 吳光：從「盈天地皆心」等命題看黃梨洲的心學傾向，中國哲學史，1993（4）。

105. 高炳生：黃宗羲啓蒙思想再評價，北京大學報，1993（5）。

106. 方同義：歷史化的道德與道德化的歷史——陳亮、朱熹歷史哲學的比較，學術月刊，1993（5）。

107. 李明友：黃宗羲「心理合一」說，孔子研究，1993（12）。

108. 辛冠潔：黃宗羲經世史學的現實意義，孔子研究，1993（12）。

109. 傅雲龍：黃宗羲富有開創意義的「心性」說，孔子研究，1993（12）。

110. 吳光：論黃梨洲對陽明心學的批判繼承與理論修正，《中國哲學》（17輯）嶽麓書社，1996。

111. 吳光：試論「浙學」的基本精神：兼論「浙學」與「浙東學派」的研究現狀，浙江學刊，1994（1）。

112. 站繼發：黃宗羲晚節問題略論，遼寧大學報，1994（1）。

113. 覃正愛：明末清初「啓蒙思想論」的質疑，船山學刊，1994（1）。

114. 李明友：黃宗羲與陳確的人性論比較，寧波師院學報，1994（1）。

115. 姜國柱：黃宗羲的治學之道，人民論壇，1994（1）。

116. 陳祖武：《宋元學案》纂修拾遺，中國史研究，1994（1）。

117. 趙連穩：黃宗羲和《明史》編纂，北京大學研究生學刊，1994（3）。

118. 袁家麟、陳伯華：黃宗羲與《周易》：從《明夷待訪錄》之命題談起，蘇州大學報，1994（3）。

119. 陳銳：黃宗羲與黑格爾學術史觀之比較，杭州師院學報，1995（1）。

120. 黃宣民：《明夷待訪錄》：早期啓蒙學派的思想論綱，浙江學刊，1995（2）。

121. 吳光：黃宗羲的思想特色：批判性、兼容性、實踐性，浙江學刊，1995（2）。

122. 張岱年：黃宗羲是時代先覺，浙江學刊，1995（2）。

123. 張立文：黃宗羲理性思維建構的歷史命運，浙江學刊，1995（2）。

124. 劉述先：理學殿軍：黃宗羲，浙江學刊，1995（2）。

125. 張如安：黃宗羲初探，寧波師院學報，1995（3）。

126. 高洪鈞：黃宗羲著作彙考補正：論《梨洲續鈔》三種，天津師大學報，1995（3）。

127. 錢茂偉：黃宗羲研究二題，寧波師院學報，1995（3）。

128. 余金華：黃宗羲哲學思想的啓蒙品格：紀念黃宗羲逝世三百週年，孔子研究，1995（3）。

129. 王桂云：黃宗羲在史志事業上的建樹，圖書館學研究，1995（3）。

130. 董根洪：「國際黃宗羲學術研討會」和「中日舜水學學術研討會」綜述，嘉興學院報，1995（4）。

131. 朱義祿：古今與中西的會通——明清之際啓蒙學者思維方式再探，學術月刊，1995（5）。

132. 倉修良：黃宗羲和學案體，浙江學刊，1995（5）。

133. 樓毅生：黃宗羲的史學思想及其影響，河北學刊，1995（6）。

134. 方同義：劉宗周與黃宗羲政治哲學比較，寧波師院學報，1996（1）。

135. 諸煥燦：紀念黃宗羲逝世三百年國際學術研討會綜述，浙江學刊，1996（1）。

136. 張如安：1990～1994 年國內黃宗羲研究綜述，中國史研究動態，1996（1）。

137. 薛回：紀念黃宗羲逝世三百週年學術討論會在浙江召開，中國史研究動態，1996（1）。

138. 方祖猷：餘姚《朱橋梨洲宗譜》的史料價值，寧波大學報，1996（2）。

139. 孫善根：論清代浙東學派的歷史地位，浙江學刊，1996（2）。

140. 吳光、諸煥燦：祭黃梨洲先生文，浙江學刊，1996（2）。

141. 鄭昌淦：時代先驅黃宗羲，浙江學刊，1996（2）。

142. 趙儷生：明清之際黃、顧、王三先生之比較，煙臺大學報，1996（4）。

143. 趙連穩：黃宗羲與《明史》編纂，山東師大學報，1996（5）。

144. 吳懷祺：一部有開拓意義的史學著作——評《中國學案史》，中國史研究動態，1996（8）。

145. 陳寒鳴：論黃宗羲在中國思想史上的偉大地位，歷史教學，1996（11）。

146. 張明堂：《明夷待訪錄》的史論特點，山東師大學報，1996（增刊）。

147. 張林川、林久貴：略論《宋元學案》的體例特點和文獻價值，文獻，1997（1）。

148. 趙連穩：黃宗羲史學初探，齊魯學刊，1997（1）。

149. 吳光：關於發表《臺雁筆記》等三種黃宗羲遺著的說明，浙江學刊，1997（2）。

150. 司徒琳：黃宗羲《象數論》與清初官方易學的變化《黃梨洲三百年祭》當代中國出版社，1997

151. 古清美：黃宗羲的兩種《師說》，同上。

152. 陳德和：黃宗羲「理氣同體二分論」析繹，同上。

153. 葉保強：皇權的限制與中國庶民社會——黃宗羲政治哲學新詮，同上。

154. 鄭宗義：論黃宗羲與陳確的學術因緣，同上。

155. 陳永明：論黃宗羲的「君臣之義觀念——兼評梨洲「晚年可識」說，同上。

156. 覃世保：略論黃宗羲與「臣節問題」，同上。

157. 夏瑰琦：黃宗羲與西學關係之探討，同上。

158. 管敏義、賀亞敏：黃宗羲與張蒼水，同上。

159. 錢茂偉：也論姚江書院派與蕺山學派的異同，同上。

160. 楊太辛：讀《一本萬殊》，中國哲學史，1997（3）。

161. 徐海松：論黃宗羲與徐光啓和劉宗周的西學觀，杭州師院學報，1997（4）。

162. 董根洪：論黃宗羲實學與朱舜水實學的區別，孔子研究，1997（4）。

163. 賀福安：論黃宗羲的社會思想，湘潭大學報，1997（4）。

164. 林久貴：略論《宋元學案》的學術史批評方法，湖北大學學報，1997（5）。

165. 方光華：明清之際史學哲學的新因素，船山學刊，1998（2）。

166. 林久貴：《宋元學案》的作者及成書經過論述，黃岡師範學院報，1998（3）。

167. 程志華：黃宗羲民主思想成因初探，河北大學報，1998（3）。

168. 范立舟：宋儒對歷史價值的探求，漳州師院學報，1999（1）。

169. 諸煥燦：清代浙東學術概說，寧波教育學院報，1999（1）。

170. 朱義祿：論學案體，哈爾濱工業大學學報，1999（1）

171. 王紀錄：論黃宗羲史學思想的學術淵源，河南師大學報，1999（1）。

172. 黃正泉：黃宗羲的人學思想，船山學刊，1999（1）。

173. 季學原：黃宗羲年譜釋疑的一份重要材料，文獻，1999（4）。

174. 王立榮：談中國古代反專制實學的歷史演變，遼寧師專學報，1999（4）。

175. 王銀春：從幾個命題看三大思想家的鑒史資治觀，寧夏社會科學，1999（4）。

176. 龐天祐：論明清之際三大學者治學經世致用的特點，史學月刊，1999（4）。

177. 鄧樂群：黃宗羲的史學特徵，學術月刊，1999（7）。

178. 曹國慶：王陽明與黃梨洲，江西社會科學，2000（1）。

179. 龔颮：盧梭與黃宗羲法治思想初探《社會契約論》與《明夷待訪錄》之比較船山學刊，2000（1）。

180. 祁英：學術史專著：《明儒學案》，華夏文化，2000（1）。

181. 周國棟：兩種不同的學術史範式——梁啟超、錢穆《中國近三百年學術史》之比較，史學月刊，2000（4）。

182. 王雪梅：黃宗羲《孟子師說》述論，四川師範學院學報，2000（4）。

183. 楊國榮：本體與工夫：從王陽明到黃宗羲，浙江學刊，2000（5）。

184. 王國良：從忠君到天下為公——儒家君臣關係論的演變，孔子研究，2000（5）。

185. 徐定寶：理學與心學的艱難整合：兼論黃宗羲在哲學上的建樹與失誤，寧波大學報，2001（1）。

186. 肖永明：論朱熹的天理史觀，廣西大學學報，2001（1）。

187. 朱維錚：在晚明思想界的黃宗羲，天津市工會管理幹部學院學報，2001（4）。

188. 屠承先、吳憲：黃宗羲的本體功夫論，甘肅社會科學，2001（5）。

189. 范立舟：萬斯同對黃宗羲史學的繼承與發揮，浙江學刊，2001（6）。

190. 龍迪勇：黃宗羲與明清學術思想的嬗變——讀曹國慶《曠世大儒》江西社會科學 2001（6）。

191. 張越：《宋元學案》——學案體史書的成熟和完善，光明日報，2001 年 10 月 30 日。

192. 早阪俊廣：關於《宋元學案》的「浙學」概念——作爲話語表象的「永嘉」、「金華」和「四明」，浙江大學報，2002（1）。

193. 鄧名瑛：論黃宗羲的兩個哲學命題，船山學刊，2002（2）。

194. 鄧名瑛：論黃宗羲哲學的經世品格，求索，2002（2）。

195. 季芳桐、蔣民：泰州學派的歸屬——兼評黃宗羲的儒佛觀，學海，2002（2）。

196. 彭國翔：周海門學派歸屬辨，浙江社會科學，2002（4）。

197. 張文濤：梨洲史學再探討，中國社科院研究生學報，2002（4）。

198. 張承宗、潘浩：黃宗羲與《明儒學案》，歷史教學問題，2002（4）。

199. 季劍青：易代之際的文與史：以黃宗羲爲中心，東方文化，2002（5）。

200. 王紀錄：論清初三大思想家對李贄的批判——兼談早期啓蒙思想問題，河南師大學報，2002（6）。

201. 胡建：中西啓蒙「民主」觀在價值源頭上的差異，河北學刊，2002（6）。

202. 謝貴安：《明夷待訪錄》的近代「誤讀」與「新民本」思想的歷史影響，哲學研究，2003（2）。

203. 郭齊：説黃宗羲《明儒學案》晚年定本，史學史研究，2003（2）。

204. 王紀錄：黃宗羲的歷史哲學，煙臺師範學院學報，2003（2）。

205. 周文玖：黃宗羲顧炎武之比較，孔子研究，2003（3）。

206. 張岂之：學術史與「學案」體——序《民國學案》，雲夢學刊，2003（4）。

207. 史革新：略論清初的學術史編寫，史學史研究，2003（4）。

208. 周恩榮：黃宗羲的學術史方法論，南陽師範學院學報，2003（4）。

209. 朱義祿：明清四種注《孟》著作散論，孔子研究，2003（6）。

210. 劉固盛：黃宗羲的學術史觀，光明日報，2003.9.9。

211. 陳祖武：錢賓四先生與《清儒學案》，北京師範大學學報，2004（1）。

212. 張學智：對泰州學派的研究亟待加強，中國文化研究，2004（1）。

213. 趙吉惠、吳興洲：論明清實學是儒學發展的特殊理論形態，齊魯學刊，2004（2）。

214. 程志華：儒學民本思想的終極視域——盧梭與黃宗羲的「對話」，哲學研究，2004（2）。

215. 程志華：經史才之藪澤也——黃宗羲的經學思想，河北師大學報，2004（2）。

216. 吳海蘭：黃宗羲的春秋學，贛南師範學院學報，2004（2）。

217. 聶付生：清初學術的傳承與創新，雲夢學刊，2004（5）。

218. 周積明、雷平：清代浙東學派學術譜系的構建，學術月刊，2004（6）。

219. 陳君靜：海外浙東學派學術思想研究述評，寧波大學報，2004（6）。

220. 陳居淵：清初黃、呂之爭與浙東學術，中共寧波市委黨校學報，2004（6）。

221. 胡文生：梁啟超、錢穆同名作《中國近三百年學術史》之比較，中州學刊，2005（1）。

222. 史洪川：承學統者，未有不善於文——關於黃宗羲文統思想，河南理工大學報，2005（1）。

223. 方光華：明清實學思潮的理論創新與本體論特點，湖南大學報，2005（1）。

224. 方光華：《明儒學案》研究中國思想學術史的理論與方法，陳祖武編《明清浙東學術文化研究》。

225. 葉世昌：中國古代萌芽代表「市民階級」的啟蒙思想，上海財經大學報，2005（2）。

226. 張永忠：章太炎與黃宗羲，晉陽學刊，2005（3）。

227. 孫寶山：以「民族性」重構正統論——黃宗羲對方孝孺的正統論的繼承與發展中國哲學史（3）。

228. 溫家寶：溫家寶總理論黃宗羲思想的親筆信，浙江學刊，2005 年第 4 期。

229. 吳光：「以力行為工夫」：黃宗羲新民本思想的哲學基礎，浙江學刊，2005（4）。

230. 萬昌華：錢穆若干歷史觀點商榷，文史哲，2005（4）。

231. 朱松美：焦循《孟子正義》的詮釋風格，齊魯學刊，2005（4）。

232. 陳來：黃宗羲民本思想的現代意義，浙江學刊，2005（4）。

233. 王應憲：《國朝漢學師承記》的「黃顧問題」略論，皖西學院學報，2005（4）。

234. 張踐：史學精神是黃宗羲啟蒙思想的成因，中共寧波市委黨校學報，2005（5）。

235. 張實龍：《孟子師說》還原《孟子》太和氣象，浙江萬里學院學報，2005（5）。

236. 程志華：「自然視界」與意義世界——關於黃宗羲「盈天地皆氣」與「盈

天地皆心」關係新詮，河北大學學報，2005（5）。

237. 泰棟：黃宗羲民主主義思想的社會基礎與啓示，炎黃春秋，2005（6）。

238. 戴逸：學術大師的標準──黃宗羲，光明日報，2005.8.18。

239. 吳光：黃宗羲的學術成就及其思想價值，中共寧波市委黨校學報，2005（6）。

240. 馮俊：浙東學派的基本精神及其當代價值，中共寧波市委黨校學報，2005（6）。

241. 茭公：從天命史觀向社會進化史觀的過渡──論清代學人爲中國社會自我演變所做的史觀準備，南京大學報，2005（6）。

242. 許蘇民：明清之際政治哲學的突破──以顧炎武、黃宗羲、王夫之爲例，江漢論壇，2005（10）。

243. 謝江飛：百年遺珍莫晉刻本《明儒學案》，收藏界，2006（1）。

244. 萬榮晉：轉換研究範式，開創浙東學派研究新局面，中共寧波市委黨校學報，2006（1）。

245. 劉述先：論黃宗羲對於孟子的理解，杭州師範學院學報，2006（1）。

246. 蔡家和：牟宗三《黃宗羲對於天命流行之體之誤解》一文之探討，湖南科技學院學報，2006（1）。

247. 吳光：論黃宗羲史學的民主內涵及其歷史地位，杭州師範學院學報，2006（1）。

248. 吳光：黃宗羲的學術成就及其現代價值，中國哲學史，2006（1）。

249. 趙園：《人譜》與儒家道德倫理秩序的建構，河北學刊，2006（1）。

250. 陳銳：浙東學派與哲學中的歷史主義，中國哲學史，2006（1）。

251. 錢明：「浙學」涵義的歷史衍變，浙江社會科學，2006（2）。

252. 吳海蘭：正統論與黃宗羲的史學，雲南民族大學學報，2006（2）。

253. 劉岐梅：黃宗羲研究百年述評，青島大學師範學院學報，2006（2）。

254. 魯錦寰：科學與人文融合的傳統──讀楊小明《清代浙東學派與科學》，史學月刊，2006（2）。

255. 朱義祿：黃宗羲對科舉制度的批判──兼論黃宗羲的學術民主思想，杭州師範學院學報，2006（2）。

256. 蔣國保：黃宗羲與浙東經史學術傳統的確立，杭州師範學院學報，2006（2）。

257. 陳居淵：學術、學風與黃宗羲呂留良關係之新解，史學史研究，2006（2）。

258. 何俊：宋元儒學的重建與清初思想史觀──以《宋元學案》全氏補本爲中心的考察，中國史研究，2006（2）。

259. 李海兵：論黃宗羲政治哲學的邏輯建構，船山學刊，2006（3）。

260. 王俊才：明清之際學術史的突變——學案體的趨新與定型，河北學刊，2006（3）。

261. 吳根友：如何看待中國現代哲學問題意識的內在根芽？——從晚明以降儒家「經世哲學」的三種新動向談起，華東師範大學學報，2006（3）。

262. 張京華：梁啓超學術史觀三題，衡陽師範學院學報，2006（4）。

263. 孫寶山：黃宗羲與孟子的政治思想辨析，孔子研究，2006（4）。

264. 林國標：明清之際理學演變的脈絡，中南大學學報，2006（4）。

265. 林國標：儒學的大融合——明清之際思想史的另一種描述，湖湘論壇，2006（5）。

266. 吳光：黃宗羲新民本思想的理論結構、思想淵源及現代意義，寧波通訊，2006（5）。

267. 周立升：論明清實學的近代走向：以黃宗羲的實學思想爲例，中共寧波市委黨校學報，2006（5）。

268. 張踐：實心實學與明清之際的啓蒙思潮，中共寧波市委黨校學報，2006（6）。

269. 周春健：《伊洛淵源錄》與學案體，湖北大學報，2006（6）。

270. 吳光：黃宗羲民本思想研究的新高度，探索與爭鳴，2006（6）。

271. 柯小泉：近三十年陳獻章哲學思想研究述評，哲學動態，2006（9）。

272. 武玉梅：《明文海》諸問題考述，文獻，2007（1）。

273. 張實龍：修德而後可講學——論《明儒學案》的精神，浙江學刊，2007（1）。

274. 張永忠：同代異夢——兼論顧炎武、黃宗羲、王夫之的國家理論，船山學刊，2007（1）。

275. 湛曉白：清代初中期西學影響經學問題研究述評，中國文化研究，2007（1）。

276. 林存陽：浙東學派研究述略，聊城大學學報，2007（2）。

277. 黃敦兵：黃宗羲學案體範式的問題意識——以《王畿學案》爲例，蘭州學刊，2007（2）。

278. 錢明：黔中王門論考，貴州文史叢刊，2007（2）。

279. 潘起造：明清浙東學術對儒家和諧文化的傳承和創新，浙江社會科學，2007（3）。

280. 史革新：清初學術思潮轉換芻議，四川大學學報，2007（3）。

281. 劉華安：黃宗羲政治哲學的建構邏輯及其內涵，中共寧波市委黨校學報，2007（2）。

282. 梁一群：黃宗羲仁學思想述議——梨洲《孟子師說》解讀，中共寧波市委黨校學報，2007（2）。

283. 孫寶山：《明夷待訪錄》的寫作意圖，中國哲學史，2007（2）。

284. 錢明：江右思想界王時槐考述，中國哲學史，2007（2）。

285. 段潤秀：《明史·王守仁傳》編纂考論，史學集刊，2007（3）。

286. 楊小明：黃百家年譜簡編，中共寧波市委黨校學報，2007（3）。

287. 吳光：從陽明心學到「力行」實學——論黃宗羲對王陽明、劉宗周哲學思想的批判繼承與理論創新，中國哲學史，2007（3）。

288. 王棟：從清代浙東學派看中西科技交流，東華大學學報，2007（3）。

289. 王宇：試論《明儒學案》對明代理學開端的構建，中共浙江省委黨校學報，2007（4）。

290. 史革新：孫奇逢理學思想綜論，鄭州大學學報，2007（4）。

291. 黃敦兵：從哲學史角度看黃宗羲學案體著述的哲學性質，中共寧波市委黨校學報，2007（5）。

292. 董根洪：黃宗羲實學實學特點研究，中共寧波市委黨校學報，2007（5）。

293. 吳根友：傅山反理學實學的社會政治指向——以傅山肯定「無理」範疇為視角南京大學，2007（6）。

294. 吳根友：從傅山肯定「無理」範疇的角度看其反理學實學的社會政治指向，文物世界，2007（6）。

295. 葛榮晉：傅山的「反常之論」與實學的「近代指向」，文物世界，2007（6）。

296. 陳代湘：羅欽順理氣心性論之我見，求索，2007（6）。

297. 張衛紅：羅念庵思想研究述評，哲學動態，2007（7）。

298. 連曉旭：黃宗羲實學淵源簡析，法制與社會，2007（7）。

299. 趙成剛：工夫所至即其本體——淺談黃宗羲對王陽明的本體與工夫思想的揚棄，大眾科學，2007（12）。

300. 孫德高：關於王學研究的幾點思考，貴陽學院學報，2008（1）。

301. 趙軼峰：十七世紀中國政治、社會思想訴求的維度：對《明夷待訪錄》的一種新解讀，東北師範大學，2008（2）。

302. 吳光：《宋元學案》的成書經過、編纂人員與版本存佚考，杭州師範學院學報，2008（1）。

303. 島田虔次：黃宗羲·橫井小楠·孫文，中共寧波市委黨校學報，2008（1）。

304. 張宏敏：黃宗羲哲學文本的「另」一種解讀，中共寧波市委黨校學報，2008（1）。

305. 王杰：反省與啟蒙：經世實學思潮與社會批判思潮：以明清之際的思想家群體爲例，中共中央黨校學報，2008（1）。

306. 周文玖：實學思潮與明清之際的史學，史學史研究，2008（2）。

307. 黃敦兵：黃宗羲與明清之際學統的重建，浙江學刊，2008（2）。

308. 毛張霞：黃宗羲主性情思想論及其詩教觀，西南交通大學報，2008（2）。

309. 張永剛：復社與東林黨關係的實態性分析，遼東學院學報，2008（3）。

310. 孔令宏：浙東學派與道家、道教的關係初探——兼論「浙學」，杭州師範大學報，2008（3）。

311. 張永剛：劉宗周與證人社，溫州大學學報，2008（4）。

312. 劉興淑：「學案體」研究現狀述評，中國史研究動態，2008（5）。

313. 魏紅：黃宗羲「工夫所至即其本體」淺析，社會科學論壇，2008（6）。

314. 王瑤：也論盧梭和黃宗羲實學中的幾點差異，社會科學論壇，2008（7）。

315. 陳祖武：《明儒學案》發微，中國史研究，2009年第4期。